中国国有企业改革40年研究

黄群慧　戚聿东　等◎著

SPM
南方出版传媒
广东经济出版社
· 广州 ·

图书在版编目（CIP）数据

中国国有企业改革40年研究／黄群慧等著．—广州：广东经济出版社，2019.9

ISBN 978－7－5454－6800－7

Ⅰ．①中…　Ⅱ．①黄…　②戚…　Ⅲ．①国有企业－企业改革－研究－中国　Ⅳ．①F279.241

中国版本图书馆CIP数据核字（2019）第199932号

《中国国有企业改革40年研究》
Zhongguo Guoyou Qiye Gaige 40 Nian Yanjiu
出 版 人：李　鹏
责任编辑：周伊凌　王成刚
责任技编：陆俊帆

出版发行	广东经济出版社（广州市环市东路水荫路11号11～12楼）
经销	全国新华书店
印刷	湛江日报社印刷厂 （广东省湛江市赤坎区康宁路17号）
开本	787毫米×1092毫米　1/16
印张	16.75
字数	257 400字
版次	2019年10月第1版
印次	2019年10月第1次
书号	ISBN 978－7－5454－6800－7
定价	58.00元

广东经济出版社官方网址：http://www.gebook.com　微博：http://e.weibo.com/gebook
发行部地址：广州市环市东路水荫路11号11楼
电话：（020）87393830　邮政编码：510075
如发现印装质量问题，影响阅读，请与承印厂联系调换。
广东经济出版社常年法律顾问：胡志海律师

目　　录

绪论　中国国有企业改革 40 年回顾 …… 1
一、放权让利时期：1978—1992 年 …… 2
（一）理论研究 …… 2
（二）实践探索 …… 4
二、制度创新时期：1993—2002 年 …… 6
（一）理论研究 …… 6
（二）实践探索 …… 7
三、国资监管时期：2003—2012 年 …… 9
（一）理论研究 …… 9
（二）实践探索 …… 10
四、分类改革时期：2013—2017 年 …… 11
（一）理论研究 …… 11
（二）实践探索 …… 12
五、国企改革下一步：破解“行之惟艰” …… 14
第一章　计划经济时期的国营企业 …… 20
一、国营企业的基本情况 …… 21
二、国营企业的管理制度 …… 22
（一）劳动制度 …… 24
（二）人事制度 …… 27
三、国营企业的经营状况 …… 28

第二章　国有企业功能定位与战略性重组 …… 36
一、中国国有企业的功能定位 …… 36
（一）“弥补市场失灵功能” …… 37
（二）“体现公有制主体功能” …… 38
（三）“培育市场主体功能” …… 38
二、改革开放以来国有企业的发展状况 …… 39
三、国有企业战略性重组 …… 48
第三章　国有资本管理体制改革 …… 57
一、管企业体制为主的时期：1978—2002年 …… 57
（一）改革开放后的国资监管探索阶段 …… 57
（二）成立国家国有资产管理局后的分级监管阶段 …… 60
（三）撤并国家国有资产管理局后的“多龙治水”阶段 …… 62
二、管资产体制为主的时期：2003—2012年 …… 64
（一）国务院国资委成立及相关管理制度的建设阶段 …… 64
（二）国有资本调整和国有企业纵深重组阶段 …… 67
（三）助推国有企业“走出去”和加强境外国有资产管理阶段 …… 68
三、管资本体制为主的时期：2013—2018年 …… 69
（一）分类监管与分类考核 …… 69
（二）改组国有资本投资运营公司 …… 71
（三）加强监督防止国有资产流失 …… 74
（四）以管资本为主推进国务院国资委的职能转变 …… 75
四、进一步深化国有资本管理体制改革 …… 77
（一）进一步深化国有资本管理体制面临的问题 …… 77
（二）未来展望：从管企业、管资产走向管资本 …… 83
第四章　国有企业产权改革 …… 87
一、国有企业产权改革的演进与逻辑 …… 87
（一）国有企业产权改革：演进阶段与主要成就 …… 87

（二）国有企业产权改革：内在动因与理论机制 …………………… 88
二、从放权让利到两权分离 ………………………………………… 90
三、从产权清晰到现代产权制度建设 ……………………………… 93
四、分类分层前提下推进混合所有制改革 ………………………… 97
第五章　国有企业治理结构改革 ………………………………… 105
一、国有企业治理结构改革的背景 ………………………………… 105
二、国有企业治理结构改革的历程 ………………………………… 108
（一）放权让利时期（1978—1992 年） ………………………… 109
（二）现代企业治理结构初步建立时期（1993—2002 年） …… 113
（三）国资委全面管理时期（2003—2012 年） ………………… 115
（四）分类改革时期（2013 年至今） …………………………… 117
三、国有企业公司治理结构改革的关键问题 ……………………… 119
（一）党的领导在国有企业改革中的地位 ……………………… 119
（二）员工角色的演化 ……………………………………………… 121
（三）董事会制度的建立和完善 …………………………………… 123
（四）职业经理人市场的建立 ……………………………………… 125
（五）创新监事制度 ………………………………………………… 126
（六）“老三会”与“新三会”（“新四会”）的融合 ………… 127
第六章　国有企业劳动制度改革 ………………………………… 129
一、放权让利阶段劳动制度改革 …………………………………… 130
（一）劳动制度演进 ………………………………………………… 130
（二）就业状况变化 ………………………………………………… 132
二、制度创新阶段劳动制度改革 …………………………………… 135
（一）劳动制度演进 ………………………………………………… 135
（二）就业状况变化 ………………………………………………… 137
三、国资监管时期劳动制度改革 …………………………………… 141
（一）劳动制度演进 ………………………………………………… 141
（二）就业状况变化 ………………………………………………… 142

四、国有企业劳动制度改革的特点与方向 …… 146
第七章 国有企业人事制度改革 …… 150
一、扩大企业自主权阶段（1978—1987 年） …… 151
二、人事分类管理阶段（1988—1992 年） …… 154
三、建立现代企业人事制度阶段（1993—1999 年） …… 156
四、全面深化人事制度改革阶段（2000 年至今） …… 158
五、国有企业人事制度改革的特点与方向 …… 162
第八章 国有企业分配制度改革 …… 169
一、国有企业利润分配制度改革历程 …… 169
（一）放权让利时期：1979—1993 年 …… 170
（二）分税制时期：1994—2006 年 …… 175
（三）分类上缴时期：2007—2018 年 …… 177
二、国有企业利润分配制度改革的逻辑与方向 …… 180
三、国有企业工资分配制度改革历程与方向 …… 190
（一）工资分配制度演进 …… 190
（二）工资水平的变化 …… 191
第九章 国有垄断行业的改革 …… 198
一、电信业 …… 202
二、电力业 …… 205
三、民航业 …… 207
四、铁路业 …… 208
五、邮政业 …… 210
六、石油业 …… 211
七、有线电视业 …… 214
参考文献 …… 216
附录 论新时期全面深化国有经济改革重大任务 …… 225
一、实现市场在资源配置中起决定性作用条件下的国有经济与成熟市场经济体制的融合 …… 225

二、与时俱进地根据国家使命调整国有经济功能定位和布局 ……… 230
三、协同推进混合所有制改革，确立国有经济的主要实现形式 …… 236
四、构建“三层三类全覆盖”的新国有经济管理体制 ……………… 245
五、推动国有企业完善现代企业制度以建立国有经济高效运行的微观治理机制 …………………………………………………………………… 252
附录参考文献 ………………………………………………………… 257
后　　记 ……………………………………………………………… 259

绪论　中国国有企业改革40年回顾

自1978年改革开放以来，国有企业改革一直被认为是我国经济体制改革的中心环节。建设中国特色的社会主义市场经济体制，关键是培育自主经营、自负盈亏、自我决策、自我发展的微观市场主体，如何从传统计划经济体制下的作为政府附属物的国营企业逐步转变为适应市场经济体制要求的独立市场竞争主体的现代企业——“新国企”[①]，也就成为我国经济体制改革的核心任务。对于中国这个庞大的、工业化进程远未完成的社会主义国家而言，无论是从理论上还是从实践上，这项任务都是前无古人、后无来者的开拓性任务，不仅需要突破思想意识形态的樊篱，从理论上创新将国有企业与市场经济有机融合，而且需要在实践层面克服各种历史遗留问题和现实困难，创造性地提出具体措施并探索各种改革模式。

经过40年的国有企业改革，国有企业经营机制发生了重大变化，大部分国有企业已经进行了公司制、股份制改革，初步建立起现代企业制度，逐步规范了公司治理结构，已经成为独立自主经营的市场主体，并且从计划经济体制附属的传统国营企业逐渐转变为市场经济体制下的“新国企”。在计划经济体制下形成的以国有经济为主体的单一的微观经济结构已经得到显著改观，适应建立社会主义市场经济要求的以公有制为主体、多种所有制共同发展的混合经济结构已经确立。中国国有企业的发展取得了巨大成就，成长出一大批“新国企”，为中国经济快速发展提供了重要支撑，中国渐进式国有企业改革的成功经验成为中国经济发展经验的核心内涵。回首40年中国国有企业改

---

① 从产权制度现代化和管理体系市场化两个维度刻画，“新国企”可以被严格界定为产权现代化程度高（具有股权多元化、规范公司治理等特征）和管理体系市场化水平高（具有按照市场竞争需要自主经营、自主决策、自我管理等特征）的国有企业，具体可参见金碚、黄群慧：《“新型国有企业”现象初步研究》，《中国工业经济》2005年第6期。

革历程，中国国有企业发展成就来之不易，经历了复杂曲折的历程，这里将从传统计划体制下的“老国企”成长为社会主义市场经济体制下的“新国企”的历程划分为1978—1992年的放权让利时期，1993—2002年的制度创新时期，2003—2012年的国资监管时期[1]，以及2013—2017年的分类改革时期共4个时期。这4个时期分别对应了不同形势下的改革任务，各自侧重于解决不同层面的困扰改革的主要矛盾和问题。

一、放权让利时期：1978—1992年

在1978年以前，在高度集中的计划经济体制下，国有企业（当时更多地称为国营企业）是执行政府计划任务指令的一个生产单位，是政府主管部门的附属物，不具有自主经营的权力，人、财、物和产、供、销都完全依靠政府计划指令和行政调拨，这使得生产和社会需求严重脱节，企业积极性严重受挫，严重制约了社会生产力的发展。在1978年中共十一届三中全会召开之后，国营企业开启了放权让利的改革之旅。这个改革从改革开放之初一直到中共十四届三中全会，贯穿20世纪80年代和90年代初，大体上持续了15年的时间，提出的国企改革的目标是建立现代企业制度。这一时期，改革的主要任务是对企业放权让利，探索企业所有权和经营权的两权分离，试图引导国营企业摆脱计划经济体制旧观念与行为的束缚，使它们能够逐步适应商品化的经营环境，完成自身的企业化改造，解决一个个国营企业进入市场的问题。

（一）理论研究

关于扩大国营企业自主权的问题，改革开放之前经济学界就有过探讨。1956年高尚全就提出企业自主权过小，主管机关集权过多。1961年，孙冶方明确地指出，在简单再生产范围内的事情是企业的小权，国家不应该再管[2]。

---

① 黄群慧、余菁：《新时期的新思路：国有企业分类改革与治理》，《中国工业经济》2013年第11期。

② 张卓元：《中国经济学60年》，中国社会科学出版社，2009。

“文化大革命”后，1978年5月，《人民日报》转载《光明日报》的《实践是检验真理的唯一标准》后，全国范围内开展了关于真理标准问题的大讨论。在这种推动思想解放的大背景下，经济学界围绕着按劳分配问题、“唯生产力论”问题、社会主义商品生产和交换问题、价值规律问题等进行了理论讨论，而针对传统体制下的国营企业的种种弊端也进行了深入的理论分析。在众多研究中，蒋一苇创造性地提出的“企业本位论”思想，成为企业放权让利的重要理论基础。1979年6月，蒋一苇在《经济管理》月刊发表《“企业本位论”刍议》，首次提出“企业本位论”思想。1980年1月，蒋一苇在《中国社会科学》创刊号上正式发表《企业本位论》[①]。蒋一苇认为，中央高度集中的体制，实际上是把全国作为一个单一经济体、一个经济组织的基本单位，进行内部统一管理、统一核算，可以说是一种“国家本位论”；而把权力下放到地方，由地方作为经济组织的基本单位，进行统一管理、统一核算，这是一种“地方本位论”；而企业作为基本的经济单位，实现独立经营、独立核算，这就是相对于“国家本位论”“地方本位论”的“企业本位论”。“企业本位论”的基本观点包括：一是企业是现代经济的基本单位，社会主义生产的基本单位仍然是具有独立性的企业，社会主义经济体系只能由独立性企业联合而成；二是企业是一个能动的有机体，社会主义企业既有权利，也有义务，是一个自主经营和自我发展的能动主体；三是企业应该具有独立的经济利益，谋求自己的经济利益是社会主义企业的动力，由企业职工“共负盈亏”也是用经济方法管理经济的根本前提；四是社会主义制度国家和企业的关系应该是政企分离，国家应该从外部采用经济方法对企业进行监督和指导，而不能直接干预企业的日常经营活动。以蒋一苇为代表的经济学家的理论创新为国营企业波澜壮阔的改革实践探索奠定了坚实的学术基础。

---

① 蒋一苇：《企业本位论》，《中国社会科学》1980年第1期；周叔莲：《关于蒋一苇同志的企业理论和企业“四自”的提法》，《经济体制改革》1996年第3期；陈佳贵：《从“企业本位论”到“经济民主论”——蒋一苇同志关于经济体制改革的主要学术观点介绍》，《经济体制改革》1989年第1期。

（二）实践探索

1978—1992 年是国营企业放权让利时期，基于改革实践的主体内容又具体划分为：1978—1984 年的扩大自主权阶段，1984—1989 年的推行经营承包制阶段，以及 1989—1992 年的转换企业经营机制阶段①。

1978 年 10 月，经国务院批准，四川省重庆钢铁公司、成都无缝钢管厂、宁江机械厂、四川化工厂、新都县氮肥厂和南充钢铁厂 6 家地方国营工业企业率先实行扩大企业自主权试点，拉开了国营企业改革的大幕。这些企业试点的主要做法是给企业一个增产增收的年度指标，完成指标后允许提留少量利润和给职工发放少量奖金。1979 年 1 月，四川省制定了《关于地方工业扩大企业权力，加快生产建设步伐的试点意见》，并将试点企业扩大到 100 家工业企业。1979 年 5 月，国家经贸委等部门选择首都钢铁公司、北京清河毛纺厂、天津自行车厂、天津动力厂、上海柴油机厂、上海汽轮机厂等京津沪的 8 家企业进行扩权改革试点。1979 年 7 月，国务院下发了《关于扩大国营工业企业经营管理自主权的若干规定》等 5 份有关企业扩权的文件，明确了企业作为相对独立的商品生产者和经营者应该具有的责权利，包括生产计划权、产品销售权、利润分配权、劳动用工权、资金使用权、外汇留成权和固定资产有偿占用制度等，并在全国 26 个省级区域的 1590 家企业进行了试点。1980 年 9 月，国务院批准自 1981 年起把扩大企业自主权的工作在国营工业企业中全面推广，使企业在人财物、产供销等方面拥有更大的决策自主权。为了在扩大企业自主权过程中更好地解决财政难保证等问题，山东省率先对部分企业试行将利润留成改为利润包干，企业在完成国家上缴利润任务后，余下部分全部留给企业或者在国家和企业之间分成。随后，这些包干的办法和扩大企业自主权的规定一起逐步发展成为工业经济责任制的主要内容。1981 年 10 月，国家经贸委和国家体改办提出了《关于实行工业生产经济责任制若干问题的意见》，工业经济责任制在全国得到了迅速推广，到 1982 年年底，全国有 80% 的预算内国营工业企业实行了经济责任制，商业系统也达到了 35%②。

---

①② 吕政、黄速建：《中国国有企业改革 30 年研究》，经济管理出版社，2008。

国家对企业实施的经济责任制，从分配方面主要有三种类型：一是利润留成；二是盈亏包干；三是以税代利、自负盈亏。1984年5月，国务院颁发了《关于进一步扩大国营工业企业自主权的暂行规定》，从生产经营计划、产品销售、价格制定、物质选购、资金使用、生产处置、机构设置、人事劳动管理、工资奖金使用、联合经营等10个方面放宽对企业的约束。1984年10月，中共十二届三中全会进一步明确了企业是自主经营、自负盈亏和自我发展的独立经济实体，扩大企业自主权的改革告一段落。

随着对企业放权让利的不断深入，一定程度上调动了企业的积极性，但是，由于利润基数确定的科学性和公平性无法实现，存在“苦乐不均”和“鞭打快牛”现象，并且国家财政收入稳定性无法得到保证。1983年年初，国务院决定停止以利润分成为主的经济责任制，全面实行“利改税”。“利改税”于1979年就曾在湖北、广西、上海和四川等地的部分国营企业试点，1983年1月1日启动第一步“利改税”，采用利税并存，对凡是有盈利的国营大中型企业按55%税率计征所得税；第二步“利改税”从1985年1月1日开始，全面以产品税和资金税的分类税收方式规范国营企业和政府之间的关系。但是，两步“利改税”不仅混淆了国家的政权代表和资产所有者代表的角色，同时还因为税率过高等原因严重影响了企业积极性。于是，在首钢、二汽等企业的示范效应下，以及对马胜利、关广梅、张兴让等企业家进行宣传报道的影响下，1986年承包经营责任制又被重新重视，1987年3月，六届全国人大五次会议的《政府工作报告》提出在所有权和经营权适当分离的原则下实行承包经营责任制，承包经营责任制全面推行。1988年，国务院发布《全民所有制工业企业承包经营责任制暂行条例》，进一步规范承包经营责任制。1989年，企业承包经营责任制得到进一步完善。在这个阶段，还有两项改革取得进展：一是国营企业领导体制从1984年10月开始从党委领导下的厂长负责制转变为厂长（经理）负责制，并在随后几年不断完善；二是1986—1988年积极推进了横向经济联合和企业集团组建。虽然承包制在开始的一段时间出现了“一包就灵”的现象，但由于它的不规范性和不稳定性，1989年以后其弊端日益明显，企业利润出现下降。1989年以后整顿经济秩序成为经济工作的主基调，政府大力清理整顿公司、清理“三角债”。在这种背景下，国营企业改革中心更加强调所有权和经营权两权分离下的企业经营机制转变。

在1991年4月全国人大通过的国民经济和社会发展的第八个五年规划中，明确了企业经营机制转变的目标是实行政企职责分开，所有权和经营权适当分离，探索公有制的多种有效实现形式，建立富有活力的国营企业管理体制和运行机制。1992年7月，国务院颁布了《全民所有制工业企业转换经营机制条例》，规定了14项企业经营自主权。这个阶段，在具体探索企业经营机制转变中，一方面继续完善实施企业经营承包制，1990年，第一轮承包到期预算内工业企业有3.3万多家，占全部承包企业总数的90%，以此为基础，1991年第一季度末开始签订第二期承包；另一方面积极探索租赁制、股份制等各种形式的经营机制转变模式，尤其是从1984年7月北京天桥百货股份有限公司成立以来，股份制试点日益增多，1991年全国已经有3220家股份制试点企业，1992年年底有3700家试点企业，其中92家在上海证券交易所上市。这为下一阶段建立现代企业制度奠定了很好的基础。

二、制度创新时期：1993—2002年

第二个时期是20世纪90年代初至21世纪初，从中共十四大到中共十六大的制度创新时期，大体上有10年的时间。1992年10月，中共十四大召开，会议正式确立了经济体制改革的目标是建立社会主义市场经济体制。1993年，中共十四届三中全会通过了《中共中央关于建立社会主义市场经济体制若干问题的决定》，明确提出建设产权清晰、权责明确、政企分开、管理科学的现代企业制度是我国国有企业改革的方向。这一时期，改革的主要任务是引导国有企业确立与市场经济要求相适应的资本和产权的观念，建立现代企业制度，通过国有经济布局与结构战略性调整，初步解决了整个国有经济部门如何适应市场竞争优胜劣汰的问题，改变了国有经济量大面广、经营质量良莠不齐和国家财政负担过重的局面。

（一）理论研究

1993—2002年，理论研究的主题已经从单纯的企业与政府关系逐步深入国有企业内部制度和整个国有经济的功能定位，试图从现代企业理论和所有制理论出发分析国有企业的改革方向。一是深入研究所有制理论和社会主义

市场经济的性质和实现形式，提出以公有制为主体、多种所有制共同发展，并引入混合所有制的概念。二是从整体上对国有经济的性质和地位进行了深入研究，提出调整国有经济布局和结构，从整体上搞好国有经济，增强国有经济在国民经济中的控制力，推进国有资本合理流动和重组，促进各种所有制经济公平竞争和共同发展。三是深入研究现代公司理论，对公司制的各种形式，包括无限公司、有限公司、股份公司、股份有限公司、上市公司等制度和规范进行了详细的研究，提出股份制是公有制的主要实现形式，国有企业应该积极推进股份制公司改革。四是对现代产权理论的深入研究，试图将现代西方产权理论与中国国有企业改革进行结合，围绕国有企业产权是否明晰、产权主体是谁、产权如何交易等一系列问题进行了长期、大量的研究，并引发了持续的争论，最终明确现代企业制度的第一个特征是产权明晰。2003年中共十六届三中全会指出，建立归属清晰、权责明确、保护严格、流转顺畅的现代产权制度，是完善基本经济制度的内在要求，是现代企业制度的重要基础。五是对现代公司治理和激励理论进行了深入探讨，逐步明确了现代公司治理结构的特征，以及在委托—代理理论指导下，如何建立企业经营者的有效的激励约束机制，从而进一步指导国有企业公司化改制过程中如何建立有效的现代公司治理结构和激励约束机制，国有企业领导体制逐步从厂长负责制转向由股东会、董事会和经理会相互制衡的现代公司治理结构。六是对现代资本市场理论进行了深入研究，逐步构建的多层次的资本市场，在国有企业兼并重组和破产中发挥了资本市场的相应作用。

（二）实践探索

1993—2002年，国有企业改革围绕两条主线展开：一是基于“单个搞活”的思路从单一企业视角建立现代企业制度；二是基于“整体搞活”的思路从整个国有经济视角实施国有经济战略性改组。前者实践贯穿整个时期，而后者主要从1996年开始全面展开。

1993年中共十四届三中全会以后，国有企业改革实践转向以建立现代企业制度为主。1994年11月，国务院批准了100家企业开始现代企业制度试点，另外还有2343家地方企业进行试点。到1997年，100家企业中有93家企业转为公司制企业，其中多元股东持股的公司制企业有17家。地方试点企业中1989家企业转为公司制企业，其中540家转为股份有限公司、540家转为有限责任公司、909家转为国有独资公司，这些公司制企业中71.9%的企业组建了董事会，63%的企业成立了监事会，总经理由董事会聘任占61%。1997年中共十五大以后，中央又提出要用3年左右的时间在大多数国有大中型骨干企业初步建立现代企业制度。根据国家统计局调查总队调查，到2001年年底，所调查的4371家重点企业已经有3322家企业实行了公司制改造，改制企业中有74%采用股权多元化形式，没有采用国有独资公司形式①。在1994—1997年这个时期，除了积极推进公司股份制改造、建立现代企业制度外，国家还启动了一系列改革措施，包括城市优化资本结构试点、积极推进试点城市国有企业兼并破产，降低切换国有债务、分离企业办社会职能，“减员增效”、实施下岗职工再就业工程，实施“三改一加强”（改组、改制和改造有机结合并加强企业内部管理），学习邯郸钢铁经验、提高管理科学化水平，探索国有资产管理有效形式、设立国有控股公司，进一步进行企业集团试点，“抓大放小”搞活国有小型企业，等等。

自1997年开始，面对日益严重的国有企业亏损问题，中央实施国有企业3年脱困的改革攻坚战。围绕3年脱困，一方面对纺织、煤炭、冶金、建材等行业进行结构调整，另一方面在1999年下半年国家开始全面推进“债转股”，以减轻企业债务负担、促进企业扭亏为盈。同时，深化养老、失业、医疗等社会保障制度改革并推进下岗职工再就业。

1995年中共十四届五中全会、1997年中共十五大报告、1999年中共十五届四中全会都不断强调从战略上调整国有经济布局和“抓大放小”的方针，发挥国有经济的主导作用。中共十五届四中全会指出，国有经济需要控制的领域包括涉及国家安全的行业、自然垄断性行业、提供重要公共产品和服务的行业，以及支柱产业和高新技术产业中的重要骨干企业。到2002年，中共十六大在坚持继续调整国有经济布局和结构的改革方向的同时，进一步明确关系到国民经济命脉和国家安全的大型国有企业、基础设施和重要自然资源等，需由中央政府代表国家履行出资人职责。在这个方针的指导下，国有经

① 汪海波：《中国国有企业改革的实践进程（1979—2003年）》，《中国经济史研究》2005年第3期。

济布局和结构不断调整和优化，国有经济活力、控制力和影响力不断增强。同时，这些战略性调整也为下一步国有资产管理体制改革奠定了实践基础。

三、国资监管时期：2003—2012年

第三个时期是国资监管发展时期，是中共十六大以后，以2003年国务院国资委成立为标志到中共十八大召开的10年。这一时期国有资产监管体制取得了巨大突破，国有企业改革进入到以国有资产管理体制改革推动国有企业改革发展时期，改革的主要任务是由国务院国资委负责监督管理国有企业，实现国有资产保值增值目标，解决了以往的国有经济管理部门林立、机构臃肿、监管效率低下的问题。2002年10月，中共十六大提出了毫不动摇地巩固和发展公有制经济、毫不动摇地支持和引导非公有制经济，尤其强调继续调整国有经济布局和改革国有经济管理体制两项重大任务，整个时期在这两方面取得了积极进展。

（一）理论研究

2003—2012年，经济理论界围绕国有企业和国有经济改革的问题的研究更加具体，主要集中在以下几个方面：一是在所有制方面，对股份制进行了更加深入的研究，混合所有制经济日益成为一个重要的研究问题，对大力发展混合所有制经济、使股份制成为公有制的主要实现形式成为基本共识；二是在国有经济定位方面，围绕如何推进国有资本进一步集中于关系到国家安全、国民经济命脉等重要的战略性领域进行了大量的研究；三是在国有资产管理体制方面，深入讨论了“多龙治水”的国有资产管理格局的问题，以及在国务院国资委管人、管事和管资产相统一的新国资监管体制下，如何实现国务院国资委有效监管国有资产与充分发挥企业积极性相结合；四是在垄断行业改革方面，对如何放松管制、提高垄断行业的市场竞争度以及推进电信、电力、铁路、民航等行业的改革重组等问题进行了理论和实证研究；五是在产权改革方面，针对产权改革尤其是经理融资收购等方式是否会引发国有资产流失，进而是否是私有化进行了大争论，相关争论客观上延迟了产权改革的推进，但进一步规范了国有企业产权改革，完善了相关的法律法规。

（二）实践探索

按照中共十六大提出的改革方向，这个时期的国有企业改革的进展主要体现在以下几个方面：一是国有资产管理体制的重大变革。新的国有资产管理体制坚持“国家所有、分级代表”的原则，中央和地方分别成立专门的国有资产监督管理机构履行出资者职能，管人、管事和管资产相统一，坚持政企分开、所有制和经营权分离，企业自主经营。2003 年 5 月，国务院颁布《企业国有资产监督管理暂行条例》，2006 年颁发《地方国有资产监管工作指导监督暂行办法》。到 2006 年年底，从中央到地市全部组建了国有资产监督管理机构，出台了 1200 多个相关监管规章和条例，涉及企业产权管理、企业资产和财务监督、企业负责人业绩考核和选聘薪酬制度、法律事务管理等各个方面。2007 年国务院下发《国务院关于试行国有资本经营预算的意见》，国有资本经营预算制度初步建立。二是国有经济布局和结构调整取得积极进展。一批特大型国有企业重组部分资产在国外上市，通过主辅分离和改制推进了一大批大中型企业重组。2006 年年底，国务院国资委出台《关于推进国有资本调整和国有企业重组的指导意见》，明确了中央企业集中的关键领域和重组的目标。中共十七大进一步明确通过公司制股份制改革优化国有经济布局，随后国有企业进一步集中。到 2006 年，全国国有工商企业数量为 11. 9 万家，已经比 1998 年减少了一半。中央企业的数量已经从 2003 年的 196 家降低到 2012 年的 112 家。三是垄断性行业国有企业改革继续深化，几大垄断性行业形成了多家竞争的市场格局。例如，2002 年国家电力监管委员会成立，电力行业按照厂网分开、竞价上网的思路从国家电力公司分拆出国家电网、南方电网和五大发电集团；又如 2003 年，93 个机场归地方管理，中国民航局的九大航空公司和服务保障企业联合重组为国航、南航和东航三大运输公司和三大服务公司，2007 年，空管职能与行业监督职能分离。四是国有企业公司制股份制改革进一步推进，混合所有制经济已经有了长足发展。到 2012 年，我国工业企业中股份有限公司已经达到 9012 家，各类有限责任公司已经达到 65511 家，混合所有制工业企业数量占规模以上工业企业单位数的 26. 3%，资产占 44. 0%，主营业务收入占 38. 8%，利润总额占 41. 8%。截至 2012 年年底，中央企业及其子企业引入非公资本形成混合所有制企业，已经占到总企业数的52%。中央企业及其子企业控股的上市公司共有378家，上市公司中非国有股权的比例已经超过53%。地方国有企业控股的上市公司681户，上市公司非国有股权的比例已经超过60%①。

四、分类改革时期：2013—2017年

以中共十八大召开为标志，国企改革进入一个分类改革的全新时期。根据中共十八届三中全会精神，2015年8月24日，《中共中央、国务院关于深化国有企业改革的指导意见》发布，国有企业被分为公益类，主业处于充分竞争行业和领域的商业类，以及主业处于关系国家安全和国民经济命脉的重要行业和关键领域、主要承担重大专项任务的商业类国有企业。不同类型的国有企业，将会有不同的国资监管机制、混合所有制改革方案、公司治理机制以及国有经济战略性调整方向等，这个时期的国有企业改革应该以分类为基本前提。

（一）理论研究

在中国进入经济新常态的背景下，如何进一步推进国有企业与成熟市场经济体制的融合，理论界需要回答以下四方面重大问题：一是在社会主义市场经济体制中，国有经济应该有怎样的功能定位和布局？是否需要动态调整？二是与计划经济体制下单一国有制相比，市场经济体制下国有经济的主要实现形式是什么？尤其是国有企业主要以怎样的所有权结构形式存在？三是中国庞大的国有经济，在市场经济体制条件下应该建立怎样的国有经济管理体制？四是作为国有经济的主要微观主体的企业，在市场经济条件下为了保证自己的竞争力，应该具有怎样的治理结构和运营机制？以中共十八届三中全会通过的《中共中央关于全面深化改革若干重大问题的决定》为导向，理论界在这四个问题上形成共识：关于国有经济的功能定位和布局，在明确坚持公有制主体地位、发挥国有经济主导作用的前提下，准确界定不同国有企业

① 中国社会科学院工业经济研究所：《中国工业发展报告（2013）：稳中求进的中国工业》，经济管理出版社，2013。

的功能，国有资本运营要服务于国家战略目标，重点提供公共服务、发展重要前瞻性战略性产业、保护生态环境、支持科技进步、保障国家安全；关于国有经济的主要实现形式，要积极发展混合所有制经济；关于国有经济管理体制，提出完善国有资本管理体制，以管资本为主加强国有资产监管；关于国有经济微观制度基础，要推动国有企业完善现代企业制度，健全协调运作、有效制衡的公司法人治理结构。这实质上明确了新时期中国国有经济改革的重大任务。通过这四项改革重大任务和具体的改革措施的推进，最终形成以“新型国有企业”为主的国有经济，这些“新国企”将适应新形势的发展要求，日益与市场在资源配置中发挥决定性作用的条件下的成熟社会主义市场经济体制相融合。

（二）实践探索

经过中共十八届三中全会以来的探索，国有企业改革的进展集中体现为2015年8月24日《中共中央、国务院关于深化国有企业改革的指导意见》的下发以及相应配套文件的陆续发布，逐步形成了以该指导意见为中心、以其他政策文件为配套的“1+N”的政策体系（见表绪论-1），这意味着新时期全面深化国有企业改革的主体制度框架初步确立。同时，各领域国有企业改革向纵深探索。第一，国有企业功能界定与分类工作正式启动。2015年12月，《关于国有企业功能界定与分类的指导意见》出台，与之相配套的《关于完善中央企业功能分类考核的实施方案》于2016年8月颁布。各地方政府普遍开展了对国有企业的功能界定工作，并积极研究制定和出台国有企业分类监管办法。第二，中央企业结构调整与重组逐步展开。中共十八大以来，国务院国资委通过强强联合、优势互补、吸收合并、共建共享，推动了对28家中央企业的重组整合，国务院国资委监管的中央企业已经调整到99家。2016年下半年，按照国务院的要求，中央企业内部压缩管理层级的改革有所提速，按计划将完成3年减少20%的法人单位数的总体目标，大多数央企管理层级由目前的5~9层减至4层以下。第三，国有资产监管体制改革稳健前行。2015年11月，国务院《关于改革和完善国有资产管理体制的若干意见》发布，对推进国有资产监管机构职能转变、改革国有资本授权经营体制、提高国有资本配置和运营效率、协同推进相关配套改革提出原则性的要求。时隔近一年半，《国务院国资委以管资本为主推进职能转变方案》发布，明确了国资监管事项，迈出了从以管企业为主的国资监管体制向以管资本为主的国资监管体制转变的重要一步。此外，还推进一批国有资本投资运营公司试点，这些试点公司在战略、集团管控与业务板块授权等方面做了有益的探索。第四，混合所有制改革有序推进。2015年9月，《国务院关于国有企业发展混合所有制经济的意见》和《关于鼓励和规范国有企业投资项目引入非国有资本的指导意见》正式颁布。2016年，先后出台了《国有科技型企业股权和分红激励暂行办法》和《关于国有控股混合所有制企业开展员工持股试点的意见》。截至2016年年底，中央企业及其下属企业中混合所有制企业占比将近70%，省级国有企业及其下属企业中混合所有制企业占比达到47%。石油、电力、电信、军工等重点行业和领域均有个案式的改革探索。2017年9月，中国联通混合所有制改革方案正式实施。第五，现代企业制度日趋完善。首先，国有企业党建工作持续发力，中央企业全部开展了集团层面章程修订工作，实现了党建工作要求进章程。其次，2017年5月颁布的《国务院办公厅关于进一步完善国有企业法人治理结构的指导意见》提出，2017年年底前，国有企业公司制改革基本完成；到2020年，国有独资、全资公司全面建立外部董事占多数的董事会。目前，102家中央企业中已有83家建立了规范的董事会；88%的省级国有企业已经建立了董事会，外部董事占多数的企业占比13.1%。最后，国资监管部门向建有规范董事会的国有企业陆续下放发展决策权，经理层成员选聘权，业绩考核权和薪酬、职工工资分配及重大财务事项等重要权限，有助于促进这些企业加快完善市场化经营机制的步伐。

表绪论-1　中共十八届三中全会以来国有企业改革的指导文件（“1+N”体系）列举

文件类别	文件名称	发布时间
1	《中共中央、国务院关于深化国有企业改革的指导意见》	2015年8月
N	《关于在深化国有企业改革中坚持党的领导加强党的建设的若干意见》	2015年6月
	《国务院关于国有企业发展混合所有制经济的意见》	2015年9月
	《贯彻落实〈中共中央、国务院关于深化国有企业改革的指导意见〉重点任务分工方案》	2015年10月

（续表）

文件类别	文件名称	发布时间
N	《关于鼓励和规范国有企业投资项目引入非国有资本的指导意见》	2015年9月
	《关于改革和完善国有资产管理体制的若干意见》	2015年11月
	《关于加强和改进企业国有资产监督防止国有资产流失的意见》	2015年11月
	《关于国有企业功能界定与分类的指导意见》	2015年12月
	《关于国有企业改革试点工作事项及分工的方案》	2015年12月
	《国家发改委关于支持国有企业改革政策措施的梳理及建议》	2015年12月
	《贯彻落实〈中共中央、国务院关于深化国有企业改革的指导意见〉改革举措工作计划》	2016年2月
	《加快剥离国有企业办社会职能和解决历史遗留问题工作方案》	2016年3月
	《关于深化中央管理企业负责人薪酬制度改革的意见》	2014年11月
	《关于合理确定并严格规范中央企业负责人履职待遇、业务支出的意见》	2014年9月
	《国务院办公厅关于进一步完善国有企业法人治理结构的指导意见》	2017年5月
	《国务院国资委以管资本为主推进职能转变方案》	2017年4月

资料来源：余菁，黄群慧．新时期全面深化国有企业改革的进展、问题与建议［J］．中共中央党校学报，2017（05）。

五、国企改革下一步：破解“行之惟艰”

中共十八大报告为新时期国企改革指明了方向，中共十八届三中全会进一步为国企改革描绘出完整、详细的蓝图。2015年8月,《中共中央、国务院关于深化国有企业改革的指导意见》以及相应配套文件又为推进国企改革奠定了政策体系基础,国企改革下一步关键是基于指导思想、改革蓝图和政策体系实质推进。中共十九大报告进一步指出:“要完善各类国有资产管理体制,改革国有资本授权经营体制,加快国有经济布局优化、结构调整、战略性重组,促进国有资产保值增值,推动国有资本做强做优做大,有效防止国有资产流失。”尤其是要求“深化国有企业改革,发展混合所有制经济,培育具有全球竞争力的世界一流企业”。

中共十九大和中共十八届三中全会虽然为国有企业改革与发展指明了方向,但是,真正落实和推进并非易事。正如《尚书·说命》所言:“非知之艰,行之惟艰。”当前,在实质推进国企改革过程中,还有几个问题造成国企改革“执行难”。一是国企改革的目标有待进一步明确。虽然中共十八届三中全会已经明确了国企改革的目标,但是现阶段又有一些反复,因此需要进一步地明确。从社会“可获得感”角度来看,国企改革的目标不仅是国有企业自身做强做优做大,还包括给整个经济创造公平竞争的环境。只有深化国有企业改革的目标,进行国有经济战略性调整,才可以给整个经济创造公平竞争的环境。二是国企改革的路径有待进一步上下结合。改革开放成功的一个重要经验就是,任何一项改革都是由上到下、由下到上、上下相结合地推动。中共十八届三中全会已经确定了国有企业改革的整个框架和目标,但是在两年多的改革推进中,上下结合方面并不是很够,推进的力度也不是很大。国企改革上下结合要做到:上面有框架,下面有试点。试点的前提是允许企业放开地进行探索,设立容错机制。但是现在看来,国有企业改革并没有真正建立起容错机制。三是国企改革的动力机制有待进一步平衡。也就是说,国企改革推进的激励机制和约束机制不太平衡。在企业层面,推进改革的激励机制还有待进一步完善,在激励和约束并不对称时,改革很难推行下去。四是国企改革的试点有待进一步系统化。央企层面推出“十项改革”试点,但是每家企业都只是进行单项试点,缺乏系统性。任何企业推行改革,都应该是综合性的,只进行单项改革试点无法说明这项改革是否成功,企业发展好坏都不可能是某一项改革试点的结果。要破解国企改革的“执行难”,实质推进国企改革应该注意以下问题:

一是必须以对每家国企进行分类并向社会公布为前提。如果说这个新时期改革阶段与前三个阶段有重大区别的话，那么应该是新时期国有企业改革是以国企功能分类为前提的。一方面，在实践层面，由于国有企业功能定位不清，面临着营利性和公益性的“使命冲突”，不仅企业无所适从、经营管理行为存在扭曲，而且无论国企是否盈利都会有来自社会的指责声音；另一方面，在理论层面，也需要明确具体国有企业在我国社会主义市场经济中的基本定位和作用。实际上，没有对国企进行功能分类，成为当前制约进一步深化国有企业改革的关键问题。只有对国有企业进行分类，才能实质推进中共十八届三中全会提出的各项改革任务，也就是说，基于功能定位和使命要求对国有企业进行分类是其他国有企业改革任务的基本前提。根据中央关于国有企业改革的指导意见，国有企业可以分为公益类、主业处于充分竞争行业和领域的商业类，以及主业处于关系国家安全和国民经济命脉的重要行业和关键领域、主要承担重大专项任务的商业类国有企业。不同类型的国有企业，将会有不同的国资监管机制，混合所有股权结构中的国有持股比例要求不同，企业治理机制也有差异。由于现有的国有企业大多是三类业务混合，因此需要推进国有资本战略性调整来实现企业功能定位和分类，具体需要通过建立以管资本为主的管理体制，利用国有资本投资公司和国有资本运营公司这两类平台实现国有资本合理流动来保证国有企业动态地实现其功能定位。这个过程本身又是与推进混合所有制改革相结合的。在具体监管过程中要针对不同类型企业建立不同的治理机制，在战略规划制定、经营业绩考核、资本运作模式选择、人员选聘制度建设等方面建立不同的监督管理机制，从而实施更加精准有效的分类监管。因此，实质推进国有企业改革，必须首先对每家国有企业进行功能定位和类型确定，并向社会公布，这是国有企业改革的当务之急。

二是必须坚持整体协同推进的原则。新时期深化国有企业改革是一项复杂的系统工程，实质推进过程中一定要注意各项改革任务和政策措施的协同性。无论是国有企业功能定位和国有经济战略性重组，还是推进混合所有制改革和建立以管资本为主的国有资本管理体制，以及进一步完善现代企业制度，这些改革任务都不是割裂的，在具体推进过程中需要注意其系统性、整体性和协同性。例如，构建以管资本为主的管理体制，就要注意与国有经济战略性重组、深化垄断行业国有企业改革相协调。以管资本为主加强国资监管，最为关键的改革任务是改组国有资本投资、运营公司。这需要通过行政性重组和依托资本市场的兼并重组相结合的手段，将分散于各个行业、各个企业的国有资产的产权归为这些国有资本投资、运营公司持有，这也是一个国有资本布局战略性调整的过程。因此，改组国有资本投资、运营公司是要与国有企业兼并重组协同推进的。企业兼并重组的意义，一方面在于通过股权运作、价值管理、有序进退等方式，促进资本合理流动和实现保值增值；另一方面也可以通过开展投资融资、产业培育和资本整合等方式，推动产业集聚和转型升级，优化资本布局结构，而这正是改组国有资本投资、运营公司的目的所在。现在不断出现一些中央企业重组案例，但没有与改组国有资本投资、运营公司相结合，属于单方面推进，将来还会面临再次重组的可能性。不仅如此，在改组国有资本运营、投资公司过程中，还需要综合考虑建立有效市场结构的需要，要注意到改革政策与竞争政策的协同。国有企业在特定行业内的企业数量既不是越少越好，也不是越多越好，否则不是造成垄断就是造成国有企业过度竞争。国有企业兼并重组和国有资本布局调整要有利于形成兼有规模经济和竞争效率的市场结构，有利于化解当前经济运行的突出矛盾——产能过剩问题。因此，推进国有企业改革的整体协同原则，要求在推出“1+N”系列国有企业改革政策体系的同时，在“十三五”时期根据经济新常态的要求对国有经济布局有一个整体规划，以利于指导国有企业改革的整体协同推进。即使在国务院国资委开展的10项国企改革试点的过程中，各项试点也不应该只对一个企业单向推进。对于试点企业而言，单独进行某项改革试点，即使企业绩效得到改善，这种改善实际上也很难说是由于该项改革取得的效果。因此，每个试点企业都应该是一个综合改革试点。

三是推进国有企业改革要寻求重点领域进行突破。在整体协同推进国有企业改革过程中，有两个领域的国有企业改革的突破是至关重要的：一个是煤炭、钢铁等产能过剩行业的国有企业改革，另一个是石油、电信、电力、民航、铁路等具有自然垄断性行业的国有企业改革。这不仅是因为这两类行业国有企业改革是当前社会关注的重点，更是因为这两类行业国有企业改革对营造公平的竞争环境、支持新常态下我国经济发展具有重大意义。对于第一类行业，其改革涉及化解产能过剩、处置“僵尸企业”和国有经济在这些行业的逐步退出等难点和重点问题，这些问题也是供给侧结构性改革的关键任务，能否成功推进，很大程度上决定了国有经济布局的优化和整体经济结构的转型升级，具有全局战略意义。第二类行业虽然具有一定的自然垄断性，但并不是整个行业都是自然垄断性的，自然垄断性主要体现在行业中的网络环节。这些行业的改革，包括除网络环节外整个行业对非国有企业的开放，也涉及这些行业国有企业战略重组和混合所有制改革等，旨在形成自然垄断性行业主业突出、网络开放、竞争有效的经营格局。这类行业大多是基础性行业，对整体经济效率影响巨大。这些改革能否成功推进，对市场经济公平竞争环境的形成以及下游产业的成本降低、实体经济的发展等具有决定性的作用。因此，这两类行业取得突破，是新时期国有企业改革得到实质推进的基本标志，虽然问题复杂、困难巨大，但必须下决心积极推进，否则无法表明新时期我国已实质推进了国有企业改革。

四是要以深化政府机构改革来构建国有企业改革动力机制。当前我国国有企业改革政策的“四梁八柱”都已经具备，但缺乏执行和实质推进，而执行的障碍在于政府行政体制改革相对滞后，政府机构改革亟待深化，“组织跟着战略走”，改革战略的执行和推进需要政府组织构架的完善甚至重构。因此，深化行政体制改革是当务之急。国务院国资委要将权力下放至国有资本运营公司和国有资本投资公司，摆脱政府急、企业不急的局面，真正建立企业自主改革的动力机制和容错机制。

五是要克服一些“知行误区”，积极推进混合所有制改革。必须认识到，混合所有制企业是“新国企”的主体。自中共十八届三中全会提出“积极发展混合所有制经济”以来，虽然混合所有制改革已经有了日趋完善的政策体系，实践推进也有了积极进展，但是，无论是在理论认知层面，还是在实践操作层面，都存在这样或那样的“误区”①。例如将混合所有制改革等同于股权多元化改革，只强调多个法人持股，没有认识到混合所有制改革一定是不同性质的持股方的多元持股。又如，将混合所有制改革等同于国有资产流失，甚至等同于私有化，从而反对混合所有制改革，实际上国企混合所有制改革

① 黄群慧：《破除混合所有制改革的八个误区》，《经济日报》2017年8月4日。

并不必然带来国有资产流失，关键是程序公正、交易公平、信息公开、法律严明。如果操作流程和审批程序规范、国有资产定价机制健全、第三方机构作用得到很好发挥、审计纪检及内部员工等各个方面监管到位，就可以做到守住国有资产不流失的“红线”和“底线”。在具体推进混合所有制改革进程中，要不断探索完善法律制度，以法律制度建设为前提，重新构建有效的公司治理结构。

中国国有企业改革已经走过40年的历程，经过40年的改革实践探索，中国国有企业改革与发展取得了辉煌的成就，成就了一大批“新国企”。在2018年公布的《财富》世界500强企业中，我国上榜的企业中有83家属于国有企业，国务院国资委所属中央企业上榜48家。但是，这些企业还很难说是真正的世界一流企业。为了与成熟社会主义市场经济体制要求相适应，中国国有企业改革还需要进一步深化。经过40年的历程，中国国有企业改革已经积累了丰富的经验，中国创造性地将马克思主义基本原理与国有企业改革发展实践相结合，同时，有选择地学习借鉴国外理论和经验教训，形成了中国特色的渐进式国有企业改革方法论。可以相信，随着未来中国国有企业改革的深化，中国将出现一批世界一流的“新国企”，这些“新国企”对实现中华民族伟大复兴的中国梦将作出重大的贡献。

第一章　计划经济时期的国营企业[①]

1949 年 10 月中华人民共和国成立，当时国民经济基础相当薄弱，国家建设亟待发展。然而，大批工业企业被战火破坏导致重工业基础薄弱，民营经济在短期内无法形成合力而难以肩负起国家发展的重担。借鉴孙中山先生在三民主义精神中提出的“民生主义”原则[②]，中央政府决定采用计划经济体制，由政府统一规划财政支出，通过在较短时间内组织足够的社会力量以推进重点项目的实施。在特殊的环境下，国家通过对官僚资本主义企业的改造组建了一批国营企业，这批国营企业由政府统一调度，以支持国家经济建设。自组建之日起，国营企业就具有了鲜明的政策工具属性，同时也成为国家经济建设的重要力量。

采取计划经济体制符合当时的国情，有利于国家在较短时间内建立起以国营企业为主体的社会主义公有制经济，并为之后的发展奠定了工业化基础。但是，这种行政主导的管理模式忽略了国营企业内部的实际情况，完全强调服从于政府的行政指令使得国营企业无法兼顾自身利益，也削弱了国营企业改善经营以提高绩效的积极性。

---

① 1993 年以前，国有企业被称为国营企业，或者全民所有制企业。在计划经济时期，公有制经济的两大主体分别是以农村集体所有制为主体的人民公社和以工商业全民所有制为主体的国营企业。国家不仅拥有国营企业的产权，而且直接经营企业。1993 年 3 月，八届全国人大一次会议通过了《中华人民共和国宪法修正案》，正式将原来“国营经济”的提法改为“国有经济”，将“国营企业”的提法改为“国有企业”。

② 三民主义是孙中山先生倡导的国民革命纲领，分为民主、民权和民生三个部分，其中民生主义包括两条基本原则：第一是平均地权，实现耕者有其田；第二是节制资本，即认为民营经济无法作为支撑国家经济建设的主要力量，而应该由政府组织全社会的力量推动整个国民经济的发展。

一、国营企业的基本情况

计划经济时期，作为国民经济建设的核心力量，国营企业在支持国家建设的过程中，自身也实现了发展。1949—1978 年，在中央的政策指引下，我国逐步形成了国营经济占主导地位的工业所有制结构。通过国家投资的形式，我国建立了规模过亿、分布广泛、数量众多的国营企业①。

计划经济时期，国营企业构成了我国国营经济的基础，是我国经济发展的重要力量。计划经济时期的国营企业实现了快速发展，对于国民经济建设的贡献不断增加，资产总量、总产值、固定资产投资额均保持了快速增长②。1957—1978 年，国营企业单位数从 4.96 万个增加到 8.37 万个，国营企业总产值逐年增加；1949—1978 年，国营企业总产值从 36.8 亿元增加至 3289.2 亿元，国营企业总产值在全国工业总产值中的比重从 26.29% 增长至 77.63%。国营企业固定资产投资额逐年增长，1953 年国营企业固定资产投资额为 91.59 亿元，1978 年国营企业固定资产投资额为 668.72 亿元。1952—1978 年，国营企业销售收入从 392.1 亿元增加至 6629.2 亿元，增长 1590.69%，国营企业利润总额从 49.7 亿元增加至 665.4 亿元，增长 1238.83%。从就业方面来看，1952—1977 年，国营单位年末就业人数从 1952 年的 1580 万人增加至 1977 年的 7196 万人，增长 355.44%。

1952—1978 年，国营资产总量从 269.4 亿元增加至 4893.5 亿元，增长 1716.44%。其中，中央管辖国营资产总量从 75.9 亿元增加至 1382.5 亿元，增长 1721.48%；地方管辖国营资产总量从 193.5 亿元增加至 3511 亿元，增长 1714.47%。从增长速度看，地方管辖国营资产略低于中央管辖国营资产。

---

① 张卓元、郑海航：《中国国有企业改革 30 年回顾与展望》，人民出版社，2008。

② 本章 1949—1978 年有关国营企业经营状况的数据源于徐传谌、彭华岗等：《中国国有经济发展报告（1949—2002）》，经济科学出版社，2012；楼继伟：《新中国 50 年财政统计》，经济科学出版社，2000；国家统计局国民经济综合统计司：《新中国五十五年统计资料汇编》，中国统计出版社，2005；国家统计局国民经济综合统计司：《新中国六十年统计资料汇编》，中国统计出版社，2010。

从三次产业分布看，如图1-1所示，第二产业的国营资产总量增长最快，第三产业次之。1952—1978 年，第一产业国营资产总量增长了 300.1 亿元，第二产业国营资产总量增长了 2843.4 亿元，第三产业国营资产总量增长了 1480.5 亿元。对于一个工业化初期阶段的大国而言，第二产业的发展对于整个经济体系的发展具有重要意义，这个时期第二产业的快速发展为经济建设提供了大量的现代化装备。

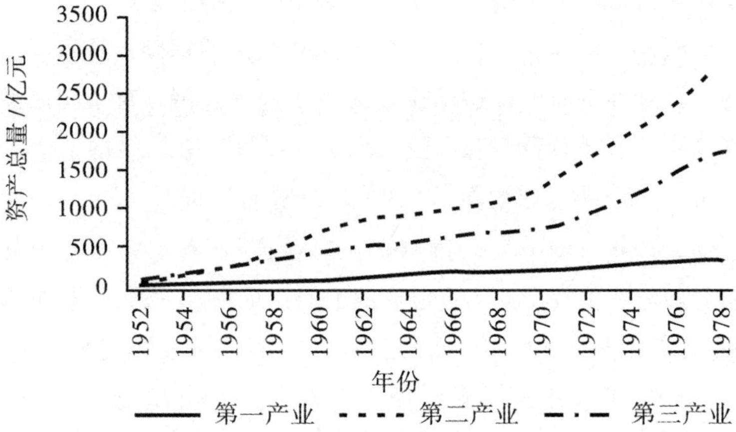

图 1-1　1952—1978 年不同产业国营资产总量

资料来源：徐传谌，彭华岗，等. 中国国有经济发展报告（1949—2002）[M]. 北京：经济科学出版社，2012。

二、国营企业的管理制度

从中华人民共和国成立到改革开放前，我国先后经历了“一五”、“大跃进”、国民经济调整、“文化大革命”四个时期，相应地，国营企业管理体制也经历了集权—分权—集权—分权的不断演变（见表 1-1）。

表 1-1 从中华人民共和国成立到改革开放前的国营企业管理模式演变

时间	时期	集权/分权
1949—1957 年	中华人民共和国成立初期和“一五”时期	中央高度集权
1958—1960 年	“大跃进”时期	权力下放到地方
1961—1965 年	国民经济调整时期	中央高度集权
1966—1976 年	“文化大革命”时期	权力下放到地方

中华人民共和国成立初期的国营资产主要由没收旧政权和官僚资本、革命根据地公营企业以及资源性国营资产等构成，执行指令性计划的资源配置方式。当时政府掌管铁路、电信、邮政、交通运输、能源等关键行业和领域，公有制占绝对的主体地位，因此中华人民共和国成立初期是中央高度集权的国营企业管理模式，是直接的政府行政管理模式，这一时期国营资产的所有权、使用权、收益权合一，都归属于国家。计划经济体制下的国营企业由国家财政拨款，没有经营自主权，所得利润全部上缴国家，也没有自负盈亏。

1953 年，国家对农业、手工业和资本主义工商业实行三大改造，制定“一五”计划（1953—1957 年），确立了两方面主要任务：一是集中力量进行工业化建设，二是加快推进各经济领域的社会主义改造。与国家规划相适应，对国营企业按行政隶属关系和职能实行“条条”管理。

1958—1960 年的“大跃进”时期，国家意识到高度中央集权式的国营企业管理模式存在计划高度集中、国营企业效率低下等弊端，于是开始下放部分国营企业的计划管理权和基建审批权，给予地方政府一定的管理权和支配权，即对国营企业按属地进行“块块”管理。至此，按职能进行管理和按属地进行管理两种管理模式并存，“条块”国营企业管理体制逐步形成。中央政府将部分国营企业管理权限下放给地方政府，在一定程度上提高了地方政府的积极性，也激发了企业的活力，国民经济在一段时间内取得了较好的发展。但由于缺乏管控，加之一些地方政府权力滥用，也产生了一些不良影响。

1961—1965 年是我国国民经济调整时期，主要是针对“大跃进”时期的一些决策进行重新思考和调整。例如针对权力过度下放所导致的国营经济增长乏力情况，采取重新将之前下放给地方政府和企业的权力收归中央政府的政策。这种中央集权式的国营企业管理模式一直贯穿整个国民经济调整期。

1966—1976年的“文化大革命”时期，中央再度放权给地方政府和企业，国营企业的投资和运营权都下放给了地方。权力下放的同时如果没有做好相应的管理和配套的改革措施，势必导致管理的混乱和权力的滥用，最终影响到国民经济的发展。20世纪70年代后期，传统的“条块”管理模式加之不断往复的集权—分权—集权—分权，严重影响了国营企业的活力，国营经济的发展近乎停滞。

（一）劳动制度

中华人民共和国成立后，国民经济处于恢复阶段，基于第一个五年计划，政府对国营企业劳动关系管理采取统一招收、统一介绍的机制，在较短时间内解决了工人就业的社会问题。1950年3月，在第一次全国劳动局长会议上，国家要求各地劳动局设立劳动介绍所，办理失业工人登记和介绍就业。1950年5月，劳动部下发《失业技术员工登记介绍办法》，要求“失业技术员工的登记及介绍就业事宜，由各市劳动介绍所主持，工会组织协助办理之”。1950年6月，政务院[①]下发《关于救济失业工人的指示》，对救济失业工人提出了具体办法。

通过两年的统一管理，全国失业人员登记范围不断扩大，国民经济发展增加了对劳动力的需求。截至1951年12月，失业但重新就业者已达120余万人，其中国营工矿企业新吸收的职工约60万人[②]。1952年6月，中华全国工商业联合会指出了私营工商业的发展方向，并提出调整公私关系和劳资关系的具体办法。1952年8月，《政务院关于劳动就业问题的决定》下发，其指出：“为了迎接即将开始的大规模的国家建设，全面解决各种失业人员的就业问题，逐步消灭失业半失业现象，有计划地把城乡大量的剩余劳动力充分应用到生产事业及其他社会事业中来，并进而逐步做到统一调配劳动力，研究制定了《政务院关于劳动就业问题的决定》。”

① 政务院，全称为中华人民共和国中央人民政府政务院，是中华人民共和国国务院的前身，是国家政务的最高执行机关。1954年9月第一届全国人民代表大会结束后，政务院改称国务院，国务院成为国家最高行政机关。

② 1952年8月，《政务院关于劳动就业问题的决定》下发。

在将城乡剩余劳动力向生产事业中转移的过程中，全国出现了一些部门劳动力多余且分布不合理的问题，即沿海城市劳动力多余、内陆重点建设地区劳动力供给不足；新建企业缺少技术工人，老牌企业的技术工人却出现冗余。1955年5月，在第二次全国劳动局长会议上，提出“统一管理，分工负责”的基本原则，由劳动部统筹管理，企业主管部门负责落实。为了保障工人能够稳定就业，1957年1月，国务院下发《关于劳动力调剂工作中的几个问题的通知》，指导国营企业的劳动力安置工作。

计划经济时期，国家从社会统一招收劳动力，再根据事业单位、企业的情况分配劳动力。通过采用以固定工为主的用工制度，保障社会就业的稳定。“统包统配”的劳动制度降低了社会就业压力，缓解了部门之间劳动力供给的失衡，但是也导致工人“能进不能出”，用工制度出现僵化，一定程度上限制了国营企业的发展。

在计划经济时期社会主义生产资料公有制的经济基础下，工人与企业之间的利益存在共生性的根本特征。中华人民共和国成立初期，为了解决失业劳动者就业的问题，维持社会环境的稳定，国家采取“统包统配”的劳动制度，中华人民共和国成立初期国营企业的劳动关系具有鲜明的行政色彩。国家成为主要雇主，统筹规划劳动者分配，国营企业管理层同样归属于国家统筹。

国营企业劳动关系介于政府与劳动者之间，企业内部不存在矛盾冲突。这种行政主导的劳动关系主要有以下几个特点：

一是完全受行政主导。在国家统筹规划的框架下，国营企业及工人都不享有任何自主权，完全服从于国家安排，领导没有人事权力，劳动关系突出地表现为一种稳定的行政隶属关系。国家通过出台相应的政策引导国营企业的劳动关系，包括劳动条件、劳动标准、劳动待遇等问题。

二是利益高度一致。国营企业的性质决定了国家与企业、企业与工人之间的利益都是一致的，即工人的利益包含在企业的利益之中，企业的利益又包含在国家利益之中。企业内部的人员之间没有身份和地位的差异，都服从于国家政策。企业人员缺少独立性，没有明确的利益界限，对企业有较强的依附性。

三是缺少解决劳动冲突的有效机制。在社会主义体制下，工人阶级、企业与国家之间利益的一致性，抑制了劳动争议，官方工会组织的存在反而推迟了通过完善法制途径解决争议的进程，发生劳动争议的国营企业则会被官方认定为领导能力欠缺①。在这种情况下，劳动争议通常会通过行政渠道控制在企业内部，导致工人将情绪发泄在工作中，出现“出工不出力”“生产效率降低”等隐性的消极怠工行为。

四是终身就业制。受益于国家的统筹规划，国营企业劳动关系一经确立，工人就能够在一家企业实现终身就业。除非出现非常特殊的原因，否则企业没有权力终止与工人签订的劳动关系。这种僵化的用工制度意味着不论是对企业还是工人，进入和退出劳动关系都面临非常大的障碍，并且导致难以形成全国范围内的劳动力市场。依托于行政主导所建立的劳动关系保障，国营企业的员工完全依赖于企业，缺乏改善个人绩效的热情，制约了企业整体效率的提高。

计划经济时期，国家对于国营企业的统筹管理使得国营企业缺乏必要的自主权，劳动关系具有较强的稳定性，同时，企业内部也缺乏必要的激励机制，制约了企业的发展。虽然从表面上看国营企业内部不存在雇佣关系，工人当家做主，是“企业”的主人，但实际上劳动力仍然是通过一种隐含的、强制的契约出售给了国家，因为劳动力价格——工资数额、工资变动均由国家统一规定，这实际上是一种“国家雇佣劳动”的劳动关系模式②。

在“统包统配”的劳动工资制度下，我国人民的就业问题均由国家劳动部统一安排，企业、事业单位无人事自主权，不能自行招聘和辞退员工。职工也无权根据自己的专长与爱好在政策允许下去择业。不管职工干多干少、干好干坏，都能领取固定工资。“统包统配”的劳动工资制度，不利于调动劳动者的积极性，不能促进生产的发展。

---

① 笠原清志、王家珍：《社会主义意识形态与劳动争议的“不存在性”——关于劳动关系与劳资关系的概念》，《工会理论研究（上海工会管理职业学院学报）》1999 年第 1 期。

② 周扬波、马艳：《构建私有制企业劳资利益均衡机制的思路与对策》，《理论月刊》2009 年第 6 期。

（二）人事制度

中华人民共和国成立后，借鉴苏联及其他国家在国家建设方面的历史经验，我国基于对特殊时期形势的判断，在国营企业内部逐步建立起人事制度。计划经济时期，国营企业人事制度的改革经历了创建发展、调整完善、挫折倒退、拨乱反正四个阶段。

1949 年 10 月至 1956 年间，国民经济恢复发展。1951 年，在中央第一次组织工作会议上，确立了干部人事工作方针，制定了一系列培养、训练、吸收、审查、提拔、调配干部的具体政策和人事管理制度。1953 年，我国确立了党委组织部门统一管理、分部分级管理的干部体制，在国营企业内部设立人事管理部门，协同组织部门做好干部管理工作。创建发展时期，国营企业人事制度有三个特点：第一，适应高度集中的计划经济，企业人事由党委领导集中管理并保持高度集中统一；第二，为了适应经济发展需要，干部队伍快速扩大；第三，大量年轻干部被保送到工业企业工作以及学习技术知识。

1956 年，我国社会主义三大改造基本完成，开始从新民主主义社会向社会主义社会转变。1957 年，我国开展反右派和“四清”运动，严重打击了思想先进的干部，极大地伤害了知识分子的主动性和创造性。不过，在创建发展时期的制度基础上，1957—1959 年，国营企业的干部数量仍然保持增长。1960 年，受到国民经济的影响，大量干部被下放。随着国民经济的好转，1965 年干部数量出现回升。1957—1966 年，我国加强培养国营企业的干部力量，重视并发挥知识分子对改善企业经营的作用。虽然在这个过程中出现了一些曲折，但是一些政策对以后改革也产生了积极作用。

1966—1976 年是“文化大革命”的 10 年。这段时期，国营企业人事制度的建设进程出现倒退。

1976 年，粉碎“四人帮”后，我国从两个方面开展拨乱反正的工作：第一，落实干部政策，对 1966—1976 年的冤假错案进行平反；第二，逐步恢复各级人事机构，充实干部队伍。同时，在思想、舆论和组织方面打基础，为改革开放做好铺垫。

三、国营企业的经营状况

中华人民共和国成立以后，国家经济建设面临的第一个难题便是财政不足。为了进一步巩固政权，政府必须重点解决肃清残敌、社会建设等问题，而这些工作都需要大量的财政支出。为了支持政府的财政工作，1949—1951年，国营企业的利润作为补充财政收入的重要来源全部上缴国家。1950年国家财政收入为62.17亿元，1951年为124.96亿元，增长101%。由于国营企业的经营刚刚步入正轨，这段时期国家财政收入的主要部分仍然来自非国营经济，国营企业上缴利润占国家财政收入的比例较低。为了提高国营企业的生产积极性，1951年4月，政务院下发了《关于1951年国营工业生产建设的决定》，规定：国营企业实行计划管理，多余或不足的固定资产及流动资金由国家统一调配，并实行工厂奖励基金制，允许国营企业从超计划利润中提取一定比例（不超过30%）充作工厂奖励基金。在政府大力发展工业化建设的政策引导下，国营工业总产值从1949年的36.8亿元提高到1951年的91亿元，增长了147.3%，国营工业产出占工业总产出的比例也由1949年的26.25%增加至34.45%。在极端困难的经济形势和落后的社会条件下，政府在获取市场信息的渠道及效率上具有更加突出的优势。政府对有限的财政资源在全国范围内进行统一调度的行政管理模式，能够最大限度地降低信息不对称并控制资源配置的成本，提高资源配置的效率，同时也有效地缓解了当时的财政困境。

政府在大力发展国家经济建设的同时，还需要关注社会民生的改善。1952年国营企业吸纳了全国总就业人数的98.56%。改善国企职工的劳动条件和生活条件不仅有利于提高国营企业的生产积极性，而且对于改善社会民生、维持社会稳定具有重要意义。1952年1月，政务院财政经济委员会下发了《国营企业提用企业奖励基金暂行办法》，规定：国营企业按照国家批准的计划实施经营，可以从计划利润中提取2.5%~5%，并从超计划利润中提取10%~20%充作奖励基金。同时，为了防止不同国营企业之间福利差距过大，《国营企业提用企业奖励基金暂行办法》还进一步明确了基金上限为全年基本工资总额的15%。针对国营企业奖励基金制度在实施过程中出现的问题，政务院（1954 年 9 月改为“国务院”）下发《关于国营企业提用企业奖励基金的临时规定》（1953 年 11 月）、《国营企业 1954 年超计划利润分成和使用办法》（1955 年 8 月）进行了补充明确。

1952—1957 年，国营企业经营状况逐渐好转：国营资产总量从 269. 4 亿元增加至 602. 1 亿元，增幅 123. 5%；年度主营业务收入从 392. 1 亿元增加至 1054. 5 亿元，增幅 168. 9%；年度利润总额从 48. 7 亿元增加至 134. 3 亿元，增幅 175. 8%；年度留成利润从 4. 8 亿元增加至 23. 5 亿元，增幅 389. 6%；年度上缴利税从 43. 9 亿元增加至 110. 8 亿元，增幅 152. 4%；国营企业上缴利税占国家财政收入的比例逐年提高，从 25. 24% 增加至 36. 54%，增幅 44. 8%，如表 1－2所示。这个时期，国营企业在国民经济中的地位逐渐提升，但是由于在信息获取方面的劣势，其经营仍然要完全服从于政府计划。政府对国营企业奖励基金的用途进行了明确的限制，有利于降低国营企业之间的福利差距，但是在一定程度上也降低了奖励基金制度对提高国营企业积极性的激励作用。在保障国家财政收入的同时，国营企业内部实施奖励基金制度有利于提高国营企业的生产积极性，为建立政府与国营企业之间的分配制度迈出了第一步，而如何进一步完善奖励基金制度以提高基金的使用效率也成为政府的下一步工作。1949—1957 年，尽管国家经济实力较弱、社会生产力水平低下，但国内环境基本稳定且没有出现社会动荡，这也为国营企业发展提供了良好的经营环境。

表 1－2　1952—1957 年国营企业经营状况

年份	利润总额/亿元	留成利润/亿元	上缴利税/亿元	财政收入/亿元	财政收支差额/亿元	上缴利税占财政收入的比例/%
1952	48. 7	4. 8	43. 9	173. 94	1. 87	25. 24
1953	76. 0	17. 2	58. 8	213. 24	－5. 97	27. 57
1954	92. 0	15. 6	76. 4	245. 17	1. 06	31. 16
1955	105. 2	11. 4	93. 8	249. 27	－13. 46	37. 63
1956	123. 3	20. 5	102. 8	280. 19	－18. 33	36. 69
1957	134. 3	23. 5	110. 8	303. 20	7. 25	36. 54

资料来源：徐传谌，彭华岗，等. 中国国有经济发展报告（1949—2002）［M］. 北京：经济科学出版社，2012。

统一的分配制度显然忽略了国营企业之间的差异，1958年5月17日，《国务院关于中央各商业部门所属工厂下放问题的规定》下发，要求将第一商业部、第二商业部、粮食部等五个部委下设的全部工厂一律移交给地方党政机关管理。5月22日，《国务院关于实行企业利润留成制度的几项规定》下发，要求以主管部为单位计算确定企业利润留成的比例，并对利润的用途及审核单位进行了规定。利润留成制度进一步提高了国营企业对利润支配的权力，将制定利润留成比例的权力移交给地方党政机关管理也更有利于地方政府结合国营企业的实际情况制订切合实际的留成方案。在实施利润留成制度后，1958年国营资产总量、主营业务收入、利润总额等项指标与1957年相比均实现大幅增长，其中留成利润增幅达260.4%。如表1-3所示，与1958年相比，1960年的6项指标均实现增长，其中国营企业上缴利税占国家财政收入的比例，从48.00%增加至55.29%。然而，各项指标的大幅增长却并非完全来源于国营企业综合能力的提高。1958年5月，中共八大二次会议发动“大跃进”活动，使得国营企业经营严重偏离正常的发展轨迹。“大跃进”期间，国营企业经营以生产为主，单纯地追求产量的提高，而忽视了对产品本身及生产技术的改进，打乱了国营企业正常发展的有序进程。利润留成制度的实施尽管提高了国营企业经营的积极性，然而，其仍然属于计划经济体制的产物，国营企业留成利润的使用仍然受制于政策规定并且主要投入生产性建设，并没有用于改善国营企业自身的生产和经营的效率。

表1-3　1958—1960年国营企业经营状况

年份	利润总额/亿元	留成利润/亿元	上缴利税/亿元	财政收入/亿元	财政收支差额/亿元	上缴利税占财政收入的比例/%
1958	266.9	84.7	182.2	379.62	-20.74	48.00
1959	384.6	107.6	277.0	487.12	-56.05	56.86
1960	435.9	119.5	316.4	572.29	-71.39	55.29

资料来源：徐传谌，彭华岗，等. 中国国有经济发展报告（1949—2002）[M]. 北京：经济科学出版社，2012。

1959—1961年持续的严重困难，进一步加剧了“大跃进”对国民经济的破坏，国家财政严重亏空。在巨大的财政压力下，1961年1月，国务院批准财政部《关于调低企业利润留成比例加强企业利润留成资金管理的报告》，要求将国营企业的利润留成比例从 13. 2% 降低至 6. 9% 。为了进一步加强对国营企业留成利润的管理，1962 年 1 月，财政部、国家经委发布了《1962 年国营企业提取企业奖金的临时办法》，同时，财政部、国家计委发布了《国营企业四项费用管理办法的通知》，要求从 1962 年起，除商业部门外，其他部门下属的国营企业停止实施利润留成，改为提取企业奖金①。降低利润留成比例是国家在特殊时期的必要政策，但是此举仍然在一定程度上影响到国营企业的正常经营。"大跃进"运动推动国营资产总量仍然保持稳定增长，然而，其对国营企业及国家财政的负面效应也在 1961 年得以凸显。相比于 1960 年，除国营资产总量外，1961 年其余 6 项指标均不同程度地降低。1961 年，国营企业上缴利税占国家财政收入的比例从 1960 年的 55. 29% 下降至 37. 52% ，说明相比于非国营企业，国营企业受到"大跃进"与"三年困难时期"的影响更大，也反映出计划经济体制下的国营企业受到政策的影响更大，且抵御外部风险的能力要弱于受计划经济体制影响较小的非国营企业。在政府的政策调控下，国营企业的经营状况从 1962 年开始逐渐好转，1962—1965 年：国营资产总额从 1389. 7 亿元增加至 1641. 3 亿元，增幅 18. 1% ；年度主营业务收入从 1603. 7 亿元增加至 2434. 6 亿元，增幅 51. 8% ；如表 1 – 4 所示，年度利润总额从 115. 2 亿元增加至 239. 0 亿元，增幅 107. 5% ，年度上缴利税从 102. 0 亿元增至 205. 6 亿元，增幅 101. 6% 。如图 1 – 2 所示，1961—1965 年，年度国营亏损企业亏损额从 103. 2 亿元降至 55. 3 亿元。

表 1 – 4　1961—1965 年国营企业经营状况

年份	利润总额/亿元	留成利润/亿元	上缴利税/亿元	财政收入/亿元	财政收支差额/亿元	上缴利税占财政收入的比例/%
1961	176. 1	42. 5	133. 6	356. 06	– 0. 03	37. 52
1962	115. 2	13. 2	102. 0	313. 55	18. 67	32. 53

① 景朝阳：《我国国家所有制之回溯：中央与地方关系以及国有资产管理体制的演进的视角》，《兰州学刊》2008 年第 5 期。

（续表）

年份	利润总额/亿元	留成利润/亿元	上缴利税/亿元	财政收入/亿元	财政收支差额/亿元	上缴利税占财政收入的比例/%
1963	147. 8	17. 9	129. 9	342. 25	10. 20	37. 95
1964	195. 0	29. 8	165. 2	399. 54	5. 75	41. 35
1965	239. 0	33. 4	205. 6	473. 32	13. 35	43. 44

资料来源：徐传谌，彭华岗，等. 中国国有经济发展报告（1949—2002）［M］. 北京：经济科学出版社，2012。

图 1-2　1961—1978 年国营亏损企业亏损额

资料来源：徐传谌，彭华岗，等. 中国国有经济发展报告（1949—2002）［M］. 北京：经济科学出版社，2012。

1949—1965 年，随着国家发展进程的稳步推进，国营企业的规模与效益逐渐好转，对国家财政和经济建设的贡献日益提高，国营经济在整个国民经济中的地位不断加强。但是在 1966—1976 年的“文化大革命”期间，为了保障国家财政收入，政府不得不牺牲国营企业利益，进一步提高国营企业利润上缴的比例，导致过去 16 年持续完善政企分配关系的进程被迫停滞。根据 1966 年 12 月国家计委、财政部发布的《1967 年固定资产更新和技术改造资金的管理办法和分配计划（草案）》，从 1967 年起，国营企业将三项费用、固定资产更新和基建中属简单再生产性质投资合并后实施基本折旧基金抵留。1969年11月，财政部取消国营企业奖金制度，并在《关于做好1969年决算编审工作的通知》中规定了职工福利提取的方案①。国营企业利润全部上缴财政后，没有资金可供扩大生产和改进技术，严重丧失了经营活力，进一步提高了对政府行政指令的依赖程度。1972年，国营企业出现“三个100亿”问题②，引起了国务院的重视，国务院要求国家计委、财政部和农林部共同协商应对方案。1975年12月，财政部发布《关于扭转企业亏损的意见》，要求国营企业加强管理，重视扭亏增盈工作。但是，政府仅从政策性视角分析而疏于关注国营企业内部情况显然难以真正解决问题，反而会增加不必要的社会成本支出。

如表1-5所示，1966—1976年，国营资产总量和国营企业年度主营业务收入均稳步增长，其他几项指标也保持小幅增长。然而，如图1-2所示，1966—1976年，国营亏损企业年度亏损额却从34.9亿元持续增长至164.8亿元，扭转亏损也成为国营企业经营的重要工作。1977年5月，财政部、国家计委获批成立扭亏领导小组，并于7月在全国范围内开展扭亏增盈工作。1978年1月，财政部、国家计委发布《关于改进固定资产更新改造资金管理的报告》，要求国营企业的基本折旧基金中30%上缴中央、20%交给地方，剩下50%留给企业，进一步加强对国营企业基本折旧基金的管理。如表1-5和图1-2所示，1977年和1978年国营企业的各项指标均实现大幅增长，年度国营亏损企业亏损额开始回落。在落后的社会条件下，计划经济体制通过政府的行政指令能够快速而有效地推动国家经济建设，并具有节约信息成本、提高资源配置效率等优点。但是，随着社会环境的改善以及国民经济总量的增加，计划经济体制的弊端也日益暴露出来。面对日益庞大的国营资产，政

---

① 宋士云：《新中国社会福利制度发展的历史考察》，《中国经济史研究》2009年第3期。

② 根据1972年的财政数据，“三个100亿”问题是指同历史上的较好水平比，工业税利少收100亿元，工业流动资金多占用了100亿元，基本建设尾巴拖长了100亿元。（参见《1972年中国经济大事记》，网址：http://money.163.com/09/0823/18/5HE10VH200253JP6.html）

府已然无法全面地兼顾每个细节。尽管1977年扭亏增盈工作在一定程度上改善了国营亏损企业的亏损状况，但是这种行政化的刺激手段仅能在短期内见效，而不会对国营企业经营产生任何实质性的改善作用，更不具有长远的影响力。在统收统支的财政制度下，政府与国营企业之间并没有建立起完整意义上的委托－代理关系。作为国营资本的代理人，国营企业难以实现其自身利益，反而在更多的时候要成为政府增加财政收入的牺牲品，国营企业内部的代理成本为零，提高国家财政收入成为其利润分配改革的目标。作为生产性组织，国营企业的经营活动只有以自利为根本出发点，才能够激励其良好地发展。长期以来，国营企业完全服从于行政化指令，使得其丧失了自主发展的动力；利润留成比例不断被缩减，导致其无力改善内部的生产经营和技术条件，提高自主经营权、释放经营活力成为影响国营企业发展的关键问题。

表1－5　1966—1978年国营企业经营状况

年份	利润总额/亿元	留成利润/亿元	上缴利税/亿元	财政收入/亿元	财政收支差额/亿元	上缴利税占财政收入的比例/%
1966	311.8	51.6	260.2	558.71	21.06	46.57
1967	195.6	30.5	165.1	419.36	－20.48	39.37
1968	161.0	33.1	127.9	361.25	3.41	35.40
1969	275.7	57.6	218.1	526.76	0.90	41.40
1970	403.7	103.6	300.1	662.90	13.49	45.27
1971	428.2	96.3	331.9	744.73	12.56	44.57
1972	453.8	92.7	361.1	766.56	0.70	47.11
1973	483.6	110.6	373.0	809.67	0.89	46.07
1974	412.9	78.0	334.9	783.14	－7.11	42.76
1975	432.0	99.0	333.0	815.61	－5.27	40.83
1976	358.6	78.2	280.4	776.58	－29.62	36.11
1977	498.0	157.2	340.8	874.46	30.93	38.97
1978	665.4	206.0	459.4	1132.26	10.17	40.57

资料来源：徐传谌，彭华岗，等．中国国有经济发展报告（1949—2002）［M］．北京：经济科学出版社，2012。

中华人民共和国成立初期，国民经济水平低下，国家财政收入的来源有限，交易市场不完善且缺乏有效的监管机制。在计划经济时期，针对国营企业实施统收统支的分配方式，将上缴利润主要用于充实国家财政，而仅能在企业内部留存极少的一部分且具体用途仍然受到政府的严格管制。统收统支的分配制度以维护国家财政为目标，没有兼顾国营企业的具体实际，导致国营企业缺少用于扩大生产的必要资金，限制了国营企业的发展。

总之，计划经济时期，中国国营企业取得了长足的发展，为中国工业化进程奠定了很好的基础。但是，国营企业的弊端也十分突出，主要体现为生产积极性不足，国家直接参与国营企业的经营，对企业管理过多、过细、过死，严重制约了企业的能动性；企业职工端着“铁饭碗”，吃着“大锅饭”，平均主义的风气抑制了职工的创造性。将经营权交给国营企业，激发国营企业自主经营的积极性，成为国营企业改革的重点。1978 年 12 月，中共十一届三中全会的召开为中国经济的发展带来了新的契机，也拉开了经济体制改革的大幕。中共十一届三中全会报告指出，我国经济管理体制的一个严重缺点，是权力过分集中，必须加以改革。应该有领导地大胆下放权力，让地方和工农业企业在国家统一计划指导下，有更多的经营管理自主权；应该着手大力精减各级经济行政机构，把它们的大部分职权转交给企业性的专业公司或联合公司；应该坚决实行按经济规律办事，重视价值规律的作用，注意把思想政治工作和经济手段结合起来，充分调动干部和劳动者的生产积极性；应该在党的一元化领导下，认真解决党政企不分，以党代政、以政代企的现象，实行分级分工分人负责，加强管理机构和管理人员的权限和责任，提高工作效率。

第二章　国有企业功能定位与战略性重组

改革开放40年，国有企业改革一直是我国经济体制改革的中心环节。在经过放权让利、股份制改革、建立现代企业制度、国有经济战略性调整、深化国有资产管理体制改革等一系列重大改革后，国有企业发展取得了巨大成就，极大地支撑了我国社会主义事业发展、促进了我国的现代化进程。习近平总书记指出："我国国有企业为我国经济社会发展、科技进步、国防建设、民生改革作出了历史性贡献，功勋卓著，功不可没！"[①] 国有企业之所以能够取得这样的发展成就，与对国有企业功能进行科学定位并有效发挥直接相关。

一、中国国有企业的功能定位

从国外国有企业的功能定位来看，一直以来，西方市场经济国家基本将国有企业定位于解决市场失灵、弥补市场缺陷。但是，最近一些研究表明，越来越多的西方市场经济国家也倾向于将国有企业功能定位于支持国家经济和战略利益。根据经济合作与发展组织（OECD）2018年的最新报告[②]，阿根廷、智利、芬兰、德国、比利时、捷克共和国、爱沙尼亚、匈牙利、爱尔兰、荷兰、韩国、挪威、波兰、葡萄牙、希腊、拉脱维亚、斯洛文尼亚、立陶宛、瑞典、瑞士、加拿大、以色列、意大利、日本、墨西哥、新西兰、斯洛伐克、土耳其、英国等国家将国有企业功能定位分为以下几个方面：①支持国家经济和战略利益；②保证国家持续持有国有企业产权；③提供特定的公共产品

① 习近平：《习近平谈治国理政》（第二卷），外文出版社，2017，第175—176页。

② OECD(2018): Ownership and Governance of State - Owned Enterprises: A Compendium of Nations Practices.

或者服务（确认市场不能提供相同的商品或者服务）；④从事“自然”垄断的业务活动；⑤在市场监管不可行、效率不高的情况下，建立或者维持国有垄断（或者寡头垄断）。调查表明，这些国家中有15个国家将国有企业基本功能定位于支持国家经济和战略利益，11个国家将国有企业功能定位为提供特殊公共物品或服务。也就是说，有一半国家将其国有企业功能定位于服务国家经济和战略利益，而不仅仅是提供公共物品等弥补市场失灵的功能。

我国的经济体制改革目标是发展社会主义市场经济，一直在坚持和完善以公有制为主体、多种所有制经济共同发挥作用的基本经济制度。社会主义市场经济体制是社会主义制度与市场经济制度的结合，这种制度背景下我国的国有企业，既要有一般的市场经济体制国家的共性，也要有中国特色社会主义国家的特性，再加之我国又是渐进式市场经济转轨国家，因此也有渐进式改革国家的特性。从企业理论来说，一个企业的功能定位来自其使命定位，使命就是企业存在的理由，是企业的价值取向和事业定位，使命不明确或者使命冲突会导致企业行为逻辑混乱。对于国有企业而言，实现国家赋予的使命——“国家使命”，是国有企业生存发展的理由。因此，我国社会主义市场经济体制下的国有企业应该具有三种“国家使命”：“一般市场经济国家使命”“社会主义国家使命”和“市场经济转轨国家使命”。针对这三种“国家使命”，国有企业有相应的三类功能定位：“弥补市场失灵功能”“体现公有制主体功能”“培育市场主体功能”。

（一）“弥补市场失灵功能”

一般市场经济国家普遍面临市场失灵问题。所谓市场失灵，是指市场机制在某些领域不能使社会资源的配置达到帕累托最优状态的表现。这些领域包括自然垄断、公共产品、存在外部性和信息不完全等领域。由于市场经济无法达到最优的资源配置，因此需要国家对市场经济进行干预，以达到优化资源配置的目的。也就是说，相对于市场而言，政府在纠正自然垄断、矫正外部效应、提供公共物品、实现区域协调发展、保证收入公平分配、平抑经济周期等方面具有更大的优势和作用，而国有企业则是政府承担这一职能的重要载体，国家或政府通过举办国有企业、发展国有经济的手段实现政府干预市场、弥补市场失灵的目的。这就是市场经济国家赋予国有企业的使命，也就是国有企业的“弥补市场失灵功能”。

（二）“体现公有制主体功能”

在社会主义国家，国有企业是公有制的主要体现形式之一，习近平总书记也指出，“国有企业是中国特色社会主义的重要物质基础和政治基础”，因此在社会主义国家，国有企业必须体现出主导与控制事关国计民生的基础产业、支柱产业、战略产业的定位，以及承担支持科技进步、保障国家经济安全等功能。正如中共十八届三中全会指出，“国有资本投资运营要服务于国家战略目标，更多投向关系国家安全、国民经济命脉的重要行业和关键领域，重点提供公共服务、发展重要前瞻性战略性产业、保护生态环境、支持科技进步、保障国家安全”。但是，这里还需要强调说明的是，这里的国有企业“体现公有制主体功能”定位，既与传统社会主义计划经济体制下国有企业的定位不同，也与上述一般西方市场经济国家“支持国家经济和战略利益”的国有企业功能定位不同。一方面，与传统的社会主义计划经济体制相比，我国社会主义市场经济既要坚持公有制为主体，又要多种所有制共同发展，既要毫不动摇巩固和发展公有制经济，又要毫不动摇鼓励、支持、引导非公有制经济发展。因此，这意味着我国社会主义市场经济体制下国有企业承担“体现公有制主体功能”时，国有企业主导和控制的只是少数战略性、安全性、基础性的行业，而对于绝大多数可竞争的行业、领域和各环节，国有企业是要与非国有企业进行公平竞争的。另一方面，与一般西方市场经济体制国家相比，我国国有企业是“体现公有制主体功能”的定位，这要求国有企业必须保持一定的数量和比例。而西方市场经济国家中定位是支持国家经济和战略利益的国有企业数量很少，其功能定位一般都要十分具体并以严格的法律法规进行明确，每家国有企业的设立和终止一般要有明确的法律根据，而且要围绕着其功能定位进行公开信息披露。

（三）“培育市场主体功能”

对转轨经济国家，尤其是渐进式改革的转轨经济国家，其转轨过程是由大一统的国有经济结构向混合所有经济结构的演进。在传统的计划经济体制下，这类国家并没有真正的市场经济主体——企业改革的过程是将国有企业转化为自主经营、自负盈亏、自我约束、自我发展的真正的市场主体，也就是培育市场主体的过程。同时，随着民营经济的兴起和外资企业的进入，市场经济主体逐步丰富，混合所有制经济结构逐步形成。转轨经济国家需要国有经济承担逐步发展独立的市场经济主体的功能，作为独立市场主体的国有企业，要积极应对市场的激烈竞争，在竞争中通过追求盈利来实现国有资产保值增值，回报国家这个所有者代表。这就是国有企业要承担的“经济转轨国家使命”和“培育市场主体功能”。

上述国有企业的三种功能定位具有动态性，随着经济发展和改革进程的深入，这三类功能定位的具体内涵会有变化。例如，在不同的经济发展阶段，国家的战略性、支柱性产业是不同的，在工业化中期，重化工是支柱产业，国有企业需要大量进入，但是到了工业化后期，高技术产业是经济发展的战略性产业，国有企业需要把国有资本从重化工领域退出，更多地进入高技术产业中，这就意味着国有经济需要与时俱进地进行战略性调整。

二、改革开放以来国有企业的发展状况

改革开放以来，国有企业无论是在规模上还是在结构上，都发生了天翻地覆的变化。财政部的数据统计结果显示，2017 年 12 月末，国有企业资产总额达到 1517115. 4 亿元，其中，中央企业资产总额为 751283. 5 亿元，地方国有企业资产总额为 765831. 9 亿元。截至 2018 年 6 月末，国有企业资产总额达 1710727. 6 亿元，其中，中央企业资产总额为 779935. 2 亿元，地方国有企业资产总额为 930792. 4 亿元。从净资产角度看，如表 2 - 1 所示，国务院国资委成立以来的 2003—2015 年，全部国有企业的净资产从 2003 年的 8. 37 万亿元增加至 2015 年的 39. 90 万亿元，增长 376. 70%；全部国有企业的国有资产总额从 2003 年的 6. 81 万亿元增加至 2015 年的 27. 80 万亿元，增长 308. 22%；全部国有企业的国有资产比重从 2003 年的 81. 36% 降低至 2015 年的 69. 67%，减少 11. 69%；国务院国资委所属中央国有企业的净资产从 2003 年的 3. 60 万亿元增加至 2015 年的 15. 90 万亿元，增长 341. 67%；国务院国资委所属中央

国有企业的国有资产总额从2003年的2.93万亿元增加至2015年的10.90万亿元，增长272.01%；国务院国资委所属中央国有企业的国有资产比重从2003年的81.39%减少至2015年的68.55%，减少12.84%。

表2-1　2003—2015年国有企业产权中国有资产比重

年份	全部国有企业			国务院国资委所属中央国有企业		
	净资产/万亿元	国有资产总额/万亿元	国有资产比重/%	净资产/万亿元	国有资产总额/万亿元	国有资产比重/%
2003	8.37	6.81	81.36	3.60	2.93	81.39
2004	9.34	7.61	81.48	3.90	3.08	78.97
2005	10.65	8.62	80.94	4.61	—	—
2006	12.22	9.76	79.87	5.39	4.22	78.29
2007	14.83	11.62	78.35	6.61	5.10	77.16
2008	17.07	13.18	77.21	7.33	5.56	75.85
2009	20.32	15.72	77.36	8.40	6.29	74.88
2010	24.54	18.75	76.41	9.58	7.10	74.11
2011	29.20	22.00	75.34	10.60	7.80	73.58
2012	34.10	25.20	73.90	11.70	8.50	72.65
2013	39.40	28.70	72.84	12.80	9.30	72.66
2014	35.60	34.30	96.35	14.30	9.80	68.53
2015	39.90	27.80	69.67	15.90	10.90	68.55

资料来源：根据《中国国有资产监督管理年鉴》整理所得。

更进一步可以从国有企业资产的地区分布、规模分布和产业分布来分析国有企业发展的现状。

如果将全国的区域划分为东部、中部、西部三个大的区域，从国有企业的资产总额来看，1995—2015年，三个地区的国有企业资产总额均呈上升的趋势。如图2-1所示，东部地区的国有企业资产总额最多，其次是中部地区，西部地区的国有企业资产总额最少。1995—2015年，东部地区的国有企业资产总额增加 168479.6 亿元，中部地区的国有企业资产总额增加 111804.6 亿元，西部地区的国有企业资产总额增加 92899.9 亿元。从国有企业的数量来看，如图 2-2 所示，1995—2015 年，三个地区的国有企业数量均呈下降的趋势。其中，东部地区的国有企业数量和减少量均最多，其次是中部地区，西部地区的国有企业数量和减少量均最少。1995—2015 年，东部地区的国有企业减少 29344 家，中部地区的国有企业减少 25240 家，西部地区的国有企业减少 14299 家。总体而言，1995—2015 年，国有企业的数量在减少，但是资产

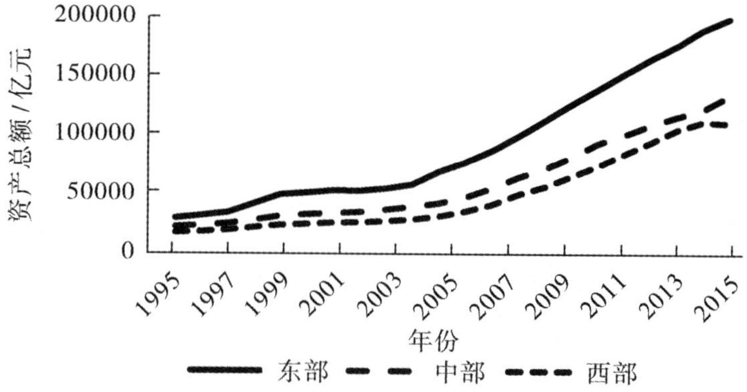

图 2-1　1995—2015 年不同地区国有企业资产总额

资料来源：根据《中国统计年鉴》整理所得。

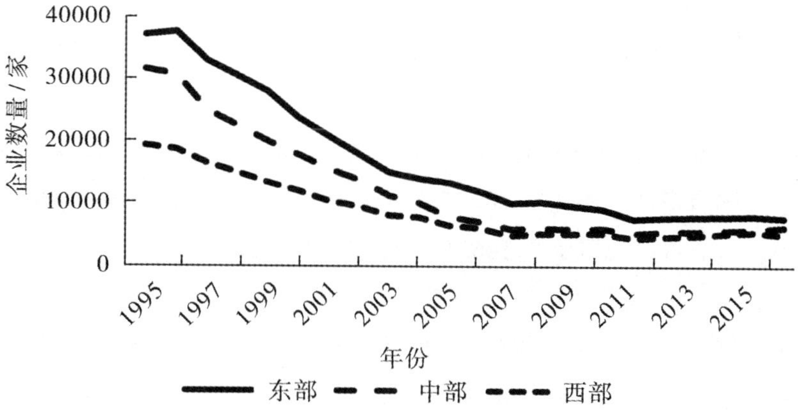

图 2-2　1995—2015 年不同地区国有企业数量

资料来源：根据《中国统计年鉴》整理所得。

总额在逐年增加，说明通过国有经济战略性重组，国有企业的平均实力不断提升。

从不同规模的国有工业企业数量来看，如图2-3所示，1995—2015年，不同规模的国有工业企业资产总额均保持增长，大型国有工业企业的资产总额最多。1995—2015年，大型国有工业企业资产总额增加469778.9亿元，中型国有工业企业资产总额增加245074.9亿元，小型国有工业企业资产总额增加291777.4亿元。

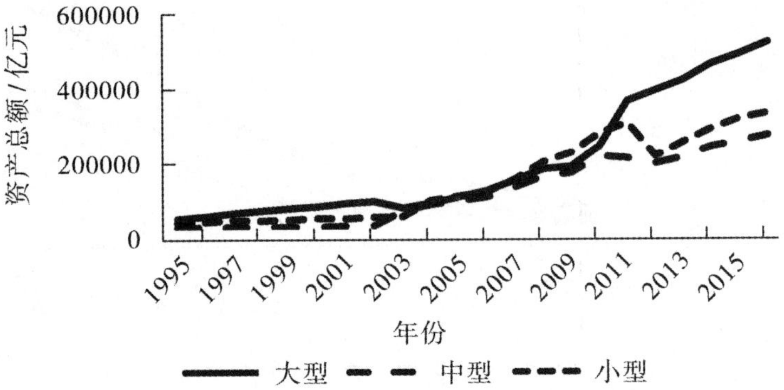

图2-3　1995—2015年不同规模的国有工业企业资产总额

资料来源：根据《中国统计年鉴》整理所得。

从国有企业的行业分布看，如上所述，由于国有企业的功能定位随着经济发展而不断地调整，因此随着国有经济战略的不断推进，国有企业的行业分布也处于动态变化之中。如表2-2所示，2005年，基础性行业的国有企业有36443家，国有资产总额为53844.7亿元，一般生产加工行业的国有企业有30356家，国有资产总额为11280.2亿元，商贸服务及其他行业的国有企业有60268家，国有资产总额为21106.2亿元；2015年，基础性行业的国有企业有37522家，国有资产总额为317040.3亿元，一般生产加工行业的国有企业有22326家，国有资产总额为69527.9亿元，商贸服务及其他行业的国有企业有65118家，国有资产总额为256334.6亿元。

表 2-2　2005—2015 年按产业作用分国有经济分布状况

年份	基础性行业		一般生产加工行业		商贸服务及其他行业	
	数量/家	国有资产总额/亿元	数量/家	国有资产总额/亿元	数量/家	国有资产总额/亿元
2005	36443	53844.7	30356	11280.2	60268	21106.2
2006	34150	60886.8	28139	12112.7	56965	24643.7
2007	36729	72014.5	25673	16662.1	52685	27523.8
2008	36852	80974.3	25461	19877.8	51191	30834.9
2009	—	302646.7	—	80444.2	—	152280.6
2010	34189	217176.4	25364	38473.2	64902	118202.1
2011	40834	265042.9	28430	58190.2	75451	143597.8
2012	43516	308642.5	29117	66548.5	79187	178027.0
2013	45639	343046.6	29808	75309.2	83737	217122.0
2014	35110	300173.7	21351	64174.7	57310	197385.5
2015	37522	317040.3	22326	69527.9	65118	256334.6

资料来源：根据《中国国有资产监督管理年鉴》整理所得。

对于国有工业企业而言，随着国有经济战略性调整的深入，国有工业企业的行业分布以及相应的运行指标都发生了巨大的变化。按照国有企业改革的阶段，真正推进国有经济战略性调整是从 1996 年开始的。国有经济战略性调整前，如表 2-3 所示，1995 年，国有工业企业数量、资产总计、所有者权益、主营业务收入和利润总额，分别占全国比例的 17.22%、59.91%、59.06%、49.31% 和 40.71%，资产总计排在前列的行业分别是木材及竹材采运业、石油和天然气开采业、烟草制造业、燃气生产和供应业，基本都在 90% 以上，39 个行业中只有 16 个行业的资产占比低于 50%。到 2016 年，如表 2-4 所示，国有工业企业数量、资产总计、所有者权益、主营业务收入和利润总额，分别占全国比例的 5.02%、38.47%、33.49%、20.62% 和 17.14%，都有了大幅度的下降，资产总计超过 90% 的只有石油和天然气开采业及烟草制造业，40 个行业中已经有 28 个行业国有工业企业资产占比低于 50%。

表2-3　1995年国有工业企业占全国规模以上工业企业比重情况

行业	国有工业企业数量/%	资产总计/%	所有者权益/%	主营业务收入/%	利润总额/%
总计	17.22	59.91	59.06	49.31	40.71
煤炭采选业	17.53	89.56	90.01	78.49	67.75
石油和天然气开采业	40.30	96.41	92.19	97.68	93.16
黑色金属矿采选业	12.38	75.24	83.89	46.99	-97.35
有色金属矿采选业	25.15	77.89	72.62	58.57	42.11
非金属矿采选业	10.07	64.74	63.95	32.45	-8.04
其他矿采选业	12.75	63.07	59.64	39.13	21.05
木材及竹材采运业	62.89	97.91	97.39	96.72	92.35
食品加工业	32.01	62.37	53.28	52.18	-3.11
食品制造业	32.90	45.86	34.94	39.11	-8.87
饮料制造业	24.51	58.02	45.64	53.59	41.81
烟草制造业	71.39	95.79	96.92	96.86	99.11
纺织业	16.92	48.53	37.15	40.71	145.96
服装及其他纤维制品制造业	5.51	11.60	9.49	6.75	-3.73
皮革、毛皮、羽绒及其制造业	8.09	17.70	10.65	8.94	-30.46
木材加工及竹、藤、棕、草制品业	8.17	35.90	29.37	19.25	-181.44
家具制造业	6.78	13.01	11.03	9.80	-2.26
造纸和纸制品业	13.67	48.19	42.67	38.49	27.66
印刷和记录媒介复制业	23.01	50.07	47.48	40.91	27.08
文教体育用品制造业	9.47	17.63	11.73	11.68	3.08
石油加工及炼焦业	14.30	87.87	86.77	88.93	81.57

（续表）

行业	国有工业企业数量/%	资产总计/%	所有者权益/%	主营业务收入/%	利润总额/%
化学原料和化学制品制造业	20.56	65.65	62.42	57.16	45.27
医药制造业	38.96	56.68	45.36	52.33	27.10
化学纤维制造业	18.60	37.53	25.16	35.86	9.73
橡胶制品业	13.73	47.31	40.10	41.48	-19.39
塑料制品业	8.36	17.99	13.14	12.99	-7.49
非金属矿物制品业	12.35	45.86	45.03	33.54	-1.87
黑色金属冶炼和压延加工业	14.77	79.26	80.39	71.45	86.13
有色金属冶炼和压延加工业	15.69	69.55	66.20	56.44	70.97
金属制品业	8.16	22.43	17.14	14.84	-10.85
普通机械制造业	14.67	54.40	48.74	41.58	5.33
专用设备制造业	23.34	64.90	59.31	52.84	-26.87
交通运输设备制造业	21.00	61.99	59.46	52.34	20.75
电气机械和器材制造业	13.65	32.95	26.81	23.32	0.12
电子及通信设备制造业	20.13	38.96	29.54	25.75	16.49
仪器仪表文化办公用机械制造业	20.24	51.23	41.81	34.14	-35.46
其他制造业	6.47	12.03	8.33	10.49	-11.57
电力、热力生产和供应业	37.13	77.61	79.42	82.55	64.87
燃气生产和供应业	72.31	94.81	95.74	86.36	104.63
水的生产和供应业	43.93	89.04	91.09	84.58	89.81

资料来源：根据《中国统计年鉴1996》整理计算所得。

表2-4 2016年国有工业企业占全国规模以上工业企业比重情况

行业	国有工业企业数量/%	资产总计/%	所有者权益/%	主营业务收入/%	利润总额/%
总计	5.02	38.47	33.49	20.62	17.14
煤炭开采和洗选业	17.27	74.93	68.90	46.44	35.22
石油和天然气开采业	61.03	94.50	96.97	81.22	132.50
黑色金属矿采选业	6.87	52.83	48.64	16.25	-6.84
有色金属矿采选业	15.17	49.36	41.69	35.02	27.23
非金属矿采选业	5.42	28.58	28.90	10.41	10.55
开采辅助活动	23.21	86.11	84.77	83.16	126.58
农副产品加工业	2.62	7.59	4.90	5.40	2.67
食品制造业	3.45	7.35	6.22	4.92	4.40
酒、饮料和精致茶制造业	4.15	26.64	30.55	14.54	25.68
烟草制造业	78.91	99.17	99.49	99.27	98.23
纺织业	0.94	5.05	4.30	2.14	1.14
纺织服装、服饰业	1.06	2.00	2.05	0.79	0.77
皮革、毛皮、羽毛及其制品和制鞋业	0.34	1.02	1.12	0.77	0.56
木材加工和木、竹、藤、棕、草制品业	1.04	4.26	2.26	1.37	0.67
家具制造业	0.26	2.26	1.36	1.33	3.50
造纸和纸制品业	1.46	12.37	9.72	4.89	4.08
印刷和记录媒介复制业	5.09	12.45	14.48	6.00	7.41
文教、工美、体育和娱乐用品制造业	0.94	3.55	2.96	3.42	3.32
石油加工、炼焦和核燃料加工业	11.78	50.75	57.09	54.25	61.34
化学原料和化学制品制造业	4.77	28.22	20.79	14.95	4.89

（续表）

行业	国有工业企业数量/%	资产总计/%	所有者权益/%	主营业务收入/%	利润总额/%
医药制造业	5.72	15.61	15.32	8.68	10.61
化学纤维制造业	2.36	12.91	12.36	10.02	13.58
橡胶和塑料制造业	1.42	6.07	4.76	2.75	1.24
非金属矿物制品业	4.43	18.23	14.07	7.85	7.79
黑色金属冶炼和压延加工业	4.46	53.07	45.61	27.03	-4.25
有色金属冶炼和压延加工业	7.09	35.77	28.75	30.44	6.79
金属制品业	2.26	10.99	8.50	5.03	2.89
通用设备制造业	3.05	21.46	16.01	9.70	5.32
专用设备制造业	4.02	24.23	16.48	10.82	-4.12
汽车制造业	5.26	46.67	45.64	40.30	46.97
铁路、船舶、航空航天和其他运输设备制造业	10.55	54.58	47.62	38.50	26.70
电气机械和器材制造业	2.56	13.77	9.38	7.84	8.50
计算机、通信和其他电子设备制造业	4.07	17.06	18.70	8.69	10.09
仪器仪表制造业	5.44	16.00	13.33	9.40	7.50
其他制造业	3.55	41.73	30.15	13.53	19.54
废弃资源综合利用业	3.60	9.47	6.37	4.47	1.07
金属制品、机械和设备修理业	22.91	76.92	93.60	48.50	-169.41
电力、热力生产和供应业	58.45	88.20	203.46	92.05	84.65
燃气生产和供应业	27.78	51.91	84.56	46.41	44.03
水的生产和供应业	59.12	81.98	131.27	68.26	52.69

资料来源：根据《中国统计年鉴2017》整理计算所得。

但是，国有企业在国民经济占比的降低，并不意味着国有企业质量的下降，相反，国有企业的盈利状况是得到有效改善的。如表2-3和表2-4所示，1995年国有企业分布在39个行业，其中盈利的行业有24个，亏损的行业有15个。而到了2016年，国有工业企业分布在40个行业，其中盈利的行业有36个，亏损的行业只有4个。1995—2016年，国有企业处于盈利状态的行业增加了12个，国有企业处于亏损状态的行业减少了11个。这实际上表明，国有经济战略性调整在国有企业整体效益改善中发挥了关键的作用，具体情况如图2-4所示。

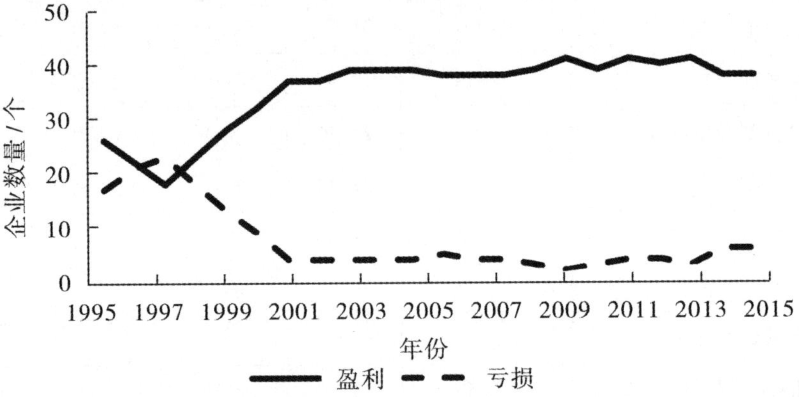

图2-4　1995—2015年国有企业在各行业盈利情况

资料来源：根据《中国统计年鉴》整理所得。

三、国有企业战略性重组

从计划体制下国有企业的功能定位到社会主义市场经济体制下的国有企业功能定位，其变化过程是渐进的，这决定了国有企业要实现其市场经济体制下的定位，需要有一个渐进的国有企业战略性调整过程。这个调整过程从1996年开始，一直到现在还处于不断调整中。到中共十八大之前，国有经济调整取得了一系列成绩，上一节所描述的国有企业发展的基本状况基本反映了国有企业战略性调整的结果。总体而言，国有企业布局存在的问题表现为以下几个方面：

一是现在国有经济总量不断扩大，但国有经济功能定位还不十分明确，许多国有企业的经营范围既包括市场化的业务，又包括政策性的业务，横跨竞争性领域和自然垄断性领域，结果造成国有企业面临“营利性企业使命”与“公共性政策使命”诉求的冲突。由于国有经济布局总体覆盖了竞争性、自然垄断性和公共政策性等各类领域，而不同领域的国有企业的经营目标又没有明确区分，甚至一家国有企业的经营业务就覆盖了各类不同性质的领域，再加之国有企业领导人具有行政官员和职业企业家的双重角色，也就是说，无论是国有企业，还是国有企业领导人，都存在混合定位或者定位不清的问题，这使得国有企业不能够成为一个真正的企业。因此，未来需要基于功能定位和使命要求调整现有的国有经济布局，对国有企业进行分类治理。

二是工业国有资本主要集中在重化工行业，战略性新兴产业分布不足，国有经济在体现国家经济发展战略方向方面还缺乏足够的引导作用。工业国有资本亟须从产能过剩领域退出转向战略性新兴产业，形成适合经济新常态下的工业国有资本行业布局结构。在过去的 10 多年中，由于中国正处于工业化中期阶段，重化工业处于大发展的时期，工业国有资本这种战略性布局是合理的，正是过去 10 多年的重化工业的景气周期以及主要靠重大投资项目拉动的经济增长模式，使得国有经济部门资产与收入的规模增长相当可观。但是，中国正步入经济新常态，过去十几年中形成的国有经济倚重重化工布局和规模扩张的发展方式，已经无法适应工业化后期经济新常态的要求，产能过剩、经济效益差的问题日益突出，工业国有资本亟须从产能过剩领域退出转向战略性新兴产业，形成适合经济新常态下的工业国有资本行业布局结构。

三是中央企业海外资产不断扩张，但面临“竞争性中立”的挑战。从国际化布局看，国有企业中中央企业发挥了关键作用，但未来面临“一带一路”倡议下的使命要求和国际“竞争性中立”的严峻挑战。2018 年以来中美贸易摩擦已经说明了此问题的严重性。美国试图以“竞争性中立”对中国国有企业国际化行为进行制约，包括通过“边境内措施”来规范政府对国有企业行为的影响、通过严格报告和强制执行制度保证信息的全面及时披露、通过审查质询及制裁制度强化“竞争性中立”规制执行力等。

四是国有企业创新资源和成果不断增加，但还不能满足创新型国家战略要求。从创新资产分布看，国有企业，尤其是中央企业集中了大量的优质创新资源，也取得了大量高水平研发成果，但创新方向和效率还不能够完全满足创新型国家建设、创新驱动发展战略的使命要求。这要求，一方面，要考虑加大创新资产在科技及高新技术研发方面的布局，加强在重要战略性新兴产业发展方面的技术投入，加强在相关业务上科技力量的配套布局。另一方面，要深化国有企业改革，尤其是垄断行业的国有企业的改革，激发国有企业的创新活力，从而提高国有企业的创新效率，尽快缩小我国与发达国家的技术差距，为我国建设创新型国家、转变经济发展方式贡献力量。

五是国有企业规模不断扩大，但产业组织结构还有待进一步优化。从产业组织视角看，国有企业户均国有资本规模不断扩大，但存在自然垄断性行业有效竞争不够与竞争性行业产业集中度不高的问题。经过多年国有经济战略性调整，在电力、电信、民航、石油天然气、邮政、铁路、市政公共事业等具有自然垄断性的行业中，国有企业占据了绝大多数。应该说，这总体上符合国有经济的功能定位，但是，并不是这些行业的所有环节都具有自然垄断性，一般认为，电力产业的输配电网，铁路行业的路轨网络，石油产业的输油管线，天然气行业的输气管线，电信行业的电信、电话和宽带网络，属于自然垄断的网络环节，而电力行业的发电、售电业务，铁路行业的运输业务，石油和天然气行业的勘探、销售业务，电信行业的移动电话、互联网、电视网络和增值业务等属于可竞争的非自然垄断环节。现在由于国有企业的经营业务涵盖整个行业的网络环节和非网络环节，从而在一定程度上遏制了有效竞争，影响了社会服务效率，社会上对这些行业的意见比较集中，这些行业的腐败问题往往也比较集中。实际上，这些行业的国有企业改革已经成为我国国有企业国资改革的焦点。

六是地方国有企业资本总量不断增大，但效益低于中央企业。从隶属关系和区域分布看，地方企业国有资本占比近年来不断上升，大于中央企业国有资本占比，其中东部地区国有资本总量占比超过地方国有资本占比的一半，但中西部地区国有资本占比呈不断上升趋势。从中央和地方国有资本功能定位看，地方国有资本更加合理的定位是地区的公共服务功能，中央国有资本更加适合发挥国家经济发展战略的引导作用，要针对这个定位来对现有的国有资本隶属和区域布局进行战略性调整。

在这种背景下，国有企业战略性调整应该基于国有企业功能定位分类积极推进国有经济战略性调整、基于国家战略性和公共服务性标准科学调整国有经济产业布局、基于全面深化改革和优化市场结构双重目标协同推进国有企业并购重组。具体而言，国有企业战略性重组应该遵循以下四个原则：一是从产业布局结构调整看，要推进重化工领域产能过剩行业的相当部分国有资本退出，转向高端和新兴制造业、公共服务等领域，因此，当前重组应该重点倾向于产能过剩的重化工业。二是从经营业务结构调整看，要积极推进自然垄断性行业的国有企业业务重组，将业务更多地集中于具有自然垄断性的网络环节。实际上，只有网络环节才具有自然垄断性。三是从产业组织结构调整看，要基于行业特性积极推进中央企业的并购重组，形成兼有规模经济和竞争效率的市场结构。四是要增加改革的系统性、协调性，协同推进中央企业重组和混合所有制改革、分类改革和建立现代公司治理结构。

中共十八大以来，我国积极推进中央企业战略性重组，通过 20 组 38 家企业的重组，中央企业已由 117 家调整至 96 家。总体上看，绝大多数是同一行业不同企业之间的合并，有利于提高行业集中度，合并方式基本是资产的无偿划拨，具体情况如表 2－5 所示。重组红利也不断释放，2017 年的世界 500 强数据显示，中国企业上榜数量达到 115 家，仅次于美国，其中有 64 家国有企业上榜，国家电网、中国石油和中国石化分别居第二、第三、第四名。

表 2－5　中共十八大以来中央企业重组的基本情况（截至 2018 年 6 月）

序号	时间	企业	内容	特征与模式
1	2012 年 12 月	彩虹集团公司与中国电子信息产业集团	彩虹集团整体无偿划转进入中国电子	一家公司无偿划拨给另一家公司；相关行业
2	2013 年 3 月	中粮集团有限公司与华粮物流集团公司	华粮集团整体无偿划转进入中粮集团，成为中粮集团全资子公司	一家公司无偿划拨给另一家公司；相关行业
3	2013 年 7 月	中国第二重型机械集团公司与中国机械工业集团有限公司	中国二重整体无偿划转进入国机集团，成为国机集团的全资子公司	一家公司无偿划拨给另一家公司；相关行业

（续表）

序号	时间	企业	内容	特征与模式
4	2014年11月	中粮集团有限公司与中国华孚贸易发展集团公司	华孚集团整体无偿划转进入中粮集团	一家公司无偿划拨给另一家公司；相关多元化行业
5	2015年5月	中国电力投资集团公司与国家核电技术有限公司	国务院国资委持有的国家核电股权无偿划转给中电投集团，中电投集团更名为国家电力投资集团公司	一家公司无偿划拨给另一家公司，重新命名；相关行业
6	2015年7月	中国北方机车车辆工业集团公司与中国南车集团公司	中国北车吸收合并中国南车，中国南车注销，中国北车更名为中国中车集团公司	一家公司无偿划拨给另一家公司，重新命名；相关行业
7	2015年11月	南光（集团）有限公司与珠海振戎公司	新设中国南光集团有限公司，作为重组后的母公司，将国务院国资委持有的南光集团股权和振戎公司划转进入新设公司	一家公司无偿划拨给另一家公司，重新命名；相关行业
8	2015年12月	中国远洋运输（集团）总公司与中国海运（集团）总公司	新设中国远洋海运集团有限公司，作为重组后的母公司，将中远集团和中国海运划转进入新设公司	一家公司无偿划拨给另一家公司，重新命名；相关行业
9	2015年12月	中国五矿集团公司与中国冶金科工集团有限公司	中冶集团整体无偿划转进入中国五矿，成为中国五矿全资子公司	一家公司无偿划拨给另一家公司；相关行业
10	2015年12月	招商局集团有限公司与中国外运长航集团有限公司	中国外运长航整体无偿划转进入招商局集团，成为招商局集团全资子公司	一家公司无偿划拨给另一家公司；相关行业

（续表）

序号	时间	企业	内容	特征与模式
11	2016年7月	中国港中旅集团公司与中国国旅集团有限公司	国旅集团整体无偿划转进入港中旅集团，成为其全资子公司，港中旅集团更名为中国旅游集团公司	一家公司无偿划拨给另一家公司，重新命名；相关行业
12	2016年7月	中粮集团有限公司与中国中纺集团公司	中国中纺集团整体无偿划转进入中粮集团，成为中粮集团全资子公司	一家公司无偿划拨给另一家公司；多元化行业
13	2016年8月	中国建筑材料集团有限公司与中国中材集团公司	中国建筑材料集团有限公司更名为中国建材集团有限公司，作为重组后的母公司，中材集团整体无偿划入，成为其全资子公司	一家公司无偿划拨给另一家公司，重新命名；相关多元化行业
14	2016年9月	宝钢集团有限公司与武汉钢铁（集团）公司	宝钢集团有限公司更名为中国宝武钢铁集团有限公司，作为重组后的母公司，武钢整体无偿划入，成为其全资子公司	一家公司无偿划拨给另一家公司，重新命名；相关行业
15	2016年11月	中国储备粮管理总公司与中国储备棉管理总公司	中储棉总公司整体无偿划转并入中储粮总公司，成为中储粮总公司的全资子公司	一家公司无偿划拨给另一家公司；相关行业，公益性企业
16	2017年6月	中国机械工业集团有限公司与中国恒天集团公司	恒天集团整体无偿划转并入国机集团，成为国机集团的全资子公司	一家公司无偿划拨给另一家公司；相关行业
17	2017年8月	中国保利集团公司与中国轻工集团公司、中国工艺（集团）公司	中轻集团和中国工艺集团整体无偿划转进入保利集团，成为保利集团全资子公司	一家公司无偿划拨给另一家公司；相关多元化行业

（续表）

序号	时间	企业	内容	特征与模式
18	2017年8月	神华集团有限责任公司与中国国电集团公司	神华集团更名为国家能源投资集团有限责任公司，作为重组后的母公司，吸收合并中国国电	一家公司无偿划拨给另一家公司，重新命名；相关行业
19	2018年1月	中国核工业集团有限公司与中国核工业建设集团有限公司	中国核工业建设集团有限公司整体无偿划转进入中国核工业集团有限公司	一家公司无偿划拨给另一家公司；相关行业
20	2018年6月	武汉邮电科学研究院与电信科学技术研究院	两家企业联合重组而成中国信息通信科技集团有限公司	两家公司资产无偿组合；相关行业

资料来源：根据公开资料整理所得。

总体来看，中央企业重组的工作方向是合理的，但基于上述应该把握的四个原则，从现有的中央企业重组的案例看，这些原则的体现还不十分明显。

第一，国务院国资委主要从深化国有企业改革的角度来考虑央企重组工作，而对国家维护市场经济公平竞争秩序的统筹考虑不足，对央企重组方案形成和实施过程需要经过公平竞争审查制度的程序正义要求的重视度不够。2017年，我国通过了公平竞争审查制度实施细则，适用于这一制度的央企重组工作，应该确保在程序上合规，以避免触发国际国内社会有关国有企业市场形象的质疑。例如，反垄断部门应该高度关注钢铁企业兼并重组过程中细分产品相关市场的生产者集中审查问题。宝钢与武钢合并成立宝武钢铁集团以后，在取向硅钢、汽车板市场具有很高的市场占有率，尤其是在取向硅钢的国内市场，宝武钢铁几乎取得90%以上的市场份额，应引起反垄断部门的重点关注。在新日铁住金与日新钢铁合并的过程中，日本公平贸易委员会注意到了合并可能会对冷轧不锈钢卷市场带来的妨碍市场竞争问题，并提出了相关的解决方案，从而在规模经济和市场竞争效率之间寻求了很好的平衡。

第二，央企重组工作遵循“成熟一户、重组一户”的操作原则，对作为重组对象的中央企业所在领域国有资本布局的统筹考虑不足。央企重组决策应服从全国国有资本布局与结构调整战略大局，而不应该仅从企业微观个体层面的利益诉求上考量。按照现行政策，各中央企业可结合实际制定本企业结构调整与重组的具体实施方案，报国务院批准后稳步推进。2017 年神华集团与中国国电集团重组，就建立在重组双方企业自愿的基础上，但这一重组势必对其他的几大电力中央企业构成重大的利益触动，对全国电力行业竞争格局产生重要影响。谁来确保类似的重组决策符合国有资本分行业、分区域布局的整体性要求呢？这个环节在实践中仍是缺位的。

第三，央企重组工作与中央企业分类改革、组建和改建国有资本投资运营公司等其他改革举措之间的关系，需要进一步理顺。一方面，从现有情况看，在已有的重组案例中，只有一组属于公益类企业重组，其他均属于商业类企业重组。而在商业类重组中，涉及商业一类的企业重组数量少，重组主要集中于商业二类企业之间。国务院国资委如何从分类监管与分类改革的角度来规范和引导企业重组工作，尚无明确的思路。另一方面，国有资本投资运营公司是中央企业中市场化能力与竞争力相对较强的一批企业，成功的企业重组活动，对企业主体的市场化运作水平要求高，应该考虑更加充分地发挥国有资本投资运营公司在央企重组中的能动作用，以保障央企重组能够取得实效而不流于形式。

第四，央企重组工作缺乏相对科学与规范的长效监管流程。目前的央企重组，动辄涉及数以百亿或千亿计的国有资产，而这些工作，基本依靠企业自觉自愿的推进和国务院国资委的经验性指导来完成。从已有的央企重组案例看，有的央企重组工作取得了明显的成效，业绩大幅改善，但也有一些央企重组工作除发布重组公告外，几乎不再有相关信息披露。在央企重组工作中，如何避免“竭泽而渔”的急功近利行为、“报喜不报忧”的选择性信息披露以及“有名无实”的形式化重组等这些实践中的问题，需要加强研究。当前可用以规范央企重组工作的文件主要是《国务院办公厅关于推动中央企业结构调整与重组的指导意见》，该文件表述偏重于原则性问题，对央企重组实践活动的具体约束效应不明显。

对此，未来应该结合前文所阐述的四方面问题，加强引导和规范央企重组工作。第一，在央企重组工作中，凡涉及妨碍市场竞争因素者，有关的企业重组方案，需提交新组建的国家市场监督管理总局，履行公平竞争审查程序。通过审查后，企业重组方案方为有效并可付诸实施。第二，研究并落实好《国务院办公厅关于推动中央企业结构调整与重组的指导意见》中有关“明确国有资本分行业、分区域布局的基本要求，作为中央企业布局结构调整的重要依据”的规定。将对是否符合国有资本布局的基本要求这一事项的审查，明确作为央企重组决策的前置环节。第三，将央企重组和中央企业功能分类两项工作有机结合起来，加快压缩商业二类企业数量，逐步减少商业一类企业数量。在设计重组方案时，坚持以基于企业使命对企业进行分类为重组工作的前提，充分考虑重组双方功能类型及二者的匹配性；在实施重组方案时，要基于重组后企业的使命，将不符合企业功能定位的业务分拆出去。第四，建议以新组建和改建的国有资本投资公司与国有资本运营公司为主体推进央企重组，提升央企重组工作效能。同行业重组一般是由国有资本投资公司主导，而非相关多元化行业之间的重组，可以考虑由国有资本运营公司主导。按照授权经营原则，国有资本投资运营公司应该是被重组央企的产权代表方，在重组中，应上下互动，以保证国有资本投资运营公司的重组主体作用。第五，建立健全央企重组整合工作的规范性程序安排和央企重组后整合成效的客观评价机制。有关制度，应有助于指导和规范企业的如下实践问题：一是重组双方的选择标准，到底哪些企业适合作为重组方，哪些企业适合作为被重组方？二是重组双方企业需要具备什么要素和条件？需要如何履行重组程序，才有可能实现成功重组？三是完善有关重组工作进展的定期信息披露制度与问题纠偏机制，直至重组后企业各项经营管理工作完全走上正轨为止。国有经济布局的优化不仅影响着国有经济本身效率的改善，而且关系到以公有制经济为主体的社会主义市场经济体制的发展与完善。

第三章　国有资本管理体制改革

中华人民共和国成立后到改革开放前，我国在计划经济体制下一直实行“条块”管理，国有资本监管体制经历了集权—分权—集权—分权的不断演变；改革开放后开始以放权让利和两权分离为代表进行扩大企业经营自主权、激发企业活力的探索，1988 年设立国家国有资产管理局实行分级监管，1998 年撤并国家国有资产管理局实行“多龙治水”的管理模式；2003 年国务院国有资产管理委员会成立后，从管人、管事、管资产发展到现在的管资本，我国在改革中不断探索，不断总结经验，也不断完善和深化国有资本监管。改革开放后我国的国有资本管理体制改革大体可分为三个阶段：第一阶段为 1978—2002 年，是管企业体制为主的时期；第二阶段为 2003—2012 年，是管资产体制为主的时期；第三阶段为 2013—2018 年，是管资本体制为主的时期。

一、管企业体制为主的时期：1978—2002 年

这一时期的国有资本监管又可分为三个阶段：第一阶段为 1978—1988 年，是改革开放后的国资监管探索阶段；第二阶段为 1988—1998 年，是成立国家国有资产管理局后的分级监管阶段；第三阶段为 1998—2002 年，是撤并国家国有资产管理局后的“多龙治水”阶段。

（一）改革开放后的国资监管探索阶段

1978 年 12 月，中共十一届三中全会确定了改革开放的政策，开始了以放权让利和两权分离为代表的扩大企业经营自主权、激发企业活力的探索。1979 年，开始扩大国营工业企业经营管理自主权的试点，截至 1980 年 6 月

底，在全国范围内布置了6000多个试点企业[①]，从1981年起，在国营工业企业中全面扩大企业自主权。1984年，国务院出台《关于进一步扩大国营工业企业自主权的暂行规定》，进一步将生产经营计划、产品销售、产品价格、物资设置、人事劳动管理、工资奖金、联合经营等十个方面的权力下放给企业。

此后，我国又推行了一系列针对国营企业的“利改税”政策和针对国有建设投资的“拨改贷”政策。

（1）“利改税”。1983年4月24日，国务院批转财政部制定的《关于国营企业利改税试行办法》，规定“凡有盈利的国营大中型企业（包括金融保险组织），均根据实现的利润，按百分之五十五的税率交纳所得税”“凡有盈利的国营小型企业，应当根据实现的利润，按八级超额累进税率交纳所得税”“营业性的宾馆、饭店、招待所和饮食服务公司，都交纳百分之十五的所得税，国家不再拨款”“县以上供销社，以县公司或县供销社为单位，按八级超额累进税率交纳所得税，国家不再拨款”。1984年9月18日，国务院又批转财政部《国营企业第二步利改税试行办法》，将当时的工商税按照纳税对象，划分为产品税、增值税、盐税和营业税，将第一步“利改税”设置的所得税和调节税加以改进，增加了资源税、城市维护建设税、房产税、土地使用税和车船使用税，从原来的“税利并存”改为“以税代利”，税后利润完全归企业所有。“利改税”政策实行后，国营企业不再上交全部利润，税后利润归企业留存和自行支配，一定程度上激发了企业活力和生产经营积极性。

（2）“拨改贷”。中华人民共和国成立以来，我国基本建设投资均由国家财政直接拨款，国有企业更多是作为政府的附属品，不自负盈亏，缺乏活力。为增强国有企业活力，提高国有投资效益，我国开始试行“拨改贷”政策。1980年11月18日，国务院批转国家计委、国家建委、财政部、中国人民建设银行《关于实行基本建设拨款改贷款的报告》，决定从1981年起，基本建设投资试行建设银行贷款，变无偿使用为有偿使用。基本建设贷款利率一般为年利率3%，对煤矿、建材、邮电行业实行优惠，按照年利率2.4%计息；机械、轻工、纺织、原油加工、石油化工等行业，按照年利率3.6%计息。

---

① 《1979年7月13日　国务院决定扩大国营企业经营管理自主权》，人民网，2003年8月1日。

1984 年 12 月 14 日，国家计委、财政部、中国人民建设银行发布《关于国家预算内基本建设投资全部由拨款改为贷款的暂行规定》，决定从 1985 年起，凡是由国家预算安排的基本建设投资全部由财政拨款改为银行贷款，各行业继续实行差别利率①。"拨改贷"政策的施行意味着我国对国有资本的监管开始逐步从计划经济模式向市场经济模式转变。结合同时期一系列放权让利政策的出台和实施，推动国有企业发展成为独立核算、自主经营、自负盈亏的市场竞争主体。

随着改革开放后市场经济的不断发展，我国传统体制下政企不分、所有权经营权合一的国资监管模式亟待做出调整。1984 年 10 月，中共十二届三中全会通过《中共中央关于经济体制改革的决定》，将增强企业活力确定为经济体制改革的中心环节，着力明确国家和全民所有制企业之间的正确关系，继改革开放初的放权让利后，又推行一系列国家所有权与企业经营权分离（两权分离）的改革。1986 年 12 月 5 日，《国务院关于深化企业改革增强企业活力的若干规定》（国发〔1986〕103 号）下发，提出要推行多种形式的经营承包责任制，对部分全民所有制大中型企业进行股份制试点。1988 年 2 月 27 日，国务院出台《全民所有制工业企业承包经营责任制暂行条例》②，在坚持企业的社会主义全民所有制的基础上，按照所有权与经营权分离的原则，以承包经营合同形式，确定国家与企业的责权利关系，使企业做到自主经营、自负盈亏。这也为 1988 年设立国家国有资产管理局和各地区国有资产管理局做出了铺垫。

这一时期放权让利和两权分离的国有资本监管体制模式改革探索逐步将

① 电子、纺织、轻工、石油化工、原油加工项目年利率为 4.2%；钢铁、有色金属、机械、汽车、化工、森工、电力、石油开采、铁道、交通、民航项目年利率为 3.6%；农业、林业、农垦、水利、畜牧、水产、气象、国防工业、煤炭、建材、邮电、粮食和节能措施项目年利率为 2.4%；长线产品的建设项目和在能源紧张地区搞的耗能高的产品的建设项目年利率为 12%；其他行业的项目年利率为 3%。

② 后来又根据 1990 年 2 月 24 日《国务院关于修改〈全民所有制工业企业承包经营责任制暂行条例〉第二十一条的决定》作了第一次修订，根据 2011 年 1 月 8 日《国务院关于废止和修改部分行政法规的决定》作了第二次修订。

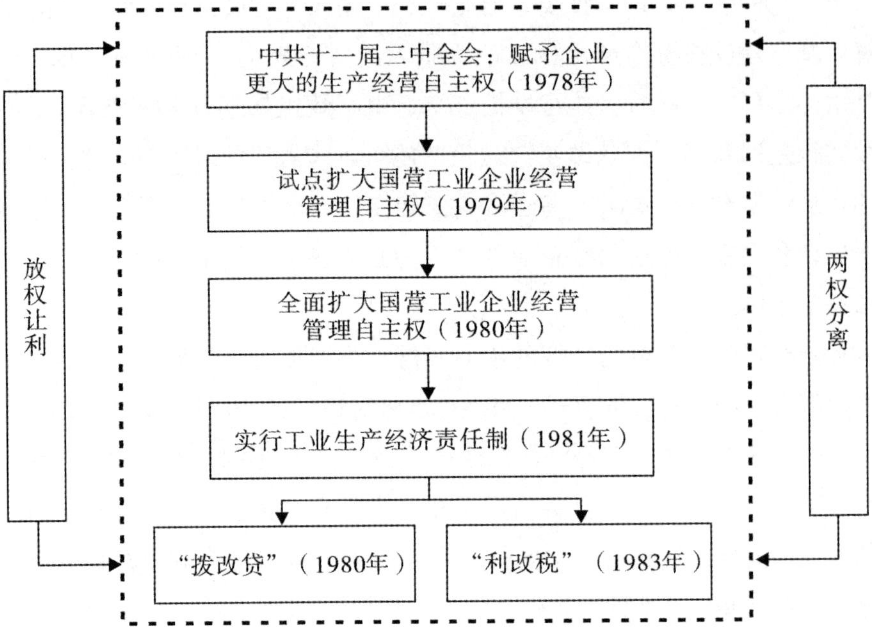

图3-1　放权让利和两权分离的监管模式

国有企业与政府行政力量相分离，为激发企业活力、扩大企业经营自主权作出了重要贡献。“拨改贷”等针对国有建设投资的改革，也有效提高了国有资产的投资收益。但从另一个角度分析，既然国有企业的资金来源不再是政府直接拨款，而是从银行贷款，那么就要履行还本付息义务，然而这样一来，企业按规定缴纳税款、对银行贷款还本付息后的结余利润就可能引发资产归属争议。

（二）成立国家国有资产管理局后的分级监管阶段

1988年，国务院批准设立国家国有资产管理局，随后各省市也均成立了国有资产管理局。根据《国务院关于部委管理的国家局设置及有关问题的通知》（国发〔1993〕26号），国家国有资产管理局是财政部管理的国家局（副部级）。按照“统一政策、分散管理”的原则，逐步建立起了从中央到地方的国有资产管理体系，负责全部国有资产的管理工作。国有资产管理局的设立将政府的双重职能（社会经济管理职能、国有资产的产权管理职能）相分离[①]。根据《国务院办公厅关于印发财政部和国家国有资产管理局职能配置、内设机构和人员编制方案的通知》（国办发〔1994〕31 号），国家国有资产管理局设置 6 个职能司和机关党委，具体机构设置如图 3－2 所示。

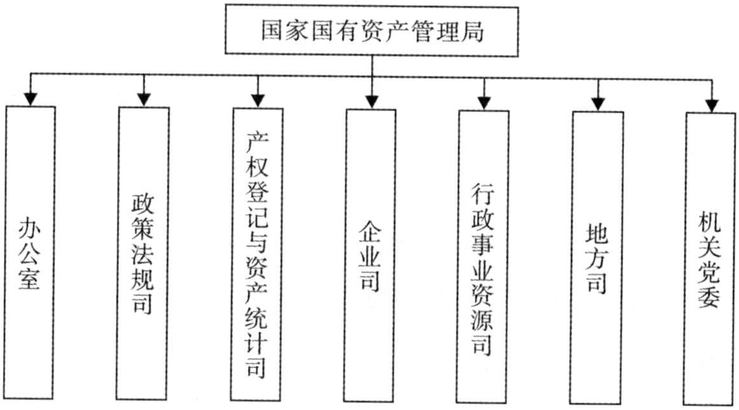

图 3－2　国家国有资产管理局的机构设置

为改善“政企不分”的国资监管局面，1991 年 12 月 14 日《关于选择一批大型企业集团进行试点请示的通知》公布了包括解放汽车集团、鞍钢集团、华能集团等 55 个企业集团在内的第一批试点企业集团名单。试点企业集团的管理体制，按照重大问题集体讨论、总经理或董事长负责日常经营管理的原则实施企业管理，而且试点企业集团要逐步建立财务公司，并逐步赋予试点企业集团自营进出口权。1992 年，党的十四大提出：国有企业应该成为同市场经济相适应的、政企分开的独立的市场主体和法人实体。1992 年 5 月 11 日，国务院批转经贸部、国务院生产办《关于赋予生产企业进出口经营权有关意见的通知》，同意对具备条件的大中型生产企业赋予自营进出口权。这种大型企业集权的“授权经营”模式虽然给予了企业一定的经营权和决策自主权，但对试点企业集团的行政领导班子的管理，基本遵循政府行政官员的管理模式，试点企业集团的管理者仍由政府任命，主要领导干部（总经理或董

① 周放生：《国有资产管理局设立的意义》，《上海国资》2008 年第 10 期。

事长）享有副部级、正局级等相关的政治待遇。这就表明国有资产出资人的地位仍未明确，政府的行政管理职能与国有资产出资人的职能大幅交叉，在一定程度上限制了改革的进展和成效。

该时期国家为进一步推进“政资分开”还做了诸多尝试。1990 年 7 月 2 日，国务院发布《国务院关于加强国有资产管理工作的通知》（国发〔1990〕38 号），要求完善国有资产产权管理机制。1993 年 11 月，中共十四届三中全会通过的《中共中央关于建立社会主义市场经济体制若干问题的决定》，确立了我国国有企业改革的方向是建立现代企业制度；要求对国有资产实行国家统一所有、政府分级监管、企业自主经营的管理体制。

在国家国有资产管理局存续的 10 年时间里，其为我国在以公有制为主体的社会主义市场经济体制下加强国有资本监管作出了重要贡献。首先，明确了产权的归属，即国家是国有资产的所有者，并建立一系列制度规章对国有产权进行保护，防止国有资产流失；其次，对“政资分开”进行了有益的探索；最后，建立了诸如产权交易、产权登记、产权保护、资产评估等国有资产管理制度①。

但也应该注意到，国家国有资产管理局仅是财政部管理的一个国家局（副部级），主要负责国有资产的行政管理工作，当时的国家计委、国家经贸委、国家体改委、人事部等众多部委均司国有资产管理，国有资产出资人的权利分散在国务院各部委，虽然这样可以起到相互制约的作用，但也会严重限制国家国有资产管理局的职能发挥，结果是离实现“政资分开”的目标仍有一定距离。职能定位不够清晰、发挥作用有限也在很大程度上导致 1998 年机构改革时国务院做出撤并国家国有资产管理局的决定。

（三）撤并国家国有资产管理局后的“多龙治水”阶段

1998 年国务院推行新一轮机构改革，7 月 4 日，国务院办公厅印发《财政部职能配置、内设机构和人员编制规定》，决定撤并国家国有资产管理局。将原国家国有资产管理局组织实施国有企业财产监管的职能，交给国家经济

① 周放生：《原国有资产管理局的贡献》，《上海国资》2008 年第 11 期。

贸易委员会承担；中央行政事业单位国有资产（中央政府公共财产）产权界定、清查登记等项工作，交给国务院机关事务管理局承担；国有资源实行资产化管理的有关职能，交给国土资源部、国家林业局承担；企业国有资产（国有资本金）的基础管理职能，划入财政部管理；制定政府公共财产管理规章制度的职能，划入财政部管理。由此，国有资本监管体制进入“多龙治水”阶段（见图3-3）。这一时期最大的特点是多个部门分割行使国有资本监管职能，除《财政部职能配置、内设机构和人员编制规定》所涉及的财政部、国家经贸委、国土资源部外，还有中央企业工委和中组部负责中央企业负责人的任免，即管人、管事、管资产的权利分属于国家不同部门。

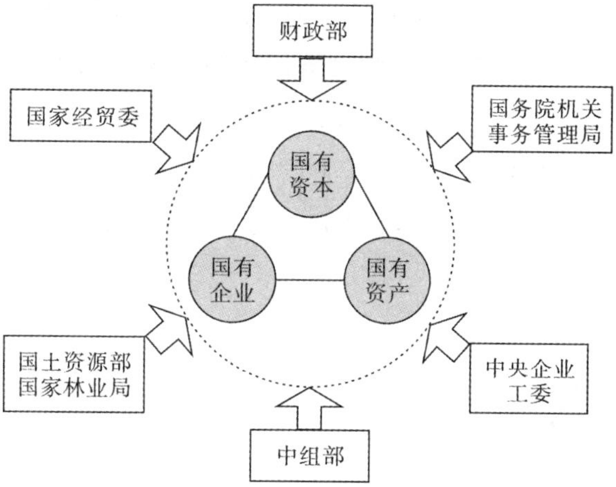

图3-3 国有资本监管体制的“多龙治水”模式

国有资本监管体制“多龙治水”模式的问题显而易见，国有资产出资人地位没有明确，国有资产出资人职能不能有效行使，而且存在政企不分、政资不分等问题，难以对全国范围内的国有资本实行统一、全面的有效监管。撤并国家国有资产管理局后，并没有建立一个权责对等的统一的国有资本管理机构。在分权制改革思路下，财政部、国家经贸委等多个部门分管国资不同部分，极可能导致职能交叉、政出多门、多头管理，进而影响到我国国有经济的健康发展，限制国有企业的活力和国有资产的保值增值。

二、管资产体制为主的时期：2003—2012年

这一时期的标志性事件是2003年国务院国资委的成立。按规定，国务院国资委不直接干预企业的生产经营活动和投资决策，而是负责管人、管事、管资产，由此开始政资分开，由管企业向管资产过渡，强调国家的出资人职责和所有者权益，政府和企业之间的关系由行政隶属关系逐渐向产权纽带关系转变①。新的国有资产管理体制具有两个突出特点：一是将政府的公共管理职能和作为国有资产所有者的管理职能分开，即国有资产监督管理委员会专门代表国家行使国有资产出资人职责，其他的政府部门就专司公共管理职能；二是把过去分散在各个政府部门的出资人的职责集中起来，实行责、权、利相统一，管资产与管人、管事相结合。这种新型的国有资产管理体制，不仅可以实现政府的公共管理职能与所有者职能分开和国有资产出资人真正到位，也有利于实现政企分开、政资分开和政事分开，从而使企业成为真正的市场竞争主体和法人实体，公平参与市场竞争，保证社会主义市场经济体制的正常运行和作用的发挥。

国务院国资委成立后围绕出资人的不错位、不缺位、不越位，出台了一系列措施，进行了一系列国有资产管理的改革尝试，包含三个阶段，分别是：国务院国资委成立及相关管理制度的建设阶段、国有资本调整和国有企业纵深重组阶段、助推国有企业“走出去”和加强境外国有资产管理阶段。

（一）国务院国资委成立及相关管理制度的建设阶段

2003年3月21日，根据第十届全国人民代表大会第一次会议审议批准的《国务院关于机构设置的通知》（国发〔2003〕8号），设立国务院直属特设机构——国务院国有资产监督管理委员会（简称“国务院国资委”）。

2003年4月25日，《国务院办公厅关于印发国务院国有资产监督管理委

① 闵乐：《中国国有资产管理体制改革研究》，博士学位论文，辽宁大学，2016。

员会主要职责内设机构和人员编制规定的通知》（国办发〔2003〕28 号）明确授权国务院国资委代表国家履行出资人职责，内设办公厅（党委办公室）、政策法规局、业绩考核局等 18 个职能机构，监管范围是中央所属企业（不含金融类企业）的国有资产，并被划入以下职责：①原国家经济贸易委员会的指导国有企业改革和管理的职责；②中共中央原企业工作委员会的职责；③财政部有关国有资产管理的部分职责；④劳动和社会保障部的拟订中央直属企业经营者收入分配政策、审核中央直属企业的工资总额和主要负责人的工资标准的职责。同时也规定，国务院国资委按照政企分开以及所有权和经营权分离的原则，依法对企业的国有资产进行监管，依法履行出资人职责，但不得直接干预企业的生产经营活动，使企业真正成为自主经营、自负盈亏的市场主体和法人实体，实现国有资产保值增值。由此开启了由管企业向管资产的过渡。2003 年 5 月 27 日，国务院《企业国有资产监督管理暂行条例》（国务院令第 378 号）明确了国务院国资委是履行出资人职责、监督管理企业国有资产的机构。2003 年 10 月 21 日，《国务院办公厅关于公布国务院国有资产监督管理委员会履行出资人职责企业名单的通知》公布了授权国务院国资委履行出资人职责的 189 家企业名单。

2003 年 11 月 25 日，国务院国资委发布《关于规范国有企业改制工作的意见》，提出应健全制度规范运作、严格监督追究责任、精心组织加强领导，以保证国有企业改制工作健康、有序、规范地进行。2004 年 11 月 1 日，国务院国资委发布《关于设立市（地）级人民政府国有资产监督管理机构的指导意见》，市（地）级人民政府可设立国有资产监督管理机构，管资产和管人、管事相结合。2005 年 12 月 19 日，国务院国资委又发布《关于进一步规范国有企业改制工作的实施意见》，对严格制订和审批企业改制方案、认真做好清产核资工作、加强对改制企业的财务审计和资产评估、切实维护职工的合法权益、严格控制企业管理层通过增资扩股持股、加强对改制工作的领导和管理提出了进一步的要求。

成立统一的国有资产管理机构，有利于在减少机构数量的前提下，对现有独立履行投资者职能的部门和机构进行合并和整合，进而可以突破国有资产出资人机构和职能分离的体制性障碍，解决出资人监督与国有资产管理脱节的问题。

表 3－1 为国务院国资委成立及相关管理制度建设阶段的主要政策文件。

表 3－1　国务院国资委成立及相关管理制度建设阶段的主要政策文件

时间	发文机关	政策文件	主要内容
2003 年 3 月 21 日	国务院	《国务院关于机构设置的通知》	设立国务院国有资产监督管理委员会，为国务院直属正部级特设机构
2003 年 4 月 25 日	国务院办公厅	《国务院办公厅关于印发国务院国有资产监督管理委员会主要职责内设机构和人员编制规定的通知》	授权国务院国资委代表国家履行出资人职责，监管中央所属企业（不含金融类企业）的国有资产
2003 年 5 月 27 日	国务院	《企业国有资产监督管理暂行条例》	国务院国有资产监督管理机构是代表国务院履行出资人职责、负责监督管理企业国有资产的直属特设机构；省、自治区、直辖市人民政府国有资产监督管理机构，设区的市、自治州级人民政府国有资产监督管理机构是代表本级政府履行出资人职责、负责监督管理企业国有资产的直属特设机构
2003 年 10 月 21 日	国务院办公厅	《国务院办公厅关于公布国务院国有资产监督管理委员会履行出资人职责企业名单的通知》	公布授权国务院国资委履行出资人职责的 189 家企业名单
2003 年 11 月 25 日	国务院国资委	《关于规范国有企业改制工作的意见》	健全制度规范运作、严格监督追究责任、精心组织加强领导

（续表）

时间	发文机关	政策文件	主要内容
2004年11月1日	国务院国资委	《关于设立市（地）级人民政府国有资产监督管理机构的指导意见》	深化国有资产管理体制改革，市（地）级人民政府可设立国有资产监管机构
2005年12月19日	国务院国资委	《关于进一步规范国有企业改制工作的实施意见》	严格制订和审批企业改制方案、认真做好清产核资工作、加强对改制企业的财务审计和资产评估、切实维护职工的合法权益、严格控制企业管理层通过增资扩股持股等

（二）国有资本调整和国有企业纵深重组阶段

2006年12月5日，国务院国资委发布《关于推进国有资本调整和国有企业重组的指导意见》，将国有资本调整和国有企业重组，完善国有资本有进有退、合理流动的机制作为经济体制改革的一项重大任务，大力推进企业内母子公司重组、企业突出主业的兼并重组、旨在做大做强的重组。这一阶段，推进和完善了电信、电力、民航等行业企业的改革和重组。例如2006年批准成立中国邮政集团公司，将各省邮政局和原国家邮政局直属单位的经营性净资产上划作为中国邮政集团公司的国有资本。还有2008年电信业的重组，中国电信收购中国联通CDMA网，中国联通与中国网通合并成为新中国联通，铁通并入中国移动。

2007年6月28日，《国务院办公厅转发发展改革委关于2007年深化经济体制改革工作意见的通知》（国办发〔2007〕47号），提出要加快国有经济布局和结构调整，实施关于推进国有资本调整和国有企业重组的指导意见，加快中央企业调整重组。

2010年3月21日，《国务院关于落实〈政府工作报告〉重点工作部门分工的意见》要求坚定不移推进改革，进一步扩大开放。要求继续推进国有经济布局和结构战略性调整。加快大型国有企业特别是中央企业母公司的公司制改革，实现产权多元化，完善法人治理结构。

表3－2为国有资本调整和国有企业纵深重组阶段的主要政策文件。

表3－2　国有资本调整和国有企业纵深重组阶段的主要政策文件

时间	发文机关	政策文件	主要内容
2006年12月5日	国务院 国资委	《关于推进国有资本调整和国有企业重组的指导意见》	国有资本调整和国有企业重组，完善国有资本有进有退、合理流动的机制
2006年8月28日	国务院	《国务院关于组建中国邮政集团公司有关问题的批复》	同意中国邮政集团公司进行国家授权投资机构和国家控股公司的试点
2007年6月28日	国务院 办公厅	《国务院办公厅转发发展改革委关于2007年深化经济体制改革工作意见的通知》	加快国有经济布局和结构调整，提出国有经济布局和结构调整的政策建议，加快中央企业调整重组的步伐
2010年3月21日	国务院	《国务院关于落实〈政府工作报告〉重点工作部门分工的意见》	继续推进国有经济布局和结构战略性调整。加快大型国有企业特别是中央企业母公司的公司制改革，实现产权多元化，完善法人治理结构

（三）助推国有企业“走出去”和加强境外国有资产管理阶段

2012年5月24日，《国务院办公厅转发发展改革委等部门关于加快培育国际合作和竞争新优势指导意见的通知》（国办发〔2012〕32号）。此为八部门联合发文，为增强“走出去”战略的实施效果，加强“走出去”宏观指导。提出要健全对外投资、承包工程的风险防控和监管机制，加强境外中资企业和境外国有资产管理。完善对外投资管理制度，推进对外投资便利化，减少政府核准范围和环节，加强动态监测和事后监管。

表3－3为助推国有企业“走出去”和加强境外国有资产管理阶段的主要政策文件。

表 3-3 助推国有企业“走出去”和加强境外国有资产管理阶段的主要政策文件

时间	发文机关	政策文件	主要内容
2012 年 5 月 24 日	国务院办公厅	《国务院办公厅转发发展改革委等部门关于加快培育国际合作和竞争新优势指导意见的通知》	增强“走出去”战略的实施效果，加强“走出去”宏观指导；加强境外中资企业和境外国有资产管理；完善对外投资管理制度，推进对外投资便利化，减少政府核准范围和环节，加强动态监测和事后监管

三、管资本体制为主的时期：2013—2018 年

2013 年 11 月 12 日，中共十八届三中全会通过的《中共中央关于全面深化改革若干重大问题的决定》明确提出：“完善国有资产管理体制，以管资本为主加强国有资产监管，改革国有资本授权经营体制，组建若干国有资本运营公司，支持有条件的国有企业改组为国有资本投资公司。”管资本体制为主的全面深化改革时期由此开启，不仅有利于实现政企分开、政资分开、提高国有资产运营效率，而且有利于调整和优化国有经济布局。具体而言，全面深化改革时期的主要国有资本监管工作包括：国有企业分类改革、改组组建国有资本投资运营公司、加强监督防止国有资产流失、优化国有资本区域布局和行业布局、进一步完善国有企业法人治理结构、以管资本为主推进国务院国资委的职能转变。

（一）分类监管与分类考核

中共十八届三中全会通过的《中共中央关于全面深化改革若干重大问题的决定》首次提出应当准确界定不同国有企业的功能，分类推进改革，这也意味着国有企业将进入分类治理的新时代。2015 年 8 月 24 日，《中共中央、国务院关于深化国有企业改革的指导意见》明确将国有企业分为商业类和公益类，实行分类改革。2015 年 12 月 7 日，国务院国资委、财政部、国家发展改革委联合印发《关于国有企业功能界定与分类的指导意见》，强调了国有企

业功能界定与分类是新形势下深化国有企业改革的重要内容，是因企施策推进改革的基本前提。除此之外，按照现代管理制度要求，继续深化企业内部三项制度改革，创新激励机制、约束机制和考核机制，也是核心竞争力导向下的国有企业治理机制完善的重要内容。2017年，《关于进一步完善国有企业法人治理结构的指导意见》指出，要在2017年年底前基本完成国有企业公司制改革。2017年4月27日，《国务院国资委以管资本为主推进职能转变方案》强化了3项管资本职能，精简了43项监管事项。

国有企业的双重目标可以分为社会目标和经济目标，即社会效益最大化目标和利润最大化目标，双重目标客观上存在着矛盾，若交织在一起，国有企业自身无所适从，西方发达国家普遍对国有企业实行分类管理，实践证明是行之有效的。我国国有企业从职能定位上可以分为商业类和公益类，职能定位不同，监管中对其经营绩效的评价指标在经济目标与非经济目标上也应有所差异，应该与差异化的国有企业职能定位相符，采取分类监管与分类考核（见表3-4）。

表3-4 分类监管与分类考核

国有企业类型	行业/领域	考核重点	改革趋势
商业类国有企业	主业处于充分竞争行业和领域的商业类国有企业	经营业绩指标、国有资产保值增值和市场竞争能力	公司制股份制改革，积极引入其他国有资本或各类非国有资本实现股权多元化，国有资本可以绝对控股、相对控股，也可以参股，并着力推进整体上市
	主业处于关系国家安全、国民经济命脉的重要行业和关键领域，主要承担重大专项任务的商业类国有企业	考核经营业绩指标和国有资产保值增值情况的同时，加强对服务国家战略、保障国家安全和国民经济运行、发展前瞻性战略性产业以及完成特殊任务的考核	保持国有资本控股地位，支持非国有资本参股

（续表）

国有企业类型	行业/领域	考核重点	改革趋势
公益类国有企业	主业以保障民生、服务社会、提供公共产品和服务为主要目标	考核成本控制、产品服务质量、营运效率和保障能力，根据企业不同特点有区别地考核经营业绩指标和国有资产保值增值情况，在考核中要引入社会评价	可以采取国有独资形式，具备条件的也可以推行投资主体多元化，还可以通过购买服务、特许经营、委托代理等方式，鼓励非国有企业参与经营

（二）改组国有资本投资运营公司

国有资本投资运营公司从本质上讲是平台公司，有助于实现政企分开。新加坡、意大利都有类似的国有资本投资运营公司，其是政府与企业的“隔离层”。2015 年 10 月 25 日，《国务院关于改革和完善国有资产管理体制的若干意见》（国发〔2015〕63 号）对改组国有资本投资运营公司有明确阐述：“主要通过划拨现有商业类国有企业的国有股权，以及国有资本经营预算注资组建，以提升国有资本运营效率、提高国有资本回报为主要目标，通过股权运作、价值管理、有序进退等方式，促进国有资本合理流动，实现保值增值；或选择具备一定条件的国有独资企业集团改组设立，以服务国家战略、提升产业竞争力为主要目标，在关系国家安全、国民经济命脉的重要行业和关键领域，通过开展投资融资、产业培育和资本整合等，推动产业集聚和转型升级，优化国有资本布局结构。”

1. 国有资本授权经营体制

2017 年 10 月，党的十九大强调要完善各类国有资产管理体制，改革国有资本授权经营体制，加快国有经济布局优化、结构调整、战略性重组，推动国有资本做强做优做大。

在政企分离、所有权与经营权分离的情况下，国家作为国有资本出资人，行使所有权必须经过一系列的委托代理（见图 3-4）。按目前的管理体制，委托代理的链条是国家统一所有，中央和地方政府分别代表国家履行出资人职责；中央和地方政府设立专司国有资产管理的部门——出资人机构；出资人机构控股重要企业，对部分大型企业和企业集团进行授权经营。这种管理体制的关键在于保障国有资本保值增值的制度设计，重点是国有资本管理机构如何更好地履行出资人职责，以及实现与被出资企业之间以资本为纽带的协调机制①。

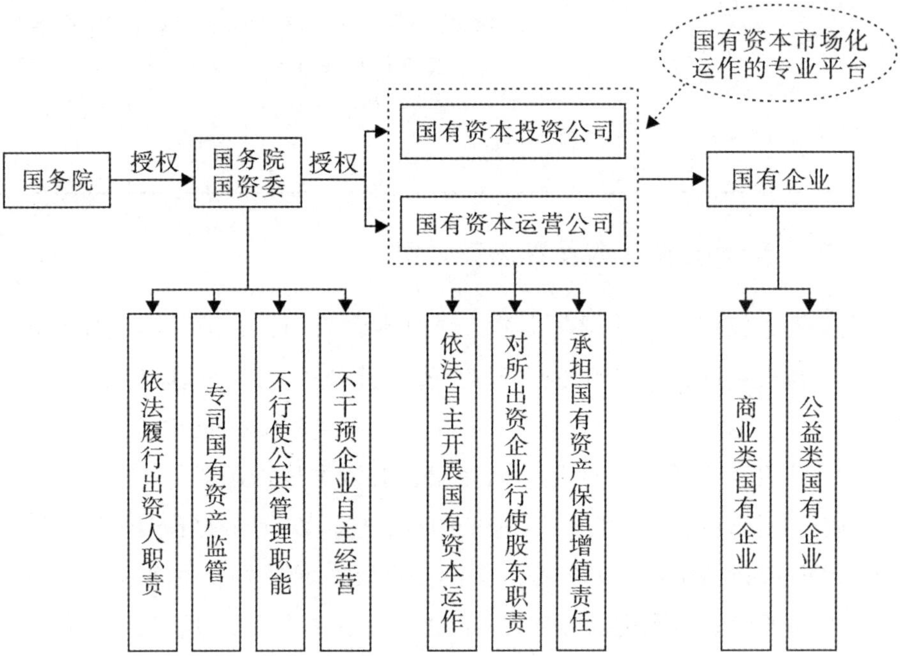

图3-4　国有资本授权经营体制

2. 国有资本投资运营公司与国有企业的关系

国有资本投资运营公司与国有独资、控股和参股企业是国有资产出资人代表与企业经营者之间的关系。本质上其也是一种企业组织，但是它不从事具体的生产经营，而只从事资本经营。它以类似委托代理的方式，将国有资产委托给相关企业，与其他资本一起构成企业的法人财产权。企业通过对法人财产权的占有、使用、收益和处分，获取利润最大化，从而实现了其中的

① 柳学信：《国有资本的公司化运营及其监管体系催生》，《改革》2015年第2期。

国有资本的保值增值，实现国有资本做强做优做大。

资本运营主体集中从事国有资本经营，对国有资本投资的企业，从出资人的角度与其他产权主体一起监督企业的经营管理，完全是一种规范的股权管理。国有独资、控股和参股企业，作为享有法人财产权的主体，具体从事生产经营活动，行使对法人财产的占用、收益和处分权，在社会主义市场经济中与其他市场主体公平竞争，实现利润最大化的目标。

这种关系主要有三种表现形式：①资本经营关系。资本运营主体根据保值增值要求向生产经营企业投资，获取企业股权，依据股权参与管理，行使权利，包括对企业经营方针提出意见、参与企业负责人的决定、参与企业收益分红等，当企业快速扩张或经营不善时，及时进行追加投资或将其持有的股权部分或全部卖出。在此关系中，资本运营主体对国家投资拥有股份的企业不再有"行政隶属关系"，其只是以股权的方式"履行出资人职责"。资本运营主体只能依照《中华人民共和国公司法》（以下简称《公司法》）以股东的方式行使权利，不能既当"老板"，又当"婆婆"。即便大股东，也没有超越《公司法》干预企业的权利。②对于尚未改制的企业，是国资使用权出让与受让关系。资本运营主体代表国有资产所有者将资产交给企业使用，履行出资人相关权利义务，包括选拔企业经营者并对企业及经营者的经营资产效益进行考核和奖惩，同时，积极推行这类国有企业的股份制改造，逐渐将其转变为股份制企业，而使两者关系向第一种关系转化。③对于国有独资公司，应是一种特殊的国有资本运营主体。对于这类主体，要通过适当方式将其国资经营职能和实业经营职能相分离，否则就难以从根本上解决目前存在的责权不一致问题。

3. 国有资本投资运营公司的差异化运营

国有资本投资运营公司分为国有资本投资公司和国有资本运营公司，二者在主要业务、经营目标等方面均有差异，但都是按公司化方式运营（见表3-5）。国有资本投资运营公司的成立方式大概分为新设、重组和由原有的大型国有金融性投资公司转变。2014 年国务院国资委首次在国家开发投资公司、中粮集团两家央企试点开展国有资本投资公司建设，2017 年增加神华、宝武、中国五矿、招商局、中交、保利等 6 家央企。与此同时，各地方国资委也已改组 52 家国有资本投资运营公司，国有资本投资运营公司试点和授权范围正在逐步扩大。

表3-5　国有资本投资公司与国有资本运营公司对比

类型	国有资本投资公司	国有资本运营公司
主要业务	实业资本的投融资和项目建设	国有股权和股本的资本化运营
经营目标	培育产业竞争力 优化国有资本战略布局	增加国有资本流动性 国有资本保值增值
	国有资本做强做优做大	
运作方式	公司化运营	

对国有资本投资运营公司，也应注重监管与考核，因为其肩负着国有资本保值增值和做强做优做大的重大责任。当前阶段，国务院国资委对国有资本投资运营公司实现“一企一策”的监管，分别设定不同的授权范围。我国自2015年起大力推进的国有企业分类改革正有序开展，国有企业分为公益类和商业类，对应于国有企业分类改革，国有资本投资运营公司也应实行分类监管和分类考核，制定适应于不同类别授权经营模式的差异化监管方案。

在地方层面，各地国有资本发展状况不同，在功能定位、行业布局等方面也各具特色。理应由各地方政府和国资委因地制宜，根据当地实际情况，组建和改组适合本地国有资本管理的投资运营公司，实行差异化管理，分类推进国有资本改革。

（三）加强监督防止国有资产流失

2015年10月31日，《国务院办公厅关于加强和改进企业国有资产监督防止国有资产流失的意见》（国办发〔2015〕79号）从着力强化企业内部监督、切实加强企业外部监督两方面对加强监督防止国有资产流失进行了制度安排，与此同时，强化国有资产损失和监督工作责任追究，并加强监督制度和能力建设。2016年3月16日，十二届全国人大四次会议通过的《中华人民共和国国民经济和社会发展第十三个五年规划纲要》发布，强调要以管资本为主加强国有资产监管，健全国有资本合理流动机制。

（四）以管资本为主推进国务院国资委的职能转变

2017年4月27日，国务院办公厅转发《国务院国资委以管资本为主推进职能转变方案》，指出国务院国资委职能转变要强化管资本职能，落实保值增值责任，完善规划投资监管，突出国有资本运营，强化激励约束，精简43项国资监管事项（含取消26项、下放9项、授权8项）。

特别值得关注的是，新时期在全面深化改革的进程中，尤其重视党对国有企业的领导。2016年10月，习近平总书记在国有企业党建工作会议上强调，坚持党对国有企业的领导不动摇，开创党的建设新局面，并提出党的建设对于国有企业的发展具有重要意义。2016年7月，习近平总书记在全国国有企业改革座谈会上强调："国有企业是壮大国家综合实力、保障人民共同利益的重要力量，必须理直气壮做强做优做大，不断增强活力、影响力、抗风险能力，实现国有资产保值增值。"2017年10月，党的十九大报告重点强调"要完善各类国有资产管理体制，改革国有资本授权经营体制，加快国有经济布局优化、结构调整、战略性重组，促进国有资产保值增值，推动国有资本做强做优做大，有效防止国有资产流失。深化国有企业改革，发展混合所有制经济，培育具有全球竞争力的世界一流企业"。"管资本"体制为主的全面深化改革时期（2013年至今）的相关政策文件见表3-6。

表3-6 "管资本"体制为主的全面深化改革时期（2013年至今）相关政策文件

类型	时间	发文机关	政策文件	主要内容
纲领文件	2013年11月12日	中共中央政治局	《中共中央关于全面深化改革若干重大问题的决定》	完善国有资产管理体制，以管资本为主加强国有资产监管
分类监管与分类考核	2015年8月24日	中共中央、国务院	《中共中央、国务院关于深化国有企业改革的指导意见》	根据国有资本的战略定位和发展目标，结合不同国有企业在经济社会发展中的作用、现状和发展需要，将国有企业分为商业类和公益类

（续表）

类型	时间	发文机关	政策文件	主要内容
分类监管与分类考核	2015年12月7日	国务院国资委、财政部、国家发展改革委	《关于国有企业功能界定与分类的指导意见》	分类推进改革、分类促进发展、分类实施监管、分类定责考核
改组国有资本投资运营公司	2015年10月25日	国务院	《国务院关于改革和完善国有资产管理体制的若干意见》	改组国有资本投资运营公司，提高国有资本配置和运营效率
加强监督防止国有资产流失	2015年10月31日	国务院办公厅	《国务院办公厅关于加强和改进企业国有资产监督防止国有资产流失的意见》	着力强化企业内部监督和外部监督、强化国有资产损失和监督工作责任追究、加强监督制度和能力建设
	2016年3月16日	—	《中华人民共和国国民经济和社会发展第十三个五年规划纲要》	以管资本为主加强国有资产监管，健全国有资本合理流动机制
推进国务院国资委的职能转变	2017年4月27日	国务院国资委	《国务院国资委以管资本为主推进职能转变方案》	强化管资本职能，落实保值增值责任，完善规划投资监管，突出国有资本运营，强化激励约束

四、进一步深化国有资本管理体制改革

（一）进一步深化国有资本管理体制面临的问题

当前阶段，国有资本监管机构主要是国务院国资委和地方国资委，其是受政府（中央政府和地方政府）委托统一管理国有资产的特殊法定机构，代表政府专门行使国有资产出资人职能，以资本为纽带，理顺出资关系，进行产权管理。国资委的主要职责是在国家经济发展战略、经济与社会发展计划及宏观政策的指导下，相对独立地统一行使国有资产出资人职能，即资产收益、重大决策和选择管理者等权利。2013 年中共十八届三中全会后，开始组建国有资本运营公司和改组国有资本投资公司，在政府和国有企业之间构建起“隔离带”，这有利于形成科学的国资监管架构。改革开放 40 年来的国资监管探索取得了相当大的成就，但是，全面深化改革时期国有资本监管体制尚存在法律体系不完善，多头监管和政出多门，监管越位、缺位和错位，监管过程中权责不对等等亟待解决的问题。

1. 国有资本监管法律体系不完善

从立法的角度完善国有资本管理体制，创新国有资本监管体制，使国有资本监管合法化，从法律制度上构建起保障国有资产安全、防止国有资产流失的有效屏障，是亟待解决的难题。现行国有资本监管主要依据《公司法》《中华人民共和国企业国有资产法》《企业国有资产监督管理暂行条例》等法律法规。

2013 年 11 月中共十八届三中全会后我国国资监管进入管资本为主的全面深化改革时期，相应地，也需要管资本为主的系统的法律规章制度体系，另外，国资委应该依据法律法规制度履行其管人、管事、管资产的职能，因此制度设计尤为重要。美英发达国家在国有资本的监管上都有比较完备的法律制度，其在企业分类，国有资产管理机构的设立，各利益攸关方的职责，权力的分工和行使，国有资产的投资、经营、处置以及违法处罚方面都有明确的法律规定，各利益主体严格依法办事，依法管理国有资本，为国有资本的高效运作提供了可靠的制度环境。我国国有企业无论是承担公益服务、垄断经营性或市场竞争性，均主要遵循《公司法》《中华人民共和国企业国有资产法》等运行，与不同国有企业差异性的职能定位明显不符，迫切需要加快针对承担特殊职能国有资本的专门立法，为不同目标的实现提供可靠的制度保障。此外，国有资本监管应该有目标明确的、系统的、可逐步逐层推进的一整套改革方案，有待加强对国有资本监管和国有企业改革具体层次与结构的顶层设计。

2. 国有资本多头监管和政出多门

在国资委成立前相当长的一段时期内，我国的国有资本监管体制是一种“多龙治水”的模式：财政部门行使国有资产收益和管理职能、国家计委行使与国有企业有关的重大项目投资职能、国家经贸委行使国有企业改革和国有企业技改职能、外经贸部行使国有企业境外投资的职能、劳动部行使国有企业收入分配的职能、组织人事部门负责国有企业主要经营者的任免和考核、中央企业工委和金融工委也负责国有企业的监管职能和骨干国有企业经营管理者的任命。这种“多龙治水”的国有资本监管体制模式存在如下弊端：

（1）企业的国有资产归国家所有，国务院代表国家行使所有权，但中央与地方、政府部门与部门之间的产权与责任不明确，缺乏责任约束，国有资产实质处于无人负责状态。

（2）许多政府部门既承担公共管理职能，又承担部分国家所有权职能，政企（资）职责不分。这就使得政府部门很难给自己准确定位，既妨碍了政府正常行使公共权力，又将国有企业作为行使公共职能的工具，让企业承担社会职能，造成政企职责错位。由于未能从根本上理顺产权关系，各部门和各地方政府在企业资产权益结构中占绝大多数股份或一股独大，干预企业经营并不困难，政企不分、以政代企、以政办企的管理体制仍然大行其道，企业难以完全按照市场经济的要求独立运作，影响了国有资本效率的提高。

（3）监督不力，委托代理问题和内部人控制现象严重。由于国有企业所有者缺位、外部（债权人、投资者）监督不足和企业内部治理机制不完善，国有企业内部人（管理者）具有较大的控制权，形成内部人控制，逆向选择和道德风险问题严重。

（4）企业法人财产权不落实，政府承担着无限责任。在缺乏产权激励和约束的情况下，国有企业吃国家“大锅饭”，比其他企业更敢于借债、低水平重复投资，甚至贷款炒股、炒房地产等。政府对国有企业实际上承担着无限责任，企业从国有银行的借贷，实际上是以国家担保为前提，负盈不负亏。

（5）国有企业在股份制改制、建立现代企业制度和建立法人治理结构方面存在诸如股东大会职权弱化、“新三会”与“老三会”关系不顺、监督机制弱化等问题。

2003 年 3 月，国务院国资委成立，2004 年 6 月，全国 31 个省（自治区、直辖市）和新疆生产建设兵团国资委全部组建，市（地）级国有资产监管机构的组建工作基本完成，全国大多数市（地）设立了国资委，没有单独设立国资委的也采取多种形式明确了国有资产监管机构。国资委的成立标志着我国国有资产管理发生了根本性的变化，从体制上实现了国有资产管理的“政资分开”，初步解决了政企不分、政资不分、多头管理、出资人不到位、责任不落实等体制性问题，“多龙治水”的情况有所改变，国有资本监管体制探索取得了重大进展，但仍存在多头监管和政出多门的问题。

（1）国有资产仍由多个部门分类管理，没有归于统一的机构管理。目前，我国国有资产分为经营性资产、非经营性资产和资源性资产。后两种类型的国有资产由国家和相关部门管理，不归属国资委管理。

（2）国有资本经营预算属财政部职权，国有资本的总体布局属国家发展改革委职权。

（3）国资委没有实现对经营性国有资产的全面管理，特别是在人事方面，仍不具有相当数量的中央企业高层管理人员的任命权力。

这种国有资本多头监管模式的形成有其历史原因和现实依据，但无疑会导致多个部门职能交叉和政出多门，且各政策之间缺乏协调与配合，缺乏一个系统的政策体系，增加了职能部门间协调配合的难度，也会导致企业难以选择该依据的政策法规。

3. 国有资本监管越位、缺位和错位

国资委的成立标志着从体制上实现了国有资本监管的“政资分开”，初步解决了政企不分、政资不分、多头管理、出资人不到位、责任不落实等体制性问题，“多龙治水”的情况有所改变。但是，我国的国有资本监管仍存在越位、缺位和错位问题：

（1）典型表现为国资委的职能定位存在冲突。国资委的职能定位应是国有资产出资人的代表，不干预企业生产经营活动，赋予企业充分的自主权。但现实是国资委会任命国有企业高管和考核国有企业经营业绩，《公司法》规定的总经理由董事会聘任等问题尚未严格和有效落实。

（2）国有资产经营公司权责不明。国有资产经营公司是国有资产授权营运主体，主要是受托行使所有者职能，进行资本运营。但是，由于在实践中国有资产出资人不到位，导致国有资产经营公司权责不明。

（3）国有企业法人财产权不落实，企业受行政干预情况仍然存在也是国有资本监管越位、缺位和错位的表现。《公司法》已经明确了公司的法人财产权，但是在实际运行中，国有企业的法人财产权尚未得到完全有效的落实，企业经常受到行政干预，不能发挥独立的市场主体的作用。

虽然中央的政策是明确的，但是，管人、管事、管资产的内容和范围有哪些，管到何种程度，不同级国资委，国资委的不同监管者的理解是不同的，这样导致的监管内容、方式差异是很大的。同时，由于我们正处于经济体制转轨的过程中，我们的市场经济体制、政府的行政管理体制都处于变革之中，政府的很多行政事务不得不交给国资委或国有控股公司来执行，而且作为国务院或各级政府的特设机构的国资委，本身就扮演一种准政府或政府的角色，而且国资委的所有人员几乎都是来自各级政府部门，从事了十几年乃至几十年的行政管理工作，扮演的是政府官员的角色，因此，国资委，各级资产经营管理公司、投资公司或国有控股公司行使过多的政府行政职能，例如维持社会稳定，按上级政府的要求不计成本、收益进行一些项目投资等。

4. 国有资本监管过程中权责不对等

国资委成立后，建立了国有资产监管责任体系，起草制定了《中央企业负责人经营业绩考核暂行办法》《中央企业负责人薪酬管理暂行办法》《关于加强人工成本控制规范收入分配有关问题的通知》《关于高新技术中央企业开展股权激励试点工作的通知》《国有控股上市公司（境外）实施股权激励试行办法》《国有控股上市公司（境内）实施股权激励试行办法》等文件，之前“多龙治水”、权责严重不对等的问题得到了一定的改善。习近平总书记在第十八届中央纪律检查委员会第三次全体会议上的讲话中指出，“有权就有责，权责要对等”，即权力与责任不可分割。但在现实中，权责不对等现象仍时有发生。例如，国有资本经营预算是财政纪律和财政责任，为整个财政运行提供一个法律秩序，政府有贯彻执行的责任，而且，必须落实到个人，否则就是虚的，没有任何约束力。国有资本预算要表明和落实委托代理中相关各方的监管、经营等责任，明确激励与约束。此外，相关决策部门多依照集体决策和集体负责的原则行事，若出现重大决策失误，也无法追究具体责任，集体负责演变成了无人负责。此外，国资委对国有企业的监管界限也需进一步明晰。

5. 改组国有资本投资运营公司的难题

2013 年 11 月，中共十八届三中全会明确了国有资产管理体制的方向，即以管资本为主加强国有资产监管，组建国有资本运营公司和改组国有资本投资公司。目前，全国范围内已陆续开展组建和改组国有资本投资运营公司（本质上是平台公司）的改革试点，若运转良好，可依托其实现国有资本合理流动，推动国有资本有序进退，保障国有资产的保值增值，提升国有资本运营配置效率。但是，不容忽视的是，关于平台公司与国资委间的关系及平台的功能定位、管控模式等仍未明晰，部分地区还因为对平台公司的理解偏差导致改革踌躇不前或已启动的改革方案难以落地，极大地影响了新一轮国企改革的进程与效果①。而且，组建国有资本投资运营公司的前提是国有企业的分类改革与混合所有制改革，以及建立有效的治理机制②。

6. 分类改革的操作性困境

国有企业的经营目标可以分为社会目标（社会效益最大化目标）和经济目标（利润最大化目标），双重目标客观上存在着矛盾，若交织在一起，国有企业自身无所适从，西方发达国家普遍对国有企业实行分类管理，实践证明是行之有效的。2015 年，《中共中央、国务院关于深化国有企业改革的指导意见》《关于国有企业功能界定与分类的指导意见》《关于国有企业发展混合所有制经济的意见》都明确了以管资本为主，即结合国有资本的战略定位和发展目标，同时按照谁出资谁分类的方式推进分类改革，依据不同的职能定位和经营目标，进行分类监管和分类评价。

---

① 何小钢：《国有资本投资、运营公司改革试点成效与启示》，《经济纵横》2017 年第 11 期。

② 柳学信：《国有资本的公司化运营及其监管体系催生》，《改革》2015 年第 2 期。

随着政策文件的相继出台和国资改革的不断深入，国有企业多功能、多任务、多元化经营和交叉持股等特征，特别是“互联网+”带来的企业边界的漂移和变化，国有企业的主营业务和功能定位也会动态调整，给国企分类操作造成的困难愈加明显①。

尤为重要的是，作为国有资本重要载体的国有控股公司也应实行分类监管，分类组建国有控股公司。在组建国有控股公司时，必须坚持分类组建的原则，当然，划分的标准多种多样，可以简单地分为两大类：一类是竞争性产业的国有控股公司，另一类是非竞争性产业的国有控股公司。两类控股公司组建与发展的指导思想是有差异的。

竞争性产业的国有控股公司根据企业从属的竞争性产业的具体状况又可分为两种：一种是从属于国家的优势产业，需要大力发展的产业。这类竞争性产业中的国有控股公司应该是在长期或一定时期内做大做强的。另一种是从属于已经没有优势的产业，需要逐步退出的产业。这类竞争性产业中的国有控股公司应该是在短期内做大，中长期逐步减小，实现股权多元化，最终国有控股公司退出。

对于非竞争性产业的国有控股公司，短期内主要以改制、重组、整合为主要目标，建立符合现代企业制度要求的现代公司制企业。在这些非竞争性产业中，逐步引入竞争机制，提升非竞争性产业国有控股公司的竞争力。

7. 国有资本运营监督和制衡有限

纵观中共中央、国务院、国务院国资委等国家机关和部委有关国资改革的政策文件，防止国有资产流失是一个必须遵循的重要原则。国资委成立后，履行国有资本管理、监督和经营职责，建立责权明晰的监管体制。但是，引发了对另一个重要问题的探讨，即“谁来监督国资委?”既然承担国有资产出资人代表的责任，国资委就必须实行向政府负责，并向人民代表大会报告的制度。国资委必须接受监督，实施信息公开制度，对所监管的国有企业要分别按照以经济目标为主，或以社会目标为主，进行分类管理和考核，向社会公布基本的经营情况和财务信息。

---

① 徐丹丹、曾章备：《国企分类改革的实现路径研究现状与展望》，《财会月刊》2016年第8期。

在发展混合所有制的企业中，很多时候国有资本占有绝对的控股权，“一股独大”，缺乏制衡。在关系国家安全的重要领域，国有资本占绝对控股地位很有必要。但是在一般竞争性领域，根据管资本的原则，完全可以试行降低国有股权比重，甚至可以不作为控股者，只要有利于国有资本的保值增值即可。

在很多国有企业内部，监事会没有有效地起到监督与制衡的作用。监事会往往由职工代表大会、工会领导、党委或纪委领导、中层管理人员等企业内部人员组成，监事会人员利益与董事会、经理层利益纠缠在一起，无法独立行使监督职能。另外，自然垄断产业的国有独资公司，只是设立了与公司制度相适应的机构，而协调运转、有效制衡并未实现。

（二）未来展望：从管企业、管资产走向管资本

从管企业、管资产向管资本过渡，推动国有资本做强做优做大，无疑具有更深刻的内涵，而且与新时期我国经济社会发展特点一脉相承。自中共十八届三中全会明确以管资本为主全面深化国资国企改革后，中共中央、国务院、国务院国资委等就推行了一系列改革举措，如大力推进国有企业分类改革、改组若干国有资本投资运营公司、加强监督防止国有资产流失、以管资本为主推进国资委的职能转变等。但是，我国国有资本体量大，国有企业数量多且广泛分布于各地各行业，加之我国一直以来的偏行政化的国资国企监管思维根深蒂固，因此，国资委成立以来的管人、管事、管资产职能本质上是管企业，从管企业到管资本的实质改变，还有很长的路要走。亟待推进的改革措施有：把国有资本的宏观管理职能、投资运营职能、监督评价职能分开，将国家的所有权、出资人的产权、企业的经营权分离，建立健全现代企业制度，加强两权分离后的公司治理机制设计，建立公平竞争的市场环境，推进混合所有制改革，深化垄断行业的市场化改革，等等。

1. 理顺国有资本管理、监督和运营的关系

国有资本的管理、监督和运营是国有资本监管体制的构成部分，它们之间相互协作、相互制衡，有机地组成了国有资本监管体系。构建新的国有资本监管体系，必须明确国有资本管理、监督和运营的权责关系，以实现国有资本监管体系的有效运行。

国有资本管理、监督和运营的最终目标是一致的，即维护国有资本所有者的权益，保证国有资产的安全，实现国有资产的保值增值，做强做优做大国有资本，提升国有企业的国际竞争力。但是，国有资本管理、监督和运营作为整个国有资本监管大系统的子系统，又有着各自独立的权责分工。

（1）行为主体不同。

国有资本管理的主体，从广义上说是人民代表大会和国务院，从狭义上说就是专门的国有资产管理机构。国有资本监督的主体，从广义上说包括人民代表大会和政府有关职能部门，从狭义上说就是各级政府监督部门和社会审计组织。国有资本运营主体主要是指经营性国有资本运营主体和国有独资、控股和参股企业。

（2）行为目标不同。

虽然国有资本管理、监督和运营的最终目标是一致的，但其具体的行为目标指向是不同的。国有资本管理的目标主要是优化国有资本的规模和布局，保证国有资本的保值增值；国有资本监督的目标主要是从国有资本所有者的角度出发，监督授权经营国有资本的代理人职责的履行情况，维护国家作为国有资本所有者的权益。国有资本运营的目标是实现国有资本收益最大化，使国有资本保值增值。

（3）行为方式不同。

国有资本管理和监督，是依据国有资本的所有权采用法律规范、政策调控及行政介入的方式，具有强制性、直接性的特点；而国有资本运营则是凭借国有资本的法人财产权采用集团化、股份化、合作化、出售合并等多种形式，具有应变性、间接性等特点。

虽然国有资本管理、监督和营运各有分工，自成体系，但同时它们又是密不可分、互为支持的。国有资本管理是根本，国有资本监督是保证，国有资本运营是手段。离开了管理的监督就会无据可依、无的放矢，失去了监督的管理就会权力失控、行为不规范。没有运营，管理和监督只会越管越死，就会背离管理、监督是为了实现国有资本保值增值、做强做优做大的目的；没有管理和监督的运营，在没有约束的情况下，难免会有代理人的道德风险和机会主义行为，损害国家利益。国有资本管理体制应该是国有资本管理、监督和运营有机地组合在一起，片面地强调任何一个部分而忽略其他部分，都是不可能实现国有资本监管目标的。

2. 推进政企分开、政资分开和资企分开

（1）政企分开。早在改革开放后的放权让利改革时期，就以激发国有企业活力、扩大企业经营自主权开始推行政企分开的改革，具体而言是简政放权、减税让利的思路，强调两权分离。但这一阶段探索的实践表明，仅仅从企业层次着手改革难以真正搞活企业，更建立不起现代企业制度，必须从宏观层次出发，从整体上建立合理的国有资本监管体制，才能真正激发国有企业活力。

（2）政资分开。1993 年中共十四届三中全会明确指出，对国有资产实行国家统一所有、政府分级监管、企业自主经营的体制，着力实现政府的社会经济管理职能与国有资产所有者职能分离，政府行政管理部门与行使出资人职能的机构分设，政府的公共财政预算与国有资产的预算分列。国有资本的投资收益和产权转让收入，应该用于国有资本的再生产活动。政府的各个职能部门不能凭借行政权力直接干预国有资本经营活动，只能在其职权范围内进行政策指导。政资分开之后，政府的职能就是社会经济管理，包括宏观经济调控、制定产业政策、提供公共物品、确保市场公平竞争和保证社会稳定，政府只做裁判而不是既当裁判又当运动员。具体实施方案是经过政府对国有资产管理机构的授权，国有资产管理机构代理政府集中行使国有资产出资人的职能。2003 年国务院国资委的成立，意味着开始政资分开，下一步改革应落实《国务院国资委以管资本为主推进职能转变方案》所规定的内容，以管资本为主深化国资监管机构自身的职能转变将成为改革的重要任务，应该更加科学和明确地界定国有资本所有权与经营权边界，让企业真正成为市场经营的主体。

（3）资企分开。确保资本所有权与公司产权的分离，防止“内部人控制”侵害所有者利益，是新时期深化改革的重难点问题。具体改革措施包括继续改组国有资本投资运营公司，在政府和企业之间架起桥梁和纽带，实现政、资、企分开，并总结各试点投资运营公司的经验教训，进一步完善国有企业法人治理结构，加强国有企业董事会和监事会建设。

3. 制定系统配套的国资改革方案

国有资本管理应该有系统的、配套的改革方案，应是多样化与普遍性的有机结合。判断一个国家的国有资本监管制度是否合理，必须与特定的制度环境和文化背景相联系。制度环境决定制度安排，世界各个国家根据本国的经济状况和历史传统创造了多样化的国有资本监管体制模式，如美国的承包、租赁方式，法国的计划合同制，新加坡的国有控股公司经营方式等。因此，在借鉴先进国家成功经验时，必须深刻领悟模式形成的背景、适用的条件，切不可照搬照抄。同时，多样化的背后都遵循国有资本监管体制模式及其演进必须符合不同企业的职能定位，有利于国有企业自身经营目标的实现，并通过透明化管理，法律、行政、社会多方位监督等普遍性的监管规则，提升国有企业的效率。根据我国国情，对不同职能定位的国有企业采取多样化与普遍性有机结合的监管模式，充分考虑监管模式改革中各利益群体可接受性，循序渐进，稳步推进，并通过加强监管、完善信息披露机制，平衡各方利益，使监管模式与国有企业职能定位相适应，寻求我国国有资本监管体制的和谐转型。

4. 加强两权分离后的公司治理机制设计

所有权和经营权分离的企业制度基础是公司制。为顺利实现从管企业到管资本的过渡，国有企业必须进行公司制改制，建立健全现代企业制度，建成有效的公司治理结构，最大限度赋予企业经营自主权。

2017年国务院国资委开始推行以管资本为主的职能转变，为从管企业向管资本转变奠定了基础。尽快在国有企业层面建立起法人公司治理结构和治理机制，才能真正实现管资本，也为顺利开展混合所有制改革做好准备。此外，国有企业所有权与经营权分离后，从国务院到国务院国资委，到国有资本投资运营公司，再到国有企业，实行国有资本的层层委托代理，很可能产生委托代理问题，引发较高的代理成本、内部人控制风险和高管腐败等问题，更应注意使出资人到位，建立责权明晰的国家所有权委托代理体制，落实国有资本的管理、监督和经营责任，形成对每一部分经营性国有资产可追溯产权责任的体制和机制。与此同时，要设计好公司治理制衡和监督机制，引入独立董事和外部董事，并落实其有效行使职权，政府授权有关部门如财政部、审计署，对出资人机构进行审计监督，出资人机构对授权经营的机构进行审计监督。

第四章　国有企业产权改革

国有企业产权改革是改革开放以来国有企业改革的核心。国有产权具有公共性和垄断性两大基本缺陷，产权改革的基本逻辑和动力是解决国有产权基本缺陷所导致的外部性问题。本章从放权让利、两权分离、产权清晰、权责统一四个阶段回顾了改革开放40年来我国国有企业产权改革的演进历程，从产权理论视角归纳了每一阶段的改革主题、举措及成效，并提出未来的国有企业产权改革加快推进混合所有制经济发展，关键在于完善国有企业产权交易机制，并实现交易过程的公开、公正与透明。

一、国有企业产权改革的演进与逻辑

产权不同于所有权，根据《新帕尔格雷夫经济学大辞典》，它是一种通过社会强制而实现的对某种经济物品的多种用途进行选择的权利，包括财产的所有权、占有权、支配权、使用权、收益权和处置权等，其本质是界定人与人之间的关系。产权改革就是改变资源的所有权、使用权、收益权和转让权在界定、执行与流转方面的制度安排，使其更有利于实现最优配置（张卫东，2008）。

（一）国有企业产权改革：演进阶段与主要成就

不少人认为，我国的国有企业改革一开始并未触及产权层面，直到中共十四大才明确提出产权清晰的问题。这种看法并不准确，根据产权和产权改革的定义，我国国有企业的产权改革实际上从1978年改革开放伊始就已开展，大体上划分为两大阶段：第一阶段是1978—1992年，以经营权改革为主题，主要内容包括扩大企业自主权、承包制等；第二阶段是1992年至今，以所有权改革为主题，主要内容包括建立现代企业制度、股份制改革、混合所有制改革等。根据改革主题实施的深度，还可以将这两大阶段再细分为四个阶段：① 1978—1986 年国家开始承认企业的使用权和收益权，并开始放权让利；② 1987—1992 年国家进一步转变企业经营机制，推进两权分离，此时企业拥有比较完全的使用权和一定的收益权；③ 1993—2001 年国家提出开启产权制度改革，并以此建立现代企业制度，该时期单一的国有所有权开始松动；④ 2002年之后企业进行股份制改造，所有权日益多元化，特别是2013 年中共十八届三中全会提出分类改革的思想，通过发展混合所有制经济，进一步深入国有企业产权改革。

经过40 年的产权改革，我国的国有企业发展取得了巨大成就。在制度活力方面，通过公司制、股份制改革，初步建立起现代企业制度，多数国有企业已经成为自主经营、参与竞争的市场主体，成为市场经济体制下的“新国企”（黄群慧，2018）。在经营水平方面，随着经营机制的改革，国有企业日益成为适应社会主义市场经济的重要主体，企业的经营管理水平及其运作效率有了明显提升。在竞争力方面，由于体制机制的理顺，国有企业中已经涌现出不少优秀企业，它们通过自身跨越式发展在国际市场上拥有了一定的支配力和话语权，在2017 年我国入围世界500 强的115 家企业中，绝大多数都是国有企业，集中在金融、能源、房地产、工程建筑等领域，它们在一定程度上具备了成为具有全球竞争力的世界一流企业的潜质。

（二）国有企业产权改革：内在动因与理论机制

我国国有企业的产权改革一直遵循渐进式原则。改革开放初期，我国经济的重要症结之一就是国有企业的低效率。从理论上讲，国有企业是国家将企业委托给企业管理人员经营，两者之间的信息不对称和利益不一致产生了委托代理问题，因此，必须调整国家与企业的责权利关系，如实行厂长负责制、在企业内部建立各种形式的经济责任制、实施承包经营责任制、税利分流等。这一时期的放权让利和两权分离就成为委托人在面临代理人参与约束和激励相容约束条件下最优化效用的明智选择。相关政策举措在明确国有企业利益主体地位、调动企业和职工的积极性等方面确实起到了一定的积极作用，但从某种意义上讲是“治标”而非“治本”，因为即使如此，国有企业的低效率仍然广泛且不同程度存在。主要有两大表现：一是棘轮效应，比如年终突击花钱以免来年被削减预算、努力程度有所保留等。该效应的本质是在重复的委托代理关系中动态承诺问题（拉丰、梯若尔，2004）。二是预算软约束，比如政府补贴导致的内部成本外部化等。其本质是动态的激励机制问题。科尔奈（1986）概括出的这一现象在世界范围内，尤其是社会主义国家中长期普遍存在，Dewatripont 和 Maskin（1995）将其看作特定体制的内生特征。

产生以上问题的理论根源在于委托代理理论是完全契约理论，而现实中由于存在资产专用性以及机会主义，在事前确定一个完全契约是非常困难的，因此，就存在剩余权利，包括剩余索取权和剩余控制权。剩余索取权对于促进资产的所有者充分发挥工作潜能、避免团队中的偷懒现象具有较强的激励性；剩余控制权则有利于鼓励资产的所有者开展专用性投资，因此，哈特（1998）认为合理的选择是将剩余控制权和剩余索取权配置给同一个人。我国的国有企业在初步解决了放权让利和两权分离之后最根本的问题就是在某种程度上具有制度内生性的剩余控制权和剩余索取权配置的矛盾（赵志峰，2005）。一方面，实际的剩余控制权与剩余索取权配置分离。从法律上讲，国有企业属于全民，作为全民的代理人——政府，成为实际剩余索取权的拥有者，而实际的剩余控制权则掌握在国有企业的高管或是上级主管官员的手中。两者的分离不仅使国有企业高管失去了努力工作获取剩余收益的动力，而且也导致了业绩压力的缺失，造成激励不相容。因此，自 20 世纪 90 年代以来，我国产生了多轮产能过剩，不少地区出现了大量的“僵尸企业”，债务风险亦愈演愈烈。另一方面，名义的剩余控制权与剩余索取权执行成本过高。法律赋予的国有企业名义剩余控制权和剩余索取权属于全民，但现实中由于程序链条相对复杂以及集体选择的困境，名义上的剩余控制权和剩余索取权很难真正执行，从而进一步强化两者分离带来的负面后果。因此，在 1992 年中共十四大确立了建立社会主义市场经济体制的改革目标的基础上，1993 年中共十四届三中全会提出国有企业要构建产权清晰、权责明确、政企分开、管理科学的现代企业制度的要求，自此国有企业产权改革拉开了所有权调整的序幕。

总的来说，我国国有企业进行产权改革的必然性源自国有产权的基本特征，主要体现在两个方面：一是公共性。国有企业作为一种强制性的政策工具而存在，其主要职能在于实现宏观调控、产业发展、社会福利最大化以及保障国家安全等，因而，严重影响了产权的激励和约束。二是垄断性。公共性和投资主体的单一性产生了垄断性，虽然较好地保证了政策目标的实现，但是扭曲了要素价格，出现了资源错配，干扰了竞争秩序。这也是我国开展对外经贸谈判时常被关注的问题。我国产权改革的目的就是解决国有产权基本特征导致的外部性问题。根据理论，产权作为主体对财产所拥有的一组权利，具有可分割性和可转让性，通过产权安排的调整优化可以约束和阻止逆向选择及道德风险，从而避免外部性侵害（Coase，1959）。

二、从放权让利到两权分离

改革开放之前，我国与苏联一样实行的是高度集中的计划经济体制，国有企业缺乏经营自主权，依靠国家指令性计划进行生产，所有如资金、土地、人员等生产要素及产品均由国家统一分配、调拨和销售，盈亏也都由国家负责。这种行政式的国有企业管理方式违背了市场规律，不但使得企业积极性明显受挫，而且也造成供需数量、结构出现矛盾。为解决经济短缺问题，激发国有企业的发展活力成为改革的重点。通过决策层对国外经验的借鉴以及社会各界的深入讨论，大家将当时的体制弊端归结为企业管理体制的问题，即企业没有作为市场主体获得相应的经营权和收益权①。在试点的基础上，中央相继出台了一系列扩权让利的文件，1979 年 7 月国务院颁布了《关于扩大国营工业企业经营管理自主权的若干规定》等 5 个文件，明确了企业应该具有生产计划权、产品销售权、利润分配权、劳动用工权、资金使用权、外汇留成权及固定资产有偿占用制度等。经过多地多企多年的试点探索，1981 年，国家开始在所有国营工业企业中全面推广扩大企业自主权改革。1984 年，国务院下发了《关于进一步扩大国营工业企业自主权的暂行规定》，再次扩大了企业在生产经营计划权、产品销售权、产品价格权、物资选购权、资金使用权、生产处置权、机构设置权、人事劳动权、工资资金使用权、联合经营权

---

① 孙冶方 1961 年指出，经济管理体制的中心问题是作为独立核算单位的企业的权力、责任和它们同国家的关系问题，也即企业的经营管理权问题。参见孙冶方：《孙冶方全集》第 2 卷，山西经济出版社，1998。

共十个方面的自主权。

放权让利是我国国有企业改革的伊始，也是国有企业产权改革的初步探索，其本质是国家对于国有企业作为独立经济主体应具有一定的经营自主权和收益权的承认。虽然改革并不容易，面临着来自地方、企业以及财政部门等多方的阻力，但是，产权改革迈出的第一步还是取得了明显的积极效果。放权让利改革虽然使得企业活力得到了一定的增强，但并未真正实现搞活企业的目标。改革自始至终都受到当时体制的掣肘，一些下放给企业的自主权被中间环节截留，同时，由于放权让利本身与国家宏观计划管理之间的矛盾以及企业权、责、利结合的政策设计得不合理，还在一定程度上造成了经济混乱。因此，国家提出要将改革重点放到转变国有企业经营机制上。1984 年召开的中共十二届三中全会明确提出将全民所有制企业所有权和经营权适当分开，扩大企业自主权的改革告一段落。两权分离仍然是以企业经营权为主题的产权改革，通过这一时期的实践，国有企业基本上拥有了比较完全的经营权和一定的收益权。但是，20 世纪 80 年代末我国出现了严重的通货膨胀，延缓了以两权分离为方向的产权改革的进程，有学者亦将这一时期称为改革的徘徊期（丁孝智、季六祥，2005）。

由于国有工业企业出现大面积亏损，“三角债”日益泛滥，1988 年，中共十三届三中全会召开后我国进入了持续 3 年的经济整顿时期。这进一步凸显了推动国有企业以所有权和经营权分离为主要内容的经营机制转变的重要性。1991 年，在我国国民经济和社会发展“八五”规划中，再次明确了企业经营机制转变的目标是实行政企职责分开，所有权和经营权适当分离，建立富有活力的国营企业管理体制和运行机制。1992 年，国务院出台的《全民所有制工业企业转换经营机制条例》也再次确定了国有企业改革是经济体制改革的中心，并规定了企业应具有的经营权内容。承包经营责任制是通过合同的形式把国家与企业的责任、义务以及双方之间的分配关系确定下来，实行“包死基数，确保上缴，超收多留，歉收自补”的原则。由于承包经营责任制给予了企业较为完全的经营权和一定的收益权，企业的责、权、利得到了较好的结合，这对于原先国有企业的激励机制而言是一种完善。与 20 世纪 80 年代初让利大背景下确保财政收入的经济责任制相比，这一时期的承包经营责任制是一种企业管理模式，它由纯粹的承包上缴利润变成承包多项投入产出指标。1988年，国务院发布了《全民所有制工业企业承包经营责任制暂行条例》，从承包经营责任制的内容、形式、合同、双方权利和义务、企业经营者、承包经营企业的管理等方面对承包经营责任制进行了进一步的规范。除了承包经营责任制，我国还积极开展了转换企业经营机制不同形式的探索，比如租赁制、股份制。其背景是承包经营责任制在取得了短暂的成功之后问题逐渐暴露了出来。早在1984—1986年，北京、上海、广东等地的部分集体和国有中小型企业就已经开始了股份制试点，之后国家在继续完善实施企业承包经营责任制的同时也在推广实施新的试点，到1992年年底已有3700家股份制试点企业，其中，92家企业公开发行了股票。这一时期一些地区如武汉、保定还进行了国有企业产权转让的尝试。1988年，武汉、石家庄先后成立了产权交易市场，同年全国2856家企业兼并了3424家企业，产权转让使得绝大多数被兼并的企业都实现了扭亏①。这一做法也得到了国家的重视和认可。

两权分离改革的本质属于对国有企业产权，主要是经营权的确认。与放权让利改革是计划经济体制框架内的局部调整相比，两权分离是计划经济与商品经济双重体制条件下对政府和企业关系的调整，在某种程度上理顺了国家与企业的责、权、利关系。企业也逐渐向自主经营、自负盈亏的经济主体方向发展，一个典型案例就是，随着1985年《中华人民共和国企业破产法》草案的通过试行，1986年，沈阳防爆器械厂成为中华人民共和国成立后第一家正式宣告破产的国有企业。承包经营责任制是两权分离改革时期的主要形式，1987年在全国推行后90%的国有企业（其中大中型企业占95%）都实行了承包经营责任制。在推行初期，取得了明显成效，不仅确保了国家财政收入的稳定增长，而且调动了企业增产增收和职工劳动的积极性。从理论上讲，两权分离背景下的承包经营责任制与放权让利时期的“利改税”本质上是相同的，都是用契约的形式来调整政府与企业的经营、分配关系，但这两种模式由于企业制度的缺陷都具有内生的不规范性和不稳定性。因此，随后在各地又开展了租赁制、股份制的试点，从企业制度层面将企业产权进一步明晰。

---

① 国家经济体制改革委员会：《中国经济体制改革年鉴（1989）》，改革出版社，1989。

同时，在武汉、保定等地，一些企业还进行了产权转让的探索。这为后来国有企业推进以所有权为主题的产权改革打下了重要基础。

三、从产权清晰到现代产权制度建设

改革开放以来的实践表明，仅围绕经营权进行广义上的国有企业产权改革，促进发展环境改善和经营机制转换，而不进行根本的制度创新和更深入的产权改革，是无法真正搞活国有企业的。1993 年，中央明确提出国有企业要建立现代企业制度，其基本特征就是“产权清晰，权责明确，政企分开，管理科学”，其中，与后三者不同，“产权清晰”是中共十四届三中全会最新提出的，也是建立现代企业制度的前提和基础。直至中共十六大近 10 年的时间，国家开始引导国有企业明确产权意识，并通过其他一些配套改革，初步解决了国有企业参与市场竞争并优胜劣汰的问题。这一时期，国有企业除了拥有比较完全的经营权和收益权外，在所有权方面也开始有所松动，特别是一些小企业的产权可以采取多种形式，通过改组进行的产权转让也日渐增多。

经过长期的理论探讨和实践探索，1992 年，中共十四大正式将经济体制改革的目标由有计划的社会主义商品经济转变为建立社会主义市场经济体制。1993 年，中共十四届三中全会通过的《中共中央关于建立社会主义市场经济体制若干问题的决定》明确指出，以公有制为主体的现代企业制度是社会主义市场经济体制的基础，建立“产权清晰，权责明确，政企分开，管理科学”的现代企业制度，是发展社会化大生产和市场经济的必然要求，是我国国有企业改革的方向。建立现代企业制度的提出标志着我国国有企业改革正式进入真正意义上的产权改革阶段，即开启以所有权为主题的国有企业改革。

在酝酿国有企业改革方向的转变过程中，理论界针对社会主义市场经济的性质、实现形式以及国有经济的地位等展开了大讨论，并形成了至少三个方面的基本认识：一是社会主义市场经济必须坚持公有制为主体、多种经济成分共同发展的方针。二是公有制在国民经济中的主体地位是就全国来说的，有的地方、有的产业可以有所差别，且主要体现在资产优势、国有经济控制国民经济命脉、对经济发展发挥主导作用等方面。三是提出混合所有制概念。随着国有产权的流动和重组，将会形成新的财产所有结构。这些认识为我国开启新一阶段的国有企业产权改革，建立现代企业制度做了良好的理论铺垫。

1997年，中共十五大报告再次明确了建立现代企业制度是国有企业的改革方向，并提出了推进思路：一方面，加强国有企业的改组、改造及管理。着眼于搞好整个国有经济，抓好大的，放活小的，对国有企业实施战略性改组。另一方面，实行鼓励兼并、规范破产、下岗分流、减员增效和再就业工程，形成企业优胜劣汰的竞争机制。

1999年，中共十五届四中全会通过了《中共中央关于国有企业改革和发展若干重大问题的决定》，进一步强调要通过继续推进政企分开、积极探索国有资产管理的有效形式、对国有大中型企业实行规范的公司制改革、面向市场着力转换企业经营机制来建立现代企业制度；要从战略上调整国有经济布局，将其同产业结构的优化升级和所有制结构的调整完善结合起来，坚持有进有退，有所为有所不为；要推进国有企业战略性改组，坚持“抓大放小”，放开搞活国有中小型企业。

中共十四届三中全会、中共十五大以及中共十五届四中全会关于国有企业改革的精神是一脉相承的，不仅确定了建立现代企业制度的国有企业改革方向，而且逐步形成了以产权结构调整优化为突破口的推进思路。

建立现代企业制度的方向确定后，国有企业首先面临产权清晰的问题。根据我国法律，国有企业中的国有资产所有权属于国家，企业拥有包括国家在内的出资者投资形成的全部法人财产权。公司理论和发达国家的经验表明，现代企业按照财产构成可以有多种组织形式，有效实现出资者所有权与企业法人财产权的分离，有利于政企分开和转换经营机制。国有企业实行公司制，是建立现代企业制度的有益探索。为了推动产权清晰，国家广泛开展公司制改造，并遵循了“抓大放小”的思路。有观点认为，产权清晰在一定程度上涉及私有化的问题，难以推进。因而，国家转向推进企业治理的完善，实行公司制改造。事实上，公司制改造同样包含了产权改革的一些内容。

根据《中共中央关于建立社会主义市场经济体制若干问题的决定》的要求，具备条件的国有大中型企业，单一投资主体的可依法改组为独资公司，多个投资主体的可依法改组为有限责任公司或股份有限公司。1994年11月，国务院批准了100家企业进行现代企业制度试点，到1997年试点结束，有17家企业实现了投资主体多元化。在2343家地方试点企业中，有1989家企业转为公司制企业，其中540家企业转为股份有限公司、540家转为有限责任公司、909家转为国有独资公司。1999年，中共十五届四中全会进一步明确，对于适合实行股份制的国有大中型企业特别是优势企业，要通过规范上市、中外合资和企业互相参股等形式，改为股份制企业，发展混合所有制经济，重要的企业由国家控股。

由于20世纪90年代中期大中型国有企业占有了一半以上的国有资产，因此，对于一般小型国有企业，国家采取了放活政策，鼓励实行承包经营、租赁经营，或改组为股份合作制，也可以将其出售给集体或个人。小型企业的放开搞活意味着其产权可以采取多种形式，单一的国家所有权已经开始松动。

在开展公司制、股份制改造试点的同时，为了给国有企业解困，国家还启动了企业"优化资本结构"试点，积极推进试点城市国有企业兼并破产，降低切换国有债务。后来，还进一步出台了兼并重组、债转股等举措，如2000年国家对580家国有大中型企业进行债转股改革，降低企业资产负债率。

基于搞活整个国有经济的目的和"抓大放小"的改革思路，1995年，中共十四届五中全会提出要加快存量资产的流动、重组，对国有企业实施战略性改组。1997年，中共十五大进一步明确了大中型企业和小型企业实施战略性改组的基本路径，即以资本为纽带，通过市场形成具有较强竞争力的跨地区、跨行业、跨所有制和跨国经营的大企业集团；采取改组、联合、兼并、租赁、承包经营和股份合作制、出售等形式，放开搞活国有小型企业。1999年，考虑国有经济的控制力，国家开始调整国有经济布局，并将其与推进国有企业战略性改组结合起来，要求这一过程中充分发挥市场机制作用，综合运用经济、法律和必要的行政手段。在涉及产权变动的企业并购中要规范资产评估，防止国有资产流失，防止逃废银行债务及国家税款，妥善安置职工，保护职工合法权益。

上一阶段的国有企业产权改革是以两权分离理论为基础的，因此，强调权责明确、政企分开、管理科学，并围绕经营权、收益权等开展了一系列改革。但实践表明，在当时背景下基于两权分离理论的改革无法使企业真正做到自主经营、自负盈亏，更谈不上自我发展、自我约束，因此，搞活企业并将其发展成为独立经济主体的目标难以实现。随着思想解放和建立市场经济体制的明确，学者们根据西方产权理论，围绕中国国有企业改革中的实际问题，如产权如何明晰、如何流转等展开了大量的讨论，国家亦意识到搞活国有企业必须开启产权改革，这是思想理论上的一次飞跃，确立了国有企业改革新的方向。这一时期，企业兼并破产以及通过资产重组建立企业集团风起云涌，不但并购重组数量增加，而且交易形式也趋于多样化；同时，产权交易也日益活跃，不但全国各类产权交易市场数量迅速增加，而且产权交易还有了更为便捷的渠道，即上海证券交易所、深圳证券交易所的成立。但实事求是地说，该时期的国有企业产权改革还存在着很多问题，比如形式单一、交易混乱和政府主导。更重要的是，由于产权改革面临来自多方的阻力和可能的政治风险，改革实践最终将工作重心放在了企业管理与治理方面，产权改革进程依旧迟缓。

2002年，中共十六大的召开标志着国有企业产权改革步入一个新的时期。该时期的国有企业改革以所有权多元化为中心，并通过所有权改革逐步建立健全国有资产管理体制和现代公司治理。随着对所有制、产权等认识的加深，以及产权改革的意义趋于共识，这一时期的改革开始触及产权制度的根本性问题，国家围绕国有企业所有权相继出台了一系列改革举措。2003年，中共十六届三中全会通过的《中共中央关于完善社会主义市场经济体制若干问题的决定》明确提出，“建立健全现代产权制度。产权是所有制的核心和主要内容，包括物权、债权和知识产权等各类财产权。建立归属清晰、权责明确、保护严格、流转顺畅的现代产权制度，有利于维护公有财产权，巩固公有制的主体地位；有利于保护私有财产权，促进非公有制经济发展；有利于各类资本的流动和重组，推动混合所有制经济发展；有利于增强企业和公众创业创新的动力，形成良好的信用基础和市场秩序”。这首次将产权制度提升到如此高度，自此国家明确了产权改革在国有企业改革中的核心地位。这时的产权是狭义上的，主要指的就是企业所有权。2003年，中央提出要使股份制成为公有制的主要实现形式。事实上，股份制在改革开放初期就已经出现，1994年《公司法》的出台将股份制合法化，但直到中共十六大召开之后，股份制才在全国全面推行。这对国有企业产权改革的深入具有重要意义。为了推进股份制改革，国家制定了很多举措，如允许企业出售、引进战略投资者、MBO（管理层收购）、试行经理人股票期权、员工持股、上市等。其中，最为广泛采用的是MBO，这是公司的经理层利用借贷所融资本或股权交易收购本公司的一种行为，从而引起公司所有权、控制权、剩余索取权、资产等变化，以改变公司所有制结构，通过收购使企业的经营者变成了企业的所有者。由于转让的相对成本和方案实施成本较低，同时又能保证对管理层和员工的激励与约束，MBO盛极一时，但是，其容易导致国有资产流失，因此，在改革过程中广受质疑，不久便被财政部叫停。改制上市是另一种主要方式，2006年，IPO（首次公开发行）实现了全流通，并恢复了资金申购制度，中国工商银行、中国建设银行、中国石油、中国神华等国有企业成功上市。这一时期，通过主辅分离和改制，一批国有大中型企业实现了兼并和资产重组，国有经济布局进一步集中和优化，与1998年相比，2006年年底全国国有企业数量减少了一半，但却控制了重要行业和关键领域超过80%的市场份额。

2007年，中共十七大进一步指出，要深化国有企业公司制、股份制改革，健全现代企业制度，优化国有经济布局和结构，增强国有经济活力、控制力、影响力；并以现代产权制度为基础，发展混合所有制经济。2012年，中共十八大再次明确要推行公有制的多种实现形式。总的来看，中共十七大、中共十八大延续了中共十六大确立的产权改革地位、方向以及股份制的主要形式。2013年，中共十八届三中全会通过的《中共中央关于全面深化改革若干重大问题的决定》再次强调了产权作为所有制的核心地位，必须健全归属清晰、权责明确、保护严格、流转顺畅的现代产权制度，完善产权保护制度。同时，还提出要积极发展混合所有制经济，允许更多国有经济和其他所有制经济发展成为混合所有制经济，国有资本投资项目允许非国有资本参股，允许混合所有制经济实行企业员工持股，形成资本所有者和劳动者利益共同体。这标志着该时期国有企业产权改革有了新的内容。

四、分类分层前提下推进混合所有制改革

2013年，中共十八届三中全会通过的《中共中央关于全面深化改革若干重大问题的决定》明确指出，要“积极发展混合所有制经济”“国有资本投资项目允许非国有资本参股。允许混合所有制经济实行企业员工持股，形成资本所有者和劳动者利益共同体”。混合所有制成为新时期国有企业产权制度

改革的主要内容。2015年8月，中共中央、国务院发布了《中共中央、国务院关于深化国有企业改革的指导意见》，这是新时期指导和推进我国国有企业改革的纲领性文件，其中提出，“推进国有企业混合所有制改革。以促进国有企业转换经营机制，放大国有资本功能，提高国有资本配置和运行效率，以实现各种所有制资本取长补短、相互促进、共同发展为目标，稳妥推动国有企业发展混合所有制经济”。作为上述指导意见的配套文件之一，2015年9月，国务院发布《国务院关于国有企业发展混合所有制经济的意见》，明确指出要分类分层推进国有企业混合所有制改革。因此，这一阶段的任务是以分类分层改革为前提，积极推进国有企业的混合所有制改革。

这一阶段，理论界从所有制的视角对发展混合所有制经济的制度基础展开了探讨。以中共十八届三中全会通过的《中共中央关于全面深化改革若干重大问题的决定》为导向，理论界逐渐形成共识：国有资本、集体资本、非公资本等各种资本交叉持股、相互融合形成的混合所有制经济，是我国基本经济制度的实现形式，它有助于各种所有制资本取长补短、相互促进，进而实现国有资本的保值增值以及竞争力的提升。这一理论研究成果确立了混合所有制经济的合法性基础，为在实践中发展混合所有制经济指明了方向。

为了推进国有企业混合所有制改革，中央和地方政府发布了有关国有企业混合所有制改革的方案，明确了混合所有制改革的原则、要求和具体任务。2014年7月，国务院国资委选择了中国建材和国药集团作为混合所有制改革的两家试点企业。之后，国家发展改革委和国务院国资委共同开展混改试点工作，并于2016年9月决定将中国联通、东航集团、哈电集团、中国核建、南方电网、中国船舶等9家中央企业作为首批混合所有制改革试点企业。第二批10家试点企业名单由国务院国有企业改革领导小组审议确定。前两批共选定19家试点企业，这些试点企业均为本行业的代表性企业，涉及电力装备、铁路装备、民航信息服务、国防军工、金融等11个重点领域，其中军工企业达到7家。从股权结构来看，混合所有制改革试点企业要从国有独资、国有绝对控股，最终变为国有相对控股。混合的模式由吸引民营资本或外资进入国有企业、国有企业入股民营企业以及政府与社会资本合作（PPP）等多种方式构成。2017年12月，在第三批31家混合所有制改革试点企业中，中央企业子企业占10家，地方国有企业占21家，涵盖电力、石油、天然气、铁路、民航、电信、军工等国有经济较为集中的重要行业。2017年6月，东航物流通过产权交易市场向投资者公开募集资金22.5亿元，成功吸引德邦、普洛斯等外资巨头企业成为战略投资者，联想、绿地等民营资本成为财务投资者，为建立股权结构制衡、法人治理健全的现代企业制度夯实了基础。2017年8月，中国联通股份有限公司正式发布了混合所有制改革的专项报告，成为首例央企集团层面的混改、首例垄断领域的央企混合所有制改革，具有里程碑意义。该方案以中国联通A股为标的，通过“发行新股+转让老股”等形式，向战略股东非公开发行不超过约90.37亿股股份，募集资金约617.25亿元。混合所有制改革完成后，联通集团对中国联通的持股比例从原来的63.7%降到36.7%，新引入的战略投资者合计持有公司约35.19%的股份。

国有企业混合所有制改革按照完善治理、强化激励、突出主业、提高效率的要求，积极引入民营资本、外资等非公有资本，实现产权主体多元化，取得了重要成效。从总体状况来看，根据中央企业产权登记数据显示，中央企业及各级子企业的混合所有制企业数量占所有企业数量的比重由2013年的65.7%上升至2016年的68.9%，2017年新增混合所有制企业数量超过700家，其中通过资本市场引入的社会资本总额超过3386亿元。从国有企业的不同类别来看，处于充分竞争的商业类国有企业混合程度最高，混合所有制企业数量占比达到73.6%，而主业处于关系国家安全和国民经济命脉领域的商业二类国有企业，混合所有制企业数量占比为62.6%，公益类混合所有制企业数量占比最低，仅为31.1%。从行业分布来看，房地产、建筑、建材、通信、矿业等5个行业企业混合程度较高，混合所有制企业数量占比分别为88.3%、86.3%、78.3%、77.9%和76.8%。从企业层级看，随着企业层级的降低，混合的程度逐步提高，央企集团层面仅有中国联通、上海贝尔和华录集团3家为混合所有制企业，一级子公司的混合所有制企业数量占比为22.5%，二级子公司以下混合所有制企业数量占比超过50%并逐级提高，而四级以下子公司混合所有制企业数量占比已经超过90%。从地方混合所有制改革的角度看，上海、广东、天津等地的混合所有制改革推进力度较大，混合所有制改革的企业数量占比达到47%[1]。

就试点企业而言，混合所有制改革有助于国有资本的保值增值和企业竞争力的提升。以东航物流为例，通过引入普洛斯、德邦等国外领先企业的先进管理经验，企业迅速完成了授权管理、行政议事、绩效考核等内部机制的改革，并且实现了与战略投资者以及财务投资者战略资源的有效融合，推动了不同所有制资本的共同发展。2017年，东航物流的营业收入、利润总额分别同比增长超过30%、70%，净资产收益率达到53.25%，远高于世界一流航空物流企业15%的净资产收益率水平。而中国联通通过引入腾讯、百度、阿里巴巴、京东等14家民营资本的战略投资者之后，对企业的内部机构进行了大幅度的改革，集团管理人员减少51.3%，省级分公司的机构缩减205个，实现了组织机构的扁平化、高效化、动态化转型。同时，为了激发核心员工的积极性，中国联通向7800名业务骨干授予占总股本2.7%的限制性股票。

虽然混合所有制改革取得了很大的成就，但是目前仍然存在很多问题，具体体现在以下几个方面。

第一，大型国有企业集团层面的混合所有制改革停滞不前，其中一个重要原因是大型国有企业集团被认为是关系国家安全和国民经济命脉，不适合非国有资本进入。企业运行的基本逻辑是“使命决定战略定位、战略定位决定战略内容、战略内容决定组织结构、组织结构决定企业运行效率、企业运行效率决定企业使命的实现”。而国有企业，尤其是大型国有企业的战略定位是承担国家使命。中共十五届四中全会通过的《中共中央关于国有企业改革和发展若干重大问题的决定》也指出：“国有经济需要控制的行业和领域主要包括：涉及国家安全的行业、自然垄断的行业、提供重要公共产品和服务的行业，以及支柱产业和高新技术产业中的重要骨干企业。”中共十八届三中全会指出：“国有资本投资运营要服务于国家战略目标，更多投向关系国家安全、国民经济命脉的重要行业和关键领域，重点提供公共服务、发展重要前瞻性战略性产业、保护生态环境、支持科技进步、保障国家安全。”以上政策文件明确界定了国有企业的国家使命。但是，由于国有企业的行业分布十分

① 数据来源于2018年1月31日国务院国资委混改通气会上的公开发言。

广泛，具体哪些国有企业需要国有独资、哪些国有企业需要国有绝对控股、哪些国有企业可以实行国有相对控股并未做出明确规定，这使得每家国有大型企业集团都能以承担国家使命为由排斥非国有资本的介入，因此阻碍了企业集团层面混合所有制改革的顺利推进①。

第二，国有企业领导人的泛行政化是阻碍混合所有制改革顺利推进的一个重要因素。按照现行的行政管理体制，国有企业被视同政府行政系列，国有企业的领导人均享有相应的行政级别，并且可以在政府部门与国有企业之间相互交流任职。因此，国有企业领导人具有“企业家”和“党政官员”双重身份，既享受远高于同级别党政官员的物质待遇，又有政治升迁的预期，这导致国有企业领导人无法真正成为职业经理人，也难以建立现代企业制度和公司治理机制。因此，国有企业领导人的泛行政化现象，是阻碍国有企业尤其是国有独资公司的混合所有制改革顺利推进的一个重要因素。

第三，我国的市场体制机制还不完善，还存在制约混合所有制改革的众多问题。统一开放、竞争有序的市场体系，是各类所有制经济公平竞争、共同发展的基础，也是混合所有制经济发展的重要保障条件。然而在现实中，民营企业在市场竞争中却遭遇种种差别化待遇，具体体现在以下四个方面：一是制度性进入壁垒。民营企业在进入某些行业尤其是石油、电力、电信、盐业等国有垄断行业时仍然面临较为严重的制度性壁垒，即行政部门通过相关法律法规的形式授予市场主体（通常为国有企业）垄断经营的权力，排斥或限制民营企业进入，严重破坏了市场公平竞争机制。二是资源配置行政化。相对于民营企业而言，国有企业在融资、政府补贴、生产要素、上市、利润分配等方面轻易取得一系列优惠。三是国有企业高管的“对调”。在体制健全的市场经济体系中，竞争企业高管之间的“对调”或“互换”是不可能发生的，但是这种现象在中国国有企业体系中却十分常见，它不仅破坏了市场竞争的机制，而且也不符合公平竞争审查的内在要求。四是国有企业的合并重组。近年来发生的大规模国有企业合并重组虽然在短期内能够避免恶性竞争、提升国际竞争力，但是从长期来看，无疑将会造成市场集中度的进一步提升，

① 黄群慧：《新时期如何积极发展混合所有制经济》，《行政管理改革》2013 年第 12 期。

破坏市场竞争程度，加剧国有企业与民营企业的不公平竞争状况。由此可见，目前我国在发展混合所有制经济的体制机制方面还有待完善①。

第四，民营企业自身所存在的许多问题制约了混合所有制改革的推进。虽然经过改革开放40年的发展历程，民营企业中涌现出一大批具有竞争力的企业，但是自身仍然存在较多的问题。民营企业尤其是家族企业的治理结构还不规范、企业家行为的随意性较强、管理者平均素质较低，往往会导致国有资本在与非国有资本融合以后在企业管理和企业文化方面冲突。

因此，为了进一步推进混合所有制改革，应注意以下几个方面。

第一，在对国有企业进行合理分类的基础上，积极推进国有企业混合所有制改革。一般而言，绝大多数领域的国有企业可以实施混合所有制改革，吸引非国有资本进入。根据国有企业的功能定位，可以将其分为公共政策性企业、特定功能性企业和一般商业性企业三类。公共政策性企业带有公共性或公益性，在中央企业中，包括中国国新、中储粮总公司和中储棉总公司3家政策性企业以及国家电网和南方电网2家自然垄断性企业。可以采用国有独资公司的形式，确保企业活动始终以社会公共利益为目标。一般商业性企业即竞争类国有企业，一共包括78家中央企业，其中有22家工业制造企业、17家综合贸易服务企业、7家建筑工程企业、12家科研企业和20家资产规模在500亿元以下的其他中小型企业。这类企业数量多，市场化程度高，改革方向是全面市场化。特定功能性企业有32家中央企业，涉及国防军工、石油石化、电信电力、航空等行业。这类企业的改革方向是坚持市场化主导，同时适度兼顾特定社会服务功能②。因此，一般商业性企业和特定功能性企业两类企业均可以在集团层面推行混合所有制改革，增强国有经济的控制力和影响力。

第二，积极推进国有企业的去行政化，扫除国有企业向混合所有制企业改革的“身份障碍”。早在1999年，中央就明确提出深化国有企业人事制度，

① 戚聿东、张任之：《国有企业与民营企业竞争状况比较及其改革建议》，《中国价格监管与反垄断》2018年第3期。

② 黄群慧、余菁：《新时期的新思路：国有企业分类改革与治理》，《中国工业经济》2013年第11期。

“对企业及领导人不再确定行政级别”，但是，那些政策文件并没有付诸实施。2013 年中共十八届三中全会通过的《中共中央关于全面深化改革若干重大问题的决定》提出要“建立职业经理人制度”“国有企业要合理增加市场化选聘比例”，其意在取消行政级别。改革的方向已经确定，关键在于执行和落实。因此，今后国有企业改革要深入贯彻《公司法》，注重完善国有企业领导人的选聘机制，政府可以按照法定程序行使委托者的职权，但不可以越过股东大会、董事会、监事会等直接任命国有企业领导人。上级党委只能直接任命公司的党委书记，至于党委书记作为高管能否当选董事、进而兼任董事长，应完全按照法定程序进行。鉴于现实中的股东大会往往程序重于内容、形式重于实质，因此需要特别加强董事会对选聘职业经理人及其薪酬事项的决定性作用，使董事会成为公司与政府的有效“隔离带”①。

第三，着力营造公平竞争市场环境，积极推进各类市场主体的权利平等、机会平等和规则平等，为混合所有制改革创造有利的外部条件。在营造市场公平竞争环境方面，政策的着力点是积极推进各类市场主体的权利平等、机会平等和规则平等，打破民营企业的市场准入壁垒，解决民营企业进入“玻璃门”“弹簧门”“旋转门”问题。同时，积极落实“负面清单”制度措施，让各类市场主体可以依法平等进入清单之外的领域。从法律保障体系看，要对国有资本和非国有资本实施平等的保护，平等地参与市场竞争，切实保障产权人依法享有与其出资相对应的权益，不能只是单方面地保护国有投资者。同时，国有资产监督管理部门或其他相关部门应该制定明确的程序来健全和完善国有企业混合所有制改革的制度，从混合所有制的对象选择、国有比例、改革程序和方式、资本权益保障等方面进行明确规定，建立产权交易顺畅的市场运行机制。在交易过程中，国有股权和非国有股权的定价，要遵循公开、公允和市场化的原则，产权的转让要通过市场化的公开操作，由市场来决定产权的价格，确保产权主体能够顺畅地投入或撤出资本，实现混合所有制出资人投资收益的最大化和投资风险的最小化，促进产权的合理流动以及资本配置效率的最大化。

---

① 戚聿东：《从“去六化”入手深化国有企业改革》，《经济与管理研究》2015 年 6 月第 36 卷第 6 期。

第四，积极引导民营经济发展，促进民营企业资本社会化、治理结构规范化和企业管理现代化，从而提升与国有经济交叉融合的能力。为了在混合所有制改革过程中更好地实现与国有企业的相互融合，民营企业需要进行以下三个方面的转变：一是加快民营企业股权多元化的转变，解决家族单一资本不足的问题，推进民营企业做大做强，促进民营企业的转型升级；二是进一步完善企业的治理机制，市场化聘任职业经理人，彻底摆脱家族式的管理，有效解决民营企业平均素质较低的问题；三是转变企业经营管理理念，民营企业家需要不断提高自身素质，努力学习和吸收现代管理的思想、技术和方法，建立管理技术、人才、制度、文化等方面的交流平台，促进民营企业健康发展。

第五章　国有企业治理结构改革

企业治理结构或者公司治理结构一般是在现代企业制度下从组织结构视角描述企业的管理和控制体系的用语。对于国有企业而言，在提出建立现代企业制度之前实际上是国有企业领导体制，也就是有关国有企业领导人选择、激励、约束以及领导人管理企业的方式等方面的制度规定。在现代企业制度的框架下，其特点是所有权与控制权的分离，因而对所有者与经营者之间相互制衡的机制形成了必要的要求，这是企业治理结构生成的来源和基础。现代企业依靠公司治理结构进行运行和管理，已达到提高企业运行效率的目的。科学的公司治理结构能够更好地达到资源的优化配置，能够更好地激励董事会和经理层，将企业发展目标更好地与股东利益相契合。

一、国有企业治理结构改革的背景

对于国有企业治理结构改革而言，本质是从传统的计划体制下的国有企业领导体制转换为现代企业制度下的科学的现代企业治理结构。理想的公司治理结构，一般而言，需要符合以下标准："①能够给经营者以足够的控制权自由经营管理公司，发挥其职业企业家才能，给其创新活动留有足够的空间。②保证经营者从股东利益出发而非只顾个人利益使用这些经营管理公司的控制权。这要求股东有足够的信息去判断他们的利益是否得到保证、期望是否得到实现，如果其利益得不到保证、期望难以实现，股东有果断行动的权力。③能够使股东充分独立于职业企业家，保证股东自由买卖股票，给投资者以流动性的权力，充分发挥开放公司的关键性优势。"① 而我国的国有企业治理

① 郑红亮：《公司治理理论与中国国有企业改革》，《经济研究》1998 年第 10 期。

结构改革需要考虑我国国有企业的属性，结合这些有效的公司治理结构标准，从传统国营企业领导体制转向现代国有企业治理结构。因此，理解中国国有企业治理结构改革，一方面要理解传统计划经济体制下国有企业领导体制的形成，另一方面要理解作为改革目标的现代企业治理结构的内涵。

从1949年到1978年，我国实行的是计划经济体制，为了在短期内抑制通货膨胀，在财政枯竭的情况下集中进行资源调配和重点建设，首要任务是实现全国财政经济统一，对资本主义工商业进行社会主义改造，对经济建设进行统一计划，力求建立起全国集中的经济体制。因此，当时的政府作为经济核心，企业仅作为生产部门，政府对企业采用全面的指令性管理。企业的产量、品质、价格，包括上下游生产要素的供给和销售全部都在有关行政主管机构的指挥下进行。高度的计划性也体现在国营企业的管理形式上，政府作为主管单位对企业领导人进行直接任命或委派，经历了包括军代表制、工厂管理委员会制和党委领导下的厂长负责制。企业领导人员按照政府计划进行产品的生产和调拨，管理人员身份流转于行政干部和企业领导的双重角色。同样的，职工作为劳动者，也由人事机构计划安排。因此，该阶段的国有企业也称为国营企业。客观地评价，计划经济体制对我国经济起到过重要的积极作用，在政府全面指导物价下经济初获平稳。但是，也因为计划经济中企业处于政府部门的附属地位，高度集权的管理过于严格和僵化，企业不能自主经营，弊端逐步显现。在地方反映希望中央能够下放一定权力的呼声下，1956年4月，毛主席通过对苏联在经济建设中的经验和教训的总结，在中共中央政治局扩大会议上作了《论十大关系》的报告，报告提出了关于企业自主经营的看法："这里还要谈一下工厂在统一领导下的独立问题。把什么东西统统都集中在中央或省市，不给工厂一点权力，一点机动的余地，一点利益，恐怕不妥。……各个生产单位都要有一个与统一性相联系的独立性，才会发展的更加活泼。"[①] 这一论断反映出，在1956年左右，党中央和国家领导人已经察觉到，在中央政府、地方政府和工厂三者之间，治理权益应如何分配的问题需要研究和改进。然而，受当时对社会主义理解偏激的意识形态的影响，

① 毛泽东：《毛泽东选集》（第五卷），人民出版社，1977，第267—288页。

特别是1957年以后“左”倾思想的影响，把搞活企业和发展社会主义商品经济划为“走资本主义道路”，使得经济体制上过度集中统一的问题长期得不到解决。在1958—1960年的“大跃进”中，中央曾一度下放了部分中央直属企业的计划权和管辖权给地方管理，后由于“大跃进”造成了严重混乱局面，中央又重新将其收归中央管理。这是国有企业的经营权在中央政府和地方政府之间转换的一次尝试，但还没有涉及企业治理结构调整的关键问题。

将调整企业治理结构作为改革目标之一，应该具有怎样的内涵呢？《公司治理结构原则》于1999年5月在经济合作与发展组织（OECD）理事会正式通过，该组织由29个发达国家组成。《公司治理结构原则》将公司治理结构明确界定为：“公司治理结构是一种据以对工商业公司进行管理和控制的体系。公司治理结构明确规定了公司的各个参与者的责任和权利分布，诸如董事会、经理层、股东和其他利害相关者。并且清楚地说明了决策公司事务时所应遵循的规则和程序。同时，它还提供了一种结构，使之用以设置公司目标，也提供了达到这些目标和监控运营的手段。”① 目前在全世界范围内，公司治理结构存在多种模式，也就是说，并不存在一个统一的标准化的模式。现在世界范围内三种比较普遍的公司治理模式为家族监控治理模式、内部监控治理模式和外部监控治理模式（见表5-1）。表5-1对三种模式的特点进行了归纳描述、对各国的公司治理模式进行了比较分析，对于我国国有企业公司治理结构改革有着借鉴指导意义。

表5-1　三种公司治理模式典型特征列表

项目	家族监控治理模式	内部监控治理模式	外部监控治理模式
股权结构和资本结构	股权集中，主要控制在家族手中，负债率较高	相对集中，法人相互持股，银行贷款是企业的主要筹资渠道，负债率较高	相对分散，个体法人持股比例有限，证券市场筹资是企业的主要资金来源，负债率较低

① 陈清泰等主编：《国有企业改革攻坚15题》，中国经济出版社，1999，第159页。

（续表）

项目	家族监控治理模式	内部监控治理模式	外部监控治理模式
外部市场的作用	市场体系不完善，几乎不依赖外部市场	很少依赖外部市场	各类市场发达，对市场依赖程度很高
法律的作用	家族内部协商解决问题，几乎不依赖法律	股东成员间协商解决问题，较少依赖完善的法律保护	更多依赖完善的法律保护
决策方式	个人决策或家族决策	倾向于集体决策	倾向于个人决策
对企业家控制权的激励约束	企业家的激励约束基本不是问题，以血缘为纽带的家族成员内的权力分配和制衡	董事会的直接监督约束作用明显，银行实质性参与监控，内部经理人员流动起到一定的控制作用	活跃的控制权市场发挥着关键的激励约束作用，外部经理市场的有效运作对业绩不良的企业家产生了持续的替代威胁
文化特征	家族传统	集体主义	个人主义
代表国家和地区	法国、意大利、西班牙和东南亚、中国香港、中国台湾等地区	英、美等国	德、日等国

资料来源：吴淑琨，席酉民．公司治理模式探讨［J］．经济学动态，1999（1）。

二、国有企业治理结构改革的历程

国有企业治理结构的改革始于1978年，经过了40年渐进式的改革，国有企业的治理结构沿着解放思想、深入改革的方向不断前进，从利润留存到“利改税”，从“一长制”到“三会一层”，从“老三会”到“新三会”，凭借“摸着石头过河”的坚韧精神，依靠“中央顶层设计 + 基层地方试点 + 推广实践”相结合的路径，从下到上根据实际情况研究发现问题，再自上而下通过顶层设计和领导决策，政府出台文件推动。国企治理结构发展到今天，我国国有企业已初步建立起了“产权清晰、权责明确、政企分开、管理科学”的现代企业制度架构，向着适应社会主义市场经济要求的微观经济主体努力。回顾40年的改革历程，按照每个阶段的主要矛盾和突出特点，大致可以划分为以下四个时期：1978—1992年的放权让利时期、1993—2002年的现代企业治理结构初步建立时期、2003—2012年的国资委全面管理时期、2013年至今的分类改革时期。

（一）放权让利时期（1978—1992年）

1. 放权让利的试点实践

1978年12月，具有历史重要意义的中共十一届三中全会召开，开启了我国全面改革开放之路，国企的治理结构改革第一阶段——放权让利的大幕也正式拉开。通过对中华人民共和国成立以来经济建设经验教训的回顾，中共十一届三中全会指出：“毛泽东同志1956年总结我国经济建设经验的《论十大关系》报告中提出的基本方针，既是经济规律的客观反映，也是社会政治安定的重要保证，仍然保持着重要的指导意义。”在中共十一届三中全会的公报中，进一步明确：权力过于集中是我国经济管理体制的一个严重缺点，应该有领导地将经营管理自主权大胆下放给地方和工农企业，应该按经济规律办事，“认真解决党政企不分、以党代政、以政代企的现象……充分发挥中央部门、地方、企业和劳动者个人四个方面的主动性、积极性、创造性”①。

1978年10月，经国务院批准，在四川省选择了四川宁江机床厂、重庆钢铁公司等6家地方国营工业企业率先实行了扩大企业自主权试点工作，走出了放权让利改革实践的第一步。所谓让利，是指企业在完成国家的上缴利润额度后，对新增收益按比例与国家分成，主要强调的是剩余索取权。放权是指扩大企业经营自主权，如允许企业完成国家计划后自行安排生产、计划外产品可自行销售等，以调动企业经营者和职工的工作积极性，提高劳动生产

---

① 《中国共产党第十一届中央委员会第三次全体会议公报》，《人民日报》1978年12月24日。

率和资源使用效率。

在放权让利阶段的初期，采取的是先让利后放权的做法。首先，在四川省对地方国有企业的利润剩余索取权放开进行了尝试，通过年度指标考核后，允许试点的地方国有企业提留少量利润作为奖金发放给职工，以调动职工积极性。1979年1月，四川省将试点企业扩大到100家①。1979年5月，经贸委又在北京、天津、上海3个核心城市选择了包括首都钢铁公司在内的8家国有企业进行了改革试点。同年7月，国务院下达了包括《关于扩大国营工业企业经营管理自主权的若干规定》在内的5个改革企业管理体制方面的重要文件。在成都召开的全国工交工作会议上，当地政府介绍了四川100家企业试点的经验，国家计划在全国26个省级区域的1590家企业开展扩大企业自主权试点。当时的试点内容，除了利润留成以外，还在包括产品的生产计划和销售渠道、资金的使用和奖金分配、机构的设置和中层干部任免等涵盖市场经营、人事管理和激励机制等多方面扩大了企业自主权利。

截至1980年年中，在29个省、市、自治区范围内，试点企业总数达6600多家，占全国预算内企业数量的16%左右。更可喜的是，试点企业的生产总值占到60%左右，利润更占到了70%左右。其中最为突出的是上海、天津的试点企业，利润占比已达80%，北京占比达94%。实践证明试点效果显著，1979年试点企业完成工业总产值比1978年增长11.6%，利润增长率15.9%，上缴利润增长12.6%②。扩大企业自主权作为改革现行管理的一个重要步骤，对于调动企业和职工的积极性、搞活经济和提高生产效率起到了切实、关键的促进作用。

1980年9月2日，国务院批转了国家经委的《关于扩大企业自主权试点工作情况和今后意见的报告》。报告肯定了试点企业在试点期间的成绩，同时对试点中出现的问题进行了深入研究并提出了解决方案。为了进一步促进这一良好的发展势头，《关于扩大企业自主权试点工作情况和今后意见的报告》要求“把扩大企业自主权的工作进一步推开”③。

---

① 《四川省地方工业企业扩大企业权力、加快生产建设步伐的试点意见》，1979年2月。

②③ 国务院：《国务院批转国家经济委员会关于扩大企业自主权试点工作情况和今后意见的报告》，1980年8月9日。

1984 年 5 月 10 日，国务院发布的《国务院关于进一步扩大国营工业企业自主权的暂行规定》，将包括生产经营计划权、产品销售权、人事劳动管理权等共计十个方面的权力全部下放给企业自行决定，进一步激发了国有企业职工的积极性。

随着试点范围的全面铺开，权力下放的范围越来越广，在放权让利试点过程中逐步暴露了一些问题：首先，企业在产量、劳动等各项指标的下达过程中，仍然是多头管理、互不衔接；其次，利润留成比例偏低且增长利润按"环比"计算，基数越大任务越重，形成"鞭打快牛""先进吃亏"，微利或亏损企业动力不足。为了解决好相关问题，1983 年年初，国务院宣布停止以利润分成为主的经济责任制，全面实行"利改税"，国有企业向着独立核算、自负盈亏的方向发展，为转换经营机制奠定了基础。

2. **转换经营机制**

当时的国营企业实行的是党委领导下的厂长负责制。根据 1983 年发布的《国营工业企业暂行条例》，企业主管单位负责对厂长、副厂长、总工程师、总会计师等厂级干部进行任免和考核。党委拥有决策权，厂长拥有执行权，职工代表大会拥有监督权。上级行政部门对企业干部的全面管理造成了企业领导只对上级部门负责，政企不分，权责不明，职工监督不到位。

1984 年 10 月召开的中共十二届三中全会通过了《中共中央关于经济体制改革的决定》。其指出："政企职责不分，条块分割，国家对企业统得过多过死，忽视商品生产、价值规律和市场的作用，分配中平均主义严重……严重压抑了企业和广大职工群众的积极性、主动性、创造性……要使企业真正成为相对独立的经济实体，成为自主经营、自负盈亏的社会主义商品生产者和经营者。"① 该决定第一次提出了政企分开、两权分离的概念。按照政企职责分开、简政放权的原则进行改革，在保持国有企业国家所有权的前提下，国有企业开始了下放经营权，转换经营机制的实践。该决定同时也标志着中国的改革开放进入从农村改革转向城市全面改革的新时期。

1986 年，国务院颁布了《国务院关于深化企业改革增强企业活力的若干

---

① 中共十二届三中全会：《中共中央关于经济体制改革的决定》，1984 年 10 月。

规定》。其提出：对国有大中型企业推行多种形式的承包经营责任制。承包经营责任制是企业与政府以签订契约的形式，将控制权和剩余索取权赋予承包者，更全面地激励经营者的积极性。1987年3月，六届全国人大五次会议的《政府工作报告》中不仅进一步明确了在所有权和经营权分离的原则下全面推行多种形式的承包经营责任制，而且要求对厂长负责制进行完善的推广，加快企业内部领导体制的改革："厂长是企业法人的代表，对企业负全面责任。"①

1988年2月27日，国务院颁发了《全民所有制工业企业承包经营责任制暂行条例》。其将承包经营责任制定性为：在坚持企业在社会主义全民所有制基础上，贯彻所有权与经营权分离的原则，转变企业经营机制，增强企业活力，提高经济效益，使企业自主经营、自负盈亏的一条重要途径。承包经营责任制具体是指：承包上交国家利润，承包完成技术改造任务，实行工资总额与经济效益挂钩。承包上交国家利润根据不同的企业情况可以有多种形式，包括：利润递增包干；利润基数包干，超收分成；微利企业上交利润定额包干；亏损企业减亏（或补贴）包干以及国家批准的其他形式②。承包期限一般不得少于3年。

1988年4月，《中华人民共和国全民所有制工业企业法》（以下简称《工业企业法》）颁布。《工业企业法》在立法层面明确："全民所有制工业企业是依法自主经营、自负盈亏、独立核算的社会主义商品生产和经营单位。企业的财产属于全民所有，国家依照所有权和经营权分离的原则授予企业经营管理。企业对国家授予其经营管理的财产享有占有、使用和依法处分的权利。"③ 对于国有企业的经营管理，《工业企业法》中也明确：企业可以采取承包、租赁等经营责任制形式。企业实行厂长（经理）负责制。《工业企业法》在法律层面上明确了国有企业的法人地位、经营原则和责任机制。厂长（经理）成为企业管理的中心，被赋予了更多的自主权，对企业的生产经营和

---

① 1987年3月25日在第六届全国人民代表大会第五次会议作的《1987年政府工作报告》。

② 国务院：《全民所有制工业企业承包经营责任制暂行条例》，1988年2月27日。

③ 《中华人民共和国全民所有制工业企业法》，1988年4月。

精神建设负有全面责任。在人事任免上，除了传统的委派方式，开始尝试招聘、职工代表大会选举、报主管部门批准的形式。副厂长及以下级别的领导干部由厂长提名，经主管部门审议。

承包经营责任制在盛行之时出现了“一包就灵”的大好形势，企业效益大幅上升。但在推广后期，由于企业权利过于集中在一人身上，显现出了一些问题：“一长制”中，职工代表大会负责监督，但职工出于工作层级限制以及对自身职业的考量，监督意识和动力并不强，缺少有效的监督机制，经营者的内部人控制现象严重。从一把手角度出发，政府官员和企业经营者的双重身份导致其很容易运用手中的权力为自己谋取政治上的私利。另外，承包制因时效大多为短期，往往会导致管理者短期行为的产生，承包者追求短期利益为目标，对企业活力的激励效果有限，只占20%①。

1989年以后，企业利润出现下滑，经济秩序混乱，“三角债”频发，上述乱象成为政府大力清理的对象。1991年4月，中共中央在全国第八个五年计划中提出，“政企分开，探索公有制的多种有效实现形式，建立富有活力的国营企业管理体制和运行机制”。1991年，全国3220家国有企业进行了股份制试点工作，1992年国务院出台了《股份制企业试点办法》，指导国有企业进行公司制改造，为下一阶段建立现代企业制度奠定了基础。

（二）现代企业治理结构初步建立时期（1993—2002年）

1993年11月，中共中央审议通过了《中共中央关于建立社会主义市场经济体制若干问题的决定》。该决定明确了我国要建立“产权清晰、权责明确、政企分开、管理科学”的现代企业制度，建立科学的企业领导体制和组织管理制度。一方面，该决定要求“坚持和完善厂长（经理）负责制，保证厂长（经理）依法行使职权”。另一方面，认为“一般小型国有企业，有的可以实行承包经营、租赁经营，有的可以改组为股份合作制，也可以出售给集体或

① 章迪诚、张星伍：《中国国有企业改革的正式制度变迁》，经济管理出版社，2008。

个人”①。

1993年12月，《公司法》正式通过，《公司法》的颁布确定了公司制企业法人治理结构的基本框架，企业进行公司制改造，建立股东大会，明确了国家对企业的股东地位；设立董事会，董事会成员由股东大会选举；经理人员由董事会提名和任命；监事会监督董事会和经理人员的经营活动。综上，三权分置的企业法人治理结构法律基础具备。以《公司法》的出台为标志，国有企业改革迈入了建立现代企业治理结构的新时期。董事会领导下的总经理负责制登上了历史舞台。

1994年11月，国务院批准了现代企业制度改革试点，100家国有大中型企业进行了“百户现代企业制度试点”，试点企业分布在汽车、航天、纺织、冶金等国民经济重要部门，试点期限为1994年年底至1996年年底。同时，还有2343家地方企业同步进行试点。时任国务院总理朱镕基在建立现代企业制度试点工作会议上强调，试点的目标不仅仅是产权明晰，更要抓住其他关键问题：政企分开、政府职能的转换和搞好企业内部经营管理等。

到1997年，100家国有大中型试点企业中的97家企业转为公司制企业，其中有17家完成了股东多元化，2343家地方试点企业中有1989家企业转化为公司制，其中540家转化为股份制，540家转换为有限责任公司，909家转换为国有独资公司，“71.9%建立了董事会，63%成立了监事会，61%的总经理由董事会聘任”②。

1997年，党的十五大提出，要在大多数国有大中型骨干企业中初步建立现代企业制度，并将规定时限设置为3年。同时，进一步明确：“政府不能直接干预企业经营活动。企业依法自主经营，自负盈亏。推动政企分开和企业转换经营机制。”截至2001年，国家统计局调查总队调查了4371家重点企业中，3322家实行了公司制改造，74%采用了股权多元化形式。

董事会领导下的总经理负责制，是现代公司制的基础，实行所有权与经

---

① 中国共产党第十四届中央委员会第三次全体会议：《中共中央关于建立社会主义市场经济体制若干问题的决定》，1993年11月14日。

② 汪海波：《中国国有企业改革的实践进程（1979—2003）》，《中国经济史研究》2005年第3期。

营权的分离，所有权人通过法人治理结构约束经营者，法人治理结构主要是指“三会一层”。由股东会选举董事、监事，股东会对董事会进行监督，但不能干预董事会的经营决策。董事会作为常设权力机构，选聘总经理等经理层，但不干预经理层的经营管理。经理层按照董事会决策进行日常经营。监事会与董事会并列，作为常设机构对董事会及经理层进行日常监督。通过对所有权、决策权、经营权、监督权的界定和分离，达到相互制衡的目的。

1999 年，国家进一步提出国有企业改革要“三改一加强”，将改组、改制和改造有机结合，以及加强企业内部管理。其中，改组是要将不同的国有企业进行优化组合，组建成集团公司，以资本为纽带，通过市场形成具有较强竞争力的跨地区、跨行业、跨所有制和跨国经营的大企业集团；改制是将国有企业改制成为民营企业、私营企业、混合企业，涉及国有企业产权的改革，通过联合、兼并、租赁、承包经营和股份合作制、出售等形式，加快放开搞活国有小型企业的步伐；改造是将国有企业进行经营机制改造和技术改造。

但是，在改制的过程中，出现了片面强调国有经济从所有竞争性领域全面退出的极端想法，加之当时缺乏科学配套的国有资产估值体系和公开透明的交易制度，在国有产权转让中，存在一些不法现象，例如暗箱操作、低估贱卖、隐匿转移等，致使国有资产流失的情况较为严重。仅对 1994 年 12. 4 万家国有企业清产核资进行调查统计，资产损失及挂账就达 4438 亿元；2002 年，审计署查出由于违规担保、投资和借款以及决策严重失误等原因所造成的国有资产损失高达 72. 3 亿元。通过深刻地总结原因，得出的结论是在企业内部所有权缺位，没有对保障国有资产权益负责的责任人，致使国有资产所有者权益遭受损害。表面上，许多政府部门都代表国家行使国有资产所有权，国有资产监管职能分散，俗称“九龙治水”，但实际上，又无人真正对国有资产承担责任，难以对国有资产行使有效的监督管理。为了彻底根除这种现象，国资委的建立被提上日程。

（三）国资委全面管理时期（2003—2012 年）

2002 年，在党的十六次全国代表大会上，《全面建设小康社会，开创中国特色社会主义事业新局面》的报告中提出：“建立中央政府和地方政府分别代表国家履行出资人职责，享有所有者权益，权利、义务和责任相统一，管资产和管人、管事相结合的国有资产管理体制……中央政府和省、市（地）两级地方政府设立国有资产管理机构。”① 2003 年 3 月 16 日，国有资产监督管理委员会成立，隶属于国务院，国务院授权国有资产监督管理委员会代表国家履行出资人职责，国资监管时期正式开启。

2003 年 5 月 27 日，国务院公布实施了《企业国有资产监督管理暂行条例》，2006 年颁发了《地方国有资产监管工作指导监督暂行办法》，从 2006 年年底开始，从中央到地方通过组建中央和地方国有资产管理机构，从用人机制、规范董事会建设等方面，进一步调整优化企业治理结构，出台规章条例 1200 余个，涉及企业产权、资产、财务监督、绩效考核、选聘薪酬、法律事务等多方面。国务院国资委代表国家履行出资人职责，建立管人、管事、管资产相结合的国有资产管理体制，监督国有资产的保值增值，代表国家向企业派出监事会，依法对企业负责人进行任免，对企业领导进行业绩考核及实施奖惩措施。

针对数量众多、规模庞大的国有企业，国务院国资委所面临的难题首先是国有企业分布面过宽，通过对国有企业布局进行积极调整，央企户数由 2003 年的 196 家减少到 2006 年的 161 家，但截至 2006 年，央企业务仍然涉及国民经济 95 个大类中的 86 个行业；同一央企在同一行业或领域内业务重叠交叉，资源配置不合理。其次，截至 2006 年，90% 以上的集团母公司是国有独资企业，缺乏具有较强国际竞争力的大公司或大企业集团，中央企业历史遗留问题多，负担重。2006 年年底，《关于推进国有资本调整和国有企业重组的指导意见》出台。其明确了中央企业集中的关键领域和企业重组的目标：“进一步推进国有资本向关系国家安全和国民经济命脉的重要行业和关键领域集中……除了涉及国家安全的企业，必须由国家垄断经营的企业和专门从事国有资产经营管理的公司外，国有大型企业都要逐步改制成为多元股东的公司。”②

---

① 中国共产党第十六次全国代表大会：《全面建设小康社会，开创中国特色社会主义事业新局面》，2002 年 11 月 8 日。

② 国资委：《关于推进国有资本调整和国有企业重组的指导意见》，2006 年。

2008 年 10 月 28 日，《中华人民共和国企业国有资产法》正式通过。其明确规定，由履行出资人职责的机构（国务院国资委）任免国有独资企业的董事、监事、高级管理人员；向国有资本控股、参股公司的股东会、股东大会提名董事、监事。

2010 年 7 月 15 日，《关于进一步推进国有企业贯彻落实“三重一大”决策制度的意见》发布。“三重一大”包括：重大决策事项，即按照现有法律法规规定，应当由股东会、董事会等决定的事项；重要人事任免，即对企业直管的领导等的职务调整事项；重大项目安排，即对企业资产规模、资本结构、盈利能力等产生重要影响的项目安排；大额度资金运作事项，即超过规定的出资人和企业领导有权调动的资金限额的事项①。该意见主要从规范决策行为的目的出发，对“三重一大”事项决策必须由领导班子集体作出决定的基本程序进行详细规定。

（四）分类改革时期（2013 年至今）

以党的十八大召开为标志，国企改革进入了分类改革的全新时期。2013 年 11 月 15 日，《中共中央关于全面深化改革若干重大问题的决定》正式公布。其强调：“推动国有企业完善现代企业制度，完善国有资产管理体制，改革国有资本授权经营体制。”② 2015 年 8 月 24 日，《中共中央、国务院关于深化国有企业改革的指导意见》发布。其立足国有资本的战略定位和发展目标，将国有企业区分为商业类和公益类：“商业类国有企业按照市场化要求实行商业化运作，实现优胜劣汰、有序进退；公益类国有企业中必要的产品或服务价格可以由政府调控；要积极引入市场机制。”③

分类改革时期的改革措施主要包括：形成从“1 + N”顶层设计，到“十

---

① 中共中央办公厅、国务院办公厅：《关于进一步推进国有企业贯彻落实“三重一大”决策制度的意见》，2010 年 7 月 15 日。

② 中国共产党十八届三中全会：《中共中央关于全面深化改革若干重大问题的决定》，2013 年 11 月 15 日。

③ 中共中央、国务院：《中共中央、国务院关于深化国有企业改革的指导意见》，2015 年 8 月 24 日。

项改革试点”，再到“双百行动”深度不断加深的梯次展开。2017年6月25日，国务院国有企业改革领导小组研究决定开展“十项改革试点”，包括：“落实董事会职权试点、市场化选聘经营管理者试点、推行职业经理人制度试点、企业薪酬分配差异化改革试点等十项试点工作。”① “十项改革试点”的目的是使这些试点问题能够在一个经济实体内显现整体的综合效果。截至2017年8月，28家央企进行整合重组，至此央企压缩调整至99家，并将大多数央企管理层级由目前的5~9层压缩至3~4层。为了健全协调运转、有效制衡的公司法人治理结构，《国务院办公厅关于进一步完善国有企业法人治理结构的指导意见》的文件内容要求，计划到2020年，国有独资、全资公司全面建立外部董事占多数的董事会。截至2017年12月，已有83家央企建立了规范的董事会，88%的省级国企建立了董事会，外部董事占多数的企业占比为13.1%。下一步将向国企陆续下放决策权、经理层成员选聘权、业绩考核和薪酬待遇决定权、职工工资分配权、重大财务事项等权限，促进国企完善市场化运营机制。

2018年8月17日，国企改革“双百行动”动员部署视频会由国务院国企改革领导小组办公室组织召开，正式启动了国企改革的“双百行动”。入围的400余家国企，包括央企、央企子公司和地方国企，将在以往混改的基础上进一步扩围，在同一家企业同步推进职业经理人试点、董事会职权试点等，从前期各个单项试点成果到全面拓展和应用。会议强调：“改革要以健全企业法人治理结构为重要支撑，全面提升国有企业运行效率和市场化、现代化经营水平……原则上要将董事会对企业中长期发展的决策权、经理层成员业绩考核和薪酬管理权、职工工资分配权、重大财务事项管理权等全部落实到位，并对落实经理层成员选聘权进行差异化探索。同时，要全面推行经理层成员任期制和契约化管理，合理增加经理层中市场化选聘职业经理人比例，稳妥推进职业经理人制度建设。”“双百行动”是在中央企业和地方企业中更大范围地推进改革，其目标是先培育出一批改革先进企业，总结的经验和凝练出的改革成果将在全国层面进一步推广。

① 国务院国资委媒体通气会，2017年6月25日。

这个时期值得我们关注的另一项伟大成就是，截至 2017 年年底，国有企业全部完成了公司制改造。从 1993 年《中共中央关于建立社会主义市场经济体制若干问题的决定》首次明确指出国有企业要建立“产权清晰、权责明确、政企分开、管理科学”的现代企业制度开始，到 1993 年 12 月《公司法》的正式出台实施，确定了公司制企业法人治理结构的法律框架和基础，再到 2017 年年底，全面完成国有企业公司制改制工作，国有企业从此全面进入了公司制时代。国有企业治理结构的变革经历了从全民所有制企业到国有独资公司，从遵循《企业法》到遵守《公司法》，标志着从政府管理的隶属关系变成有限责任公司的股权关系，体制性的根本问题终于得到了彻底解决。

三、国有企业公司治理结构改革的关键问题

从全民所有制企业改制为现代公司制国有企业，前者的“老三会”（党委会、工会、职代会）需要向后者的“新三会”（股东会、董事会、监事会）转化与融合。现代企业治理结构是以出资者原始所有权、法人产权、经营权相互分离为特征的。通过股东会、董事会、监事会、经理层作为法人治理架构来明确所有者、法人、经营者和职工之间的权、责、利关系。此外，国企中党组织的领导也一直是强调的重点，因此“四会一层”是我国国有企业治理结构中的关键。

（一）党的领导在国有企业改革中的地位

中国共产党的领导，是中国特色社会主义最本质的特征，因此党委在国有企业中一直发挥着重要作用，这是我国国有企业的特点，也是独特优势。国有企业的党组织在公司的法人治理结构中有着法定地位，《公司法》明确规定：“在公司中，根据中国共产党章程的规定，设立中国共产党的组织，开展党的活动。公司应当为党组织的活动提供必要条件。”

党的领导在国有企业发展历程中一直处于非常重要的地位，在 1978 年国家开始简政放权的改革时期就强调：“应该在党的一元化领导之下，认真解决党政企不分的现象。”1984 年 10 月通过的《中共中央关于经济体制改革的决定》也强调：“加强党的领导，保证改革的顺利进行。改革工作要与整党密切

结合起来，以整党促进经济，以经济检验整党。”对于企业党组织的作用，该决定也指出，“加强企业党的思想建设和组织建设”。1986年9月，《中国共产党全民所有制工业企业基层组织工作条例》指出：企业党组织主要是进行思想政治领导，起保证监督作用；企业生产经营决策、日常工作、人事任免均由厂长（经理）决定。这是国营企业改革后，企业党组织作用的重要变革。中共十三大报告进一步明确指出，“企业党组织的作用是保证监督，不再对本单位实行一元化领导，而应支持厂长、经理负起全面领导责任”。1988年《中华人民共和国全民所有制工业企业法》颁布实施，明确了“中国共产党在企业中的基层组织，对党和国家的方针、政策在本企业的贯彻执行实行保证监督”。1992年国务院发布的《全民所有制工业企业转换经营机制条例》要求，“发挥中国共产党的基层组织在企业中的政治核心作用”。

进入建立现代企业制度时期后，如何把握党组织在公司法人治理结构中的定位，成为一个重大的理论和实践课题。1993年11月，中共十四届三中全会提出：“实行公司制的企业，要按照有关法规建立内部组织机构。企业中的党组织要发挥政治核心作用，保证监督党和国家方针政策的贯彻执行。”2004年，中共十六届四中全会提出：“国有企业党组织要充分发挥政治核心作用。”中共十七届四中全会明确要求，国有企业党组织要“保证党组织参与决策、带头执行、有效监管、发挥政治核心作用”。这进一步明确了国有企业党组织发挥政治核心作用的着力点、目标任务和实现途径。

“双向进入、交叉任职”是完善现代公司治理结构与发挥党组织政治核心作用相结合的有效途径。2004年开始的董事会试点工作，积极探索，19家董事会试点企业坚持“双向进入”，加强和改进企业党建工作，企业党组织在决策、执行、监督三个环节发挥政治核心作用。2011年，中央企业总部及二级以上1129家公司制企业中董事和监事9361人，党委（党组）成员7718人，其中党委（党组）成员进入董事会、监事会的有3219人，党委（党组）书记、董事长由一人兼任的企业数量为328户①。

党的十八大以来，国有企业管党治党意识显著增强。2015年6月，在

① 国有企业党建研究专业委员会：《国有企业党建研究专业委员会2014年度课题成果选编》，中国财富出版社，2015。

《关于在深化国有企业改革中坚持党的领导加强党的建设的若干意见》中提出："党在国有企业中的领导地位，只能加强，不能削弱。充分发挥党组领导核心作用、党委政治核心作用、基层党组织战斗堡垒作用和党员先锋模范作用；把加强党的领导和完善公司治理统一起来，明确国有企业党组织在公司法人治理结构中的法定地位。"[①] 以此要求为指导，一系列政策文件的出台明确了国有企业党组织内嵌到公司治理结构的工作要求，为更好地建设中国特色现代企业制度奠定了制度基础。

2016 年 10 月 10 日，全国国有企业党的建设工作会议在北京举行，习近平总书记在会议上强调："坚持党对国有企业的领导是重大政治原则，必须一以贯之；建立现代企业制度是国有企业改革的方向，也必须一以贯之。中国特色现代国有企业制度，'特'就特在把党的领导融入公司治理各环节，把企业党组织内嵌到公司治理结构之中，明确和落实党组织在公司法人治理结构中的法定地位，做到组织落实、干部到位、职责明确、监督严格。"[②] 习近平总书记指出，党对国有企业的领导是政治领导、思想领导、组织领导的有机统一。国有企业党组织发挥领导核心和政治核心作用，归结到一点，就是把方向、管大局、保落实。要明确党组织在决策、执行、监督各环节的权责和工作方式，使党组织发挥作用组织化、制度化、具体化。要处理好党组织和其他治理主体的关系，明确权责边界，做到无缝衔接，形成各司其职、各负其责、协调运转、有效制衡的公司治理机制。习近平总书记的讲话深化了对国有企业党的建设重大意义和目标任务的认识，推动了国有企业党组织领导核心和政治核心作用组织化、制度化、具体化，推动了国有企业党建工作与生产经营深度融合，推动了国有企业把党建工作成效转化为发展优势。

（二）员工角色的演化

国有企业职工地位的定性是当家做主的主人翁。1984 年 10 月，《中共中央关于经济体制改革的决定》明确要求："确立职工和企业之间的正确关系，

---

① 中央全面深化改革领导小组：《关于在深化国有企业改革中坚持党的领导加强党的建设的若干意见》，2015 年 6 月。

② 习近平：《习近平谈治国理政（第二卷）》，外文出版社，2017，第 176 页。

保证劳动者在企业中的主人翁地位……必须正确解决职工和企业的关系，真正做到职工当家做主。”①

“老三会”中与职工密切相关的就有“二会”，分别是职工代表大会和工会，这也充分反映出对于职工利益的重视。《全民所有制工业企业职工代表大会条例》规定，“职代会是国有企业中职工实行民主管理的基本形式”，实行民主集中制，由员工选举产生，在法律范围内行使职权，保障职工的合法权益和主人翁地位。职代会不是企业的最高权力机构，也不是决策的执行机构，而是拥有对企业重大决策进行审议、监督领导行为、维护职工权益等一定范围内权利的机构，引导职工积极参与本企业民主决策、民主管理、民主监督。工会与职工代表大会同属“老三会”的重要部分，有专门的《中华人民共和国工会法》（以下简称《工会法》）作为法律基础，工会是职工自愿结合的工人阶级的群众组织，按照民主集中制原则建立。《工会法》规定：“工会是职工自愿结合的工人阶级的群众组织，工会负有组织和教育职工依法行使民主权利，维护职工合法权益，发动和组织职工完成生产任务和工作任务等职责。”②

在现代企业制度的“三会一层”中，虽然没有单独设立的职工代表大会，却通过制度设计，保障员工可以进入“三会”中的各个层级，进一步提升职工的主人翁地位。“职工董事制度”是由职工大会选举的职工代表依照法律程序进入董事会代表职工行使决策的制度。职工董事与其他董事平等地进入最高权力机构“董事会”，参与公司的经营决策。对于职工董事的设置，没有强行的法定要求，《公司法》规定：“董事会成员中可以有公司职工代表，由公司职工通过职工代表大会等形式民主选举产生。”③

“职工监事制度”是指由职工大会选举的职工代表依照法律程序进入监事会中代表职工利益、检查公司财务、监督董事经理活动等履行监事职责的制度。职工监事与股东监事共同组成监事会，平等地共同行使监事会职权。相较于职工董事，对于职工监事的设置和人数有着更为严格的法定要求，《公司

---

① 中国共产党十二届三中全会：《中共中央关于经济体制改革的决定》，1984年10月。

② 《中华人民共和国工会法》，1992年4月3日。

③ 《中华人民共和国公司法》，第108条。

法》规定："监事会应当包括股东代表和适当比例的公司职工代表，其中职工代表的比例不得低于三分之一。"①

员工持股计划是员工成为国有企业股东的重要途径，用于鼓励员工分享企业成长带来的收益，同时分担企业经营带来的风险，真正激发员工的积极性。党的十八届三中全会明确提出："允许混合所有制经济实行企业员工持股，形成资本所有者和劳动者利益共同体。"员工持股计划曾经因推进效果不佳被叫停，这次得以重启，优先支持"对企业经营业绩有较大影响的科研人员、经营管理人员和业务骨干"，可以通过增资扩股、出资新设等方式，推动企业实力的增强，提振员工对企业的信心，留住人才，激发企业活力。

（三）董事会制度的建立和完善

股东与董事会之间，董事会与经理层之间，是委托代理关系，董事会对股东如何忠诚和勤勉，对经理层如何任免和激励，以及如何平衡其他利益相关者关系，是董事会作为企业最高决策机构的主要内容。董事会作为企业的决策机构，负责确定企业的发展方针、目标、纲领和投资决策，增强董事会功能是建立有效的公司治理结构的核心任务。健全董事会制度，完善运行机制，提高董事会治理水平，首先要确保董事会的独立性。董事会的运行有效需要不依附于股东特别是国有股东的意见，才能更好地做出市场化的经营决策。

长期以来，虽然有相当一批企业按照《公司法》的要求设立了董事会，但存在董事会人员与经理人员高度重合的问题，决策权与执行权没有实现分离。2005 年 4 月，国务院要求："以建立健全国有大型公司董事会为重点，抓紧健全法人治理结构、独立董事和派出监事会制度。"② 独立董事制度一度被认为可以很好地解决董事与股东之间关联关系的问题。独立董事要求必须严格独立于公司管理层之上，不可以是与公司有关联的任何人员，也不可以是管理层的亲属。独立董事受内部董事的影响较少，不代表特定群体的利益，对于企业的独立性强，加强独立董事制度的建立，聘请专业的独立董事可以

---

① 《中华人民共和国公司法》，第 117 条。

② 《国务院关于 2005 年深化经济体制改革的意见》，2005 年 4 月 4 日。

加强决策的公正性。与独立董事同步推行的还有外部董事制度。外部董事是指不担任公司行政职务的董事，其可以与公司有关联业务，较独立董事要求松一些。外部董事制度的初衷是避免内部人控制，防范国有资产流失。引入外部董事被认为可以实现决策组织与执行组织的分离，充分发挥董事会在风险管控、重大战略等方面的作用。

独立董事由股东大会投票产生，一般代表中小股东的利益；外部董事则由国资委直接任命，一般代表出资人的利益。上市公司的独立董事人数要求不得低于董事会总人数的1/3，央企的董事会一般要求外部董事的数量要过半。从2005年10月宝钢作为第一家国有企业聘用外部董事开始，国资委在2005年10月至2006年12月陆续对19家央企推行了外部董事制度试点，到2006年年底，共计聘用外部董事65名，14家企业的外部董事占董事会人员半数以上。经过10多个年头，包括在石油、钢铁、电力、通信、运输、军工等多个行业的央企已引入外部董事制度。

董事不仅是懂经营、懂管理、懂业务的人选，而且必须具备对企业勤勉、忠诚及负责任、敢担当的工作作风。在实践中，外部董事人才来源不足，为解决董事人选的储备和任用问题，《中共中央、国务院关于深化国有企业改革的指导意见》中提出“进一步加强外部董事队伍建设，拓宽来源渠道”的决策部署，建立省属国有企业外部董事人才库。2018年年中，北京、河北、山东、甘肃等地区纷纷建立了外部董事人才库，进入外部董事人才库的条件是熟悉国家宏观经济政策、理解相关法律法规、掌握国内外市场和相关行业情况、具备现代企业经营管理能力、具有履行岗位职责所必需的专业知识。年龄在60岁以下，有10年以上企业管理或相关专业担任高级经营管理职务。本科以上，具有专业职业资格或高级专业技术职称。遴选程序为：组织推荐、个人自荐、中介机构推荐；地方国资委进行初步审查核实报名信息；专家组进行评审，出具初步意见；公示；入库；根据需要由企业在人才库中进行选聘。每届任期3年，同一企业连续任职不超过6年。

目前，依然存在对于外部董事的日常管理比较薄弱、考核和履职评价体系尚不健全、激励机制不完善的问题。在聘用外部董事的国有企业中，依然查处了资金违规使用、滥发职工福利、高管贪腐等事件。究其原因，首先，外部董事肩负的职责，即对投资项目、资金使用、人事及薪酬方面监督和决策的作用还没有完全发挥出来。其次，外部董事“内部化”问题严重，行使外部董事权力流于形式，容易产生利用董事身份插手企业内部经营事务，为自身牟利的意愿，在高薪面前，缺少仗义执言的勇气。最后，在企业发生投资决策失误时，监管部门对于外部董事也很少追责，因此造成了外部董事尽心尽力履职的动力缺失。上述问题还亟待制度化管理。

（四）职业经理人市场的建立

在实行职业经理人制度之前，国有企业中由政府选派的董事和经理人员，大多有公务员背景，通过行政任命或委派。这一机制和选择范围决定了其不具有或很少具有企业经营经历，同时顾忌于仕途的双重身份，无法全身心站在企业角度寻求企业经营目标。2002 年，以国务院办公厅印发的《2002—2005 年全国人才队伍建设规划纲要》为标志，我国开启了对职业经理人制度的探索，要求在 2010 年建立职业经理人资质评价制度。2003 年，国务院国资委面向全球公开招聘了中央企业高级管理者。

在所有权、法人财产权、经营权相分离的混合所有制企业中，职业经理人全面负责其企业经营管理，掌握着企业的经营权。职业经理人是真正掌握经营管理企业技能和经验的人才，具有高度的专业素质和丰富的实践经验，这些都是企业发展中其他层级所无法替代的。在独立的经理人市场中，股东可以只考虑经理人的工作能力以及设立合理的激励机制，提高其工作积极性。职业经理人制度可以破除国有企业行政任命制，实行市场化的选聘和管理职业经理人，为企业治理能力的提升开启动力之源。

在《中共中央关于全面深化改革若干重大问题的决定》中，专门对深化国资国企改革中的职业经理人制度作出论述，明确指出国有企业要合理增加市场化选聘职业经理人的比例，合理确定并严格规范国企管理人员的薪酬水平和职务待遇。为职业经理人创造机遇和发展平台，培育职业经理人市场，对国有企业的发展、减少行政任命、避免人情干预、适应激烈的市场竞争具有十分重要的意义。

在 2015 年国企改革“1 + N”文件中，包括《中共中央、国务院关于深化国有企业改革的指导意见》《关于深化人才发展体制机制改革的意见》《关于进一步深化中央企业劳动用工和收入分配制度改革的指导意见》等。对职业经理人制度的改革方向逐步明确："畅通现有经营管理者与职业经理人身份转换通道，董事会按市场化方式选聘和管理职业经理人，合理增加市场化选聘比例。"①

国资委在2015年指导宝钢、中国节能、国药集团由企业董事会选聘了5名副总经理，由新兴际华董事会选聘了总经理，实行聘任制和契约化管理②。在2016年的国有企业"十项改革试点"中，就包括了推行职业经理人制度试点。2017年1月，上海和北京的地方国企也都开始选择处于充分竞争领域的商业类企业推出职业经理人改革试点。

目前，对职业经理人的管理和考核机制是，董事会按照市场化竞争机制进行契约化的选聘和解聘，优胜劣汰，双向选择，自由流动。职业经理人主要考核企业绩效和管理水平的提升，对其的激励和评价完全按照市场化方式进行，实行市场化薪酬，有短期的薪酬结构设计，也可选择长期的股票期权等激励机制，聘任关系终止后，一并解除劳动合同，"市场化来、市场化去"，有效的退出机制能够保证职业经理人市场的活力。

（五）创新监事制度

从1998年开始，根据《国务院稽察特派员条例》的规定，我国开始实行国务院稽察特派员制度。由国务院设稽察特派员总署，代表国家对国有重点大型企业行使监督权力，机构下设在人事部。一般设置稽察特派员1名和稽察特派员助理若干，对国务院负责，对国有重点大型企业在财务和主要负责人员经营管理业绩方面进行监督。

2000年2月1日，国务院第26次常务会议通过了《国有企业监事会暂行条例》。国务院对国有重点大型企业派出监事会，代表国家对国有重点大型企业的国有资产保值增值情况进行监督。其中，监事会主席由国务院任命，专职监事由监事会管理机构任命，监事会中的企业职工代表由企业民主选举产生。

---

① 《中共中央、国务院关于深化国有企业改革的指导意见》（中发〔2015〕22号），2015年8月24日。

② 江苏省国资委课题组：《国企改革十大难题》，江苏人民出版社，2016。

2003年3月16日，国务院国资委成立，此后国有重点大型企业监事会均由国务院国资委代管，负责监事会的日常管理工作和国有资产保值增值状况。据统计，“党的十八大以来，针对监事会提示提醒的问题和风险，由中央企业采取措施落实整改而累计挽回损失及降低风险敞口2400多亿元”①。作为国务院国资委监管工作监督的专门力量，监事会发挥了重要作用。

但是，监事会一直面临独立性不足的问题。监事会向国务院负责，由国务院国资委派驻，包括股东代表和适当比例的公司职工代表，不同于凌驾于董事会之上的国外惯例，我国的监事会处于与董事会地位平行的位置上，对董事会及股东的行为监督效果有限。目前国企的监管模式，往往是事后监督，随着近年来国有企业所有权和经营权的分离、法人治理体系的逐步完善、市场化程度的提高，监事会能发挥的功能有所削弱，相对于董事会和股东会，监事会运作还是一个薄弱环节。

2018年3月，第十三届全国人民代表大会第一次会议批准：“不再设立国有重点大型企业监事会，其职责与国家发展和改革委员会的重大项目稽察、财政部的中央预算执行情况和其他财政收支情况的监督检查、国务院国资委的国有企业领导干部经济责任审计一并划入审计署。”② 未来国有企业的监事机构是外派还是内设监事会，还需要审计署在监督制度方面的进一步创新。

（六）“老三会”与“新三会”（“新四会”）的融合

“老三会”（党委会、职代会、工会）在传统体制下为国有企业的发展发挥了有益作用，是传统国有企业制度中的精髓。国有企业按照现代企业制度建立了“新四会”（股东会、董事会、监事会、党委会）之后，如何处理好“老三会”和“新四会”之间的关系，是治理结构改革的关键。

党委会是国有企业中的政治核心，中共十五届四中全会提出，要把党管干部、董事会依法选择经营管理者、经营管理者依法行使人事权结合起来，采取党委会与董事会、经理层“双向进入，交叉任职”，并明确了“党委书记

① 国务院国资委：《国资委公布国有重点大型企业监事会对中央企业年度监督检查情况》，2018年1月11日。

② 十三届全国人大一次会议：《国务院机构改革方案》，2018年3月17日。

和董事长可以由一人担任，董事长、总经理原则上分设。党委会主要负责人可以通过法定程序进入董事会、监事会，以董事的名义参与公司决策，以监事的名义对公司的决策和执行情况进行监督”①。

职代会在传统制度中，是代表工人群众参与企业管理与监督的机构，继续实现这一职能，可以由职工代表入选职工监事进入监事会，继续履行对职工企业决策和执行的监督职责，也可以通过员工持股计划，实现职工向股东身份的转换，以职工股东代表进入股东大会，实行股东权利。

工会在传统制度中，是为了维护职工的合法权益、保障职工利益、对企业经营者进行监督。在员工工资、福利、安全生产、劳动保护、劳动保险等涉及员工切实利益的事项决策时，可以听取员工意见，邀请员工代表列席董事会，职工代表可入选职工监事进入监事会，对相关政策代表员工提出意见。

---

① 中共中央办公厅：《中央组织部、国务院国资委党委关于加强和改进中央企业党建工作的意见》，2005年1月23日。

第六章　国有企业劳动制度改革

2015 年 8 月 24 日，中共中央、国务院发布的《中共中央、国务院关于深化国有企业改革的指导意见》中指出，要“构建和谐劳动关系，依法规范企业各类用工管理，建立健全以合同管理为核心、以岗位管理为基础的市场化用工制度，真正形成企业各类管理人员能上能下、员工能进能出的合理流动机制”。作为国有企业三个制度之一，劳动制度确立了劳动者的权利与义务，其演变发展的过程是国家经济繁荣、社会和谐、文明进步的一个基本标志①。在社会主义现代化经济体制下，随着改革进程的逐步深入，国有企业劳动制度已成为影响国民经济发展及社会建设的重要因素。

劳动制度是指与劳动者参加和退出社会劳动有关的各种制度的总称，包括培训制度、就业制度、用工制度、调配制度、奖惩制度、劳动保护制度等。经济体制改革的推进及劳动制度的不断完善将充分调动劳动者的积极性和创造力，增强社会主义的经济活力。计划经济体制下国有企业劳动制度越来越不适应市场经济体制的需要。传统僵化的用工制度限制了劳动者的流动性且抑制了劳动力在区域和企业之间配置的优化，新型劳动关系要求国有企业充分利用劳动力市场满足自身的用工需求，进而实现整体劳动力配置的优化。同时，市场机制在调动劳动者的积极性和创造性、利益协调等问题上更有优势。尤其是在经济转轨的关键时期，市场机制有利于促进劳动力的流动，增强劳动者的竞争意识，为我国国民经济布局在区域之间调整提供支撑。

改革开放以来，随着公司制改革的深入以及现代企业制度的逐步完善，国有企业的产权结构发生了显著的改变，使得企业内部的劳动关系发生了转

---

① 郭军：《从政府和市场关系看中国劳动关系制度的演变》，《毛泽东邓小平理论研究》2015 年第 3 期。

变。劳动关系问题实质上是经济利益问题[①]，直接表现为劳动者与政府、劳动者与国有企业管理层之间的利益关系。劳动关系除了影响社会稳定，还关系着国家对劳动立法的修改以及产业政策的制定。回顾1978年中共十一届三中全会以来国有企业劳动关系及劳动制度的演变，有利于总结和认识国有企业劳动制度改革的经验、路径及现状，进而指导下一步改革的方向与措施。

一、放权让利阶段劳动制度改革

（一）劳动制度演进

中共十一届三中全会报告中指出，经济管理体制必须进行改革，要“充分调动干部和劳动者的生产积极性”，标志着我国开始建立以市场机制为主的社会主义经济体制。中共十一届三中全会后，国营企业内部建立各种形式的经济责任制[②]。1978—1992年，针对计划经济时期国营企业内部形成的“稳定”劳动关系，政府在国营企业的就业和用工两个方面出台了多项政策，转变劳动关系管理模式，尝试进行劳动力市场的建设。

1979年4月，中共中央工作会议决定，自1979年起，用3年时间对国民经济实行“调整、改革、整顿、提高”的方针，明确提出要扩大企业自主权，把企业经营好坏同职工的物质利益挂钩。

1980年，上海开始试点实施劳动合同制度。1982年，试点范围扩大至北京、广西、广东、河南、甘肃等地区。1982年1月，中共中央、国务院发布《中共中央、国务院关于国营工业企业进行全面整顿的决定》，明确了整顿领

① 陈微波：《利益分析视角下我国国有企业劳动关系的定位思考》，《当代经济研究》2011年第10期。

② 经济责任制是指在社会主义经济活动中所明确规定的国家与企业之间、企业相互之间、企业内部各个环节之间以及劳动者个人在生产经营活动中各自承担的义务和责任，应有的权力和利益的制度。经济责任制的基本原则是责、权、利相结合，国家、集体、个人利益相统一，职工劳动所得同劳动成果相联系。建立经济责任制是社会化大生产和国民经济有计划发展及民主管理的客观要求，有利于调动企业和劳动者的积极性及推进社会主义现代化经济建设。

导班子、职工队伍、管理制度、劳动纪律、党的作风和加强思想政治教育六个方面的工作。1983 年 2 月，劳动人事部下发《劳动人事部关于积极试行劳动合同制的通知》中，要求已经试行劳动合同制的地区和单位适当加快改革的步伐，尚未试行的省、自治区、直辖市要求在 1983 年内抓好一两个市、县的改革试点，并逐步推广。

劳动合同制的基本特征，是按照平等互利和协商一致的原则，通过签订合同的形式，规定劳动者和用人单位双方各自的责、权、利。这种把劳动合同与经济责任紧密结合起来的做法，可以有效地克服“大锅饭”“铁饭碗”带来的种种弊端，能够体现劳动者与生产资料的紧密结合，更好地体现多劳多得、少劳少得、不劳不得的社会主义分配原则，有利于企业改善经营管理，有利于劳动者充分发挥自己的积极性和创造性，从而提高经济效益及劳动生产率。劳动合同的主要内容一般包括：生产或工作任务、合同期限、试用期限、劳动时间、劳动报酬、劳动保护、劳动保险与生活福利、解除合同的条件、违反合同所应负的责任、双方商定的其他权利和义务。

1984 年 5 月，中共中央办公厅、国务院办公厅印发《关于认真搞好国营工业企业领导体制改革试点工作的通知》，确定“在大连市和常州市的全部国营工业企业及北京、天津、上海、沈阳四市的部分国营企业中进行劳动体制改革试点”。

1985 年 1 月，国务院印发《国务院关于国营企业工资改革问题的通知》，决定“从 1985 年开始，在国营大中型企业中，实行职工工资总额同企业经济效益按比例浮动的办法”。7 月，国务院颁发修订后的《国营企业奖金税暂行规定》和《国营企业工资调节税暂行规定》，这是在继调整中央财政与地方财政、政府财政与企业的利益关系后，对财政税收与企业及个人收入关系进行调整的重要举措。

1986 年，国务院先后下发《国营企业实行劳动合同制暂行规定》《国营企业招用工人暂行规定》《国营企业辞退违纪职工暂行规定》和《国营企业职工待业保险暂行规定》四份文件。

《国营企业实行劳动合同制暂行规定》指出：“企业在国家劳动工资计划指标内招用常年性工作岗位上的工人，除国家另有特别规定者外，统一实行劳动合同制。”希望通过合同制的灵活性来增强企业活力，提高劳动者的积极性和创造性。

在《国营企业招用工人暂行规定》中通过改革招工制度，保证招工质量，提高工人队伍素质。

在《国营企业辞退违纪职工暂行规定》中指出了辞退职工的7种情形。

在《国营企业职工待业保险暂行规定》中指出了保障职工待业基本生活的保险基金管理办法，促进劳动力合理流动。

基于1986年以来国营企业劳动关系改革取得的进展，1992年1月，劳动部、国务院生产办、国家体改委、人事部、全国总工会联合印发《关于深化企业劳动人事、工资分配、社会保险制度改革的意见》，要求“在企业内部真正形成‘干部能上能下、职工能进能出、工资能升能降’的机制”。2月，劳动部下发《劳动部关于扩大试行全员劳动合同制的通知》，要求：“试行全员劳动合同制，重点是在国营大、中型企业和新建国营企业，其他有条件的企业也要积极试行。在企业内部，试行全员劳动合同制的范围包括企业干部、固定工人、劳动合同制工人及其他工人。”6月，劳动部、国家体改委印发《股份制试点企业劳动工资管理暂行规定》。10月，劳动部、国家计委、国家体改委、国务院经贸办发出《关于国家试点企业集团劳动工资管理的实施办法（试行）》。

劳动合同制在全国范围内的逐步推广，重建了国营企业内部的劳动关系，为劳动力市场的建设奠定了基础，改变了计划经济时期国营企业劳动关系下利益一致的格局。劳动者就业转变为“自主择业、合同雇佣”的模式，企业管理层可以根据劳动者的绩效采取相应的激励措施，改善了内部的激励机制，国营企业的整体绩效得以提升。经过放权让利阶段的过渡，管理层对于企业内部事务的权力得到加强，劳动者在企业内部的权利则受到合同的约束。国营企业的管理层与劳动者均成为独立主体，劳动关系双方由政府与企业转变为管理层与劳动者，企业内部利益格局的分化不断加剧，劳资冲突开始出现。

（二）就业状况变化

1978—1992年，国营企业就业人数逐年增加，从1978年的7451万人增加至1992年的10889万人，增长了46.14%（见图6-1）。

经过放权让利的过渡，国营企业的经营活力得到一定程度的提升，就业

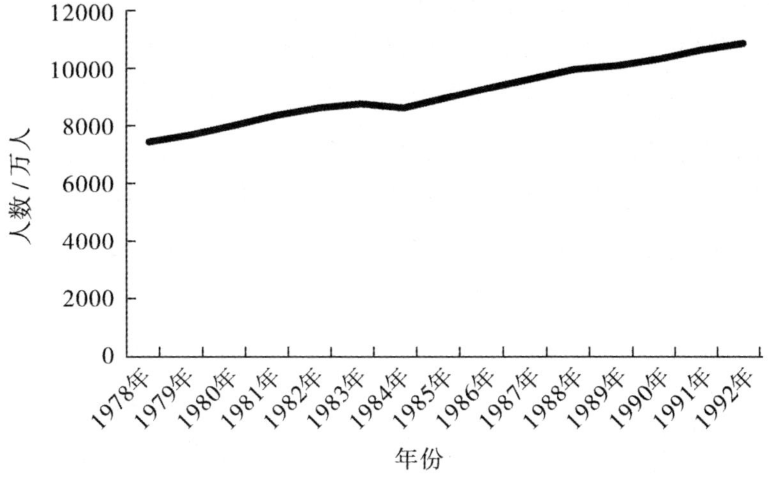

图 6-1　1978—1992 年国营企业就业人数

资料来源：《新中国六十年统计资料汇编》《中国统计年鉴》。

人员的平均工资逐年提高，从 1978 年的 644 元提高至 1992 年的 2878 元，增长了 346. 89% （见图 6-2）。

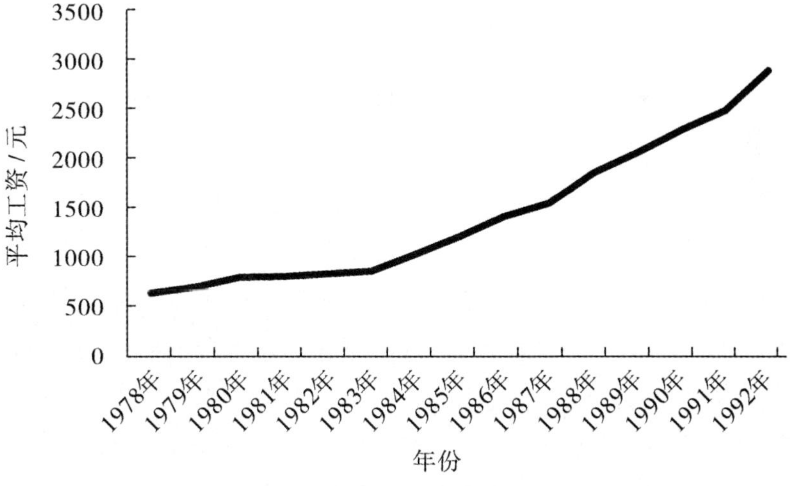

图 6-2　1978—1992 年国营企业就业人员平均工资

资料来源：《新中国六十年统计资料汇编》《中国统计年鉴》。

从 1981—1992 年地区之间国营企业就业人数来看，东部地区国营企业的就业人数最多，中部地区次之，西部地区最少。1981 年，东部地区国营企业就业人数有3571.6万人，中部地区有3121.8万人，西部地区有1678.8万人；1992年东部地区国营企业就业人数达到6891.5万人，中部地区为5250.5万人，西部地区为2643.1万人（见图6-3）。1981—1992年，东部地区国营企业就业人数增长92.95%，中部地区增长68.19%，西部地区增长57.44%。按照市场化改革从沿海向内地扩张的顺序，东部地区市场化程度最高，国营企业单位数量最多，职工人数增长较快，中、西部地区改革进程慢于东部地区。

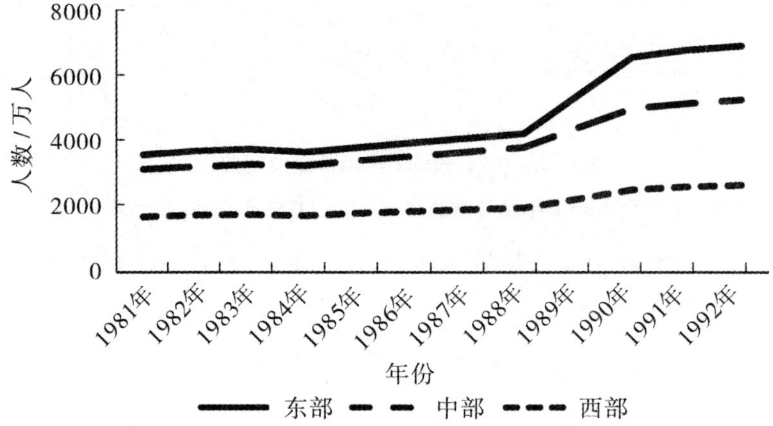

图6-3　1981—1992年国营企业就业人数地区分布

资料来源：《新中国六十年统计资料汇编》《中国统计年鉴》。

按照隶属关系分，1978—1992年，中央和地区的国营企业就业人数保持增长趋势，县及县以下的国营企业就业人数没有发生明显变化，省、自治区、直辖市的国营企业就业人数出现下降。1978年，中央国营企业就业人数为797万人，省、自治区、直辖市的国营企业就业人数为2281万人，地区国营企业就业人数为1971万人，县及县以下的国营企业就业人数为2402万人；1992年，中央国营企业就业人数为2304万人，省、自治区、直辖市的国营企业就业人数为1814万人，地区国营企业就业人数为4044万人，县及县以下的国营企业就业人数为2727万人（见图6-4）。

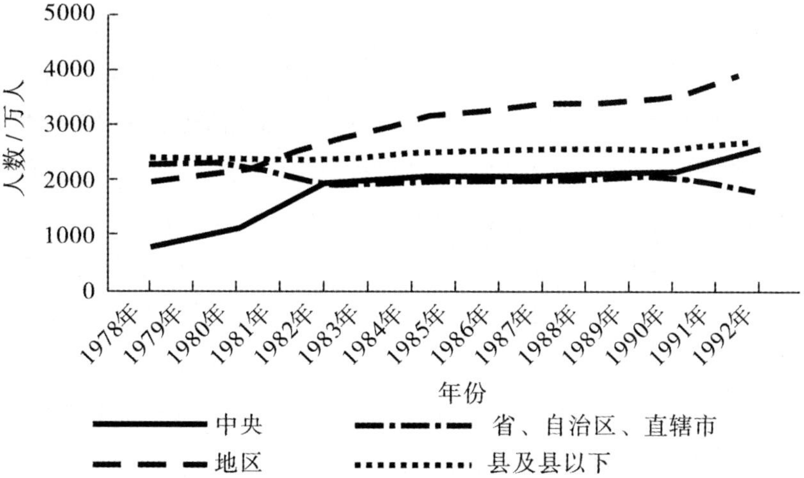

图 6-4 1978—1992 年按隶属关系分国营企业就业人数

资料来源：《中国劳动统计年鉴》。

二、制度创新阶段劳动制度改革

（一）劳动制度演进

1992 年 10 月，中共十四大报告中指出：要使市场在国家宏观调控下对资源配置起基础性作用。1993 年 11 月，中共十四届三中全会通过《中共中央关于建立社会主义市场经济体制若干问题的决定》中指出：“要进一步转换国有企业经营机制，建立适应市场经济要求，产权清晰、权责明确、政企分开、管理科学的现代企业制度。”现代企业制度下，国有企业会按照市场化要求运作，在资源配置和要素优化两个方面提高效率，通过市场机制调节微观主体行为以及宏观经济运行。1997 年 9 月，中共十五大报告中指出，“要建设有中国特色的社会主义市场经济”，公有制实现形式可以而且应当多样化，非公有制经济是中国社会主义市场经济的重要组成部分。2003 年 10 月，中共十六届三中全会通过《中共中央关于完善社会主义市场经济体制若干问题的决定》中指出，社会主义市场经济体制初步建立，要“更大程度地发挥市场在资源配置中的基础性作用”。

对于市场机制的认识转变，为国有企业的发展提供了契机。以“用工、工资、人事”三个方面为突破口，国有企业内部开始进行劳动关系调整，打破传统体制下工资只升不降、人员只进不出、职务只上不下以及终身雇佣制给企业发展带来的僵局。通过实行工资总额同企业经济效益挂钩的办法，打破企业内部吃“大锅饭”的局面，加强对员工的工作激励；通过赋予有条件的大中型生产企业进出口经营权，强化企业改善绩效的动机和意愿；通过转变政府职能，改变国家对国有企业统包统管，企业事事依赖政府的传统做法，鼓励企业自主自立，独立承担风险，经营状况不佳的企业应依法破产；通过变更国有企业隶属关系，优化行政审批流程，提高审批效率。随着我国大力发展非国有经济以及部分领域逐步对外资实施开放，国内市场环境得到改善，国有企业经营绩效得以增强。

1993年4月，国务院授权劳动部等部门联合发布《国有工业企业工资总额同经济效益挂钩规定》，深化国有企业工资制度改革，建立健全工资总量调控机制，促进企业经营机制的转变和经济效益的提高。工资制度是有关工资的原则、形式、办法和规定的总称。合理化的工资形式，有利于贯彻按劳分配的原则，促进劳动者积极提高劳动技能和熟练程度，从而增强企业的活力，提高经济效益。

1993年6月，劳动部、国家经贸委、国家体改委印发《关于印发〈全民所有制企业工资总额管理暂行规定〉的通知》，适应建立社会主义市场经济体制的需要，加强和改善企业工资总额管理和宏观调控。7月，国务院颁发《中华人民共和国企业劳动争议处理条例》，自8月1日起施行。

1993年11月，中共十四届三中全会通过的《中共中央关于建立社会主义市场经济体制若干问题的决定》中指出，社会主义市场经济体制下要遵循以按劳分配为主体的个人分配制度。按劳分配是社会主义个人消费品分配的经济规律，是在社会总产品做了社会必要扣除后，以劳动为尺度、劳动者按照为社会提供的劳动的数量和质量，领取等量的个人消费品。社会主义国家按照按劳分配的要求，实行按劳分配原则，多劳多得，少劳少得，不劳不得。按劳分配是由生产资料社会主义公有制以及生产过程中旧分工的存在，特别是体力劳动和脑力劳动这一旧分工的存在所决定的。实行按劳分配，实现了劳动者在劳动面前人人平等，消灭了剥削。但由于劳动者的劳动能力、劳动的复杂程度和熟练程度的差别以及赡养家庭人口的多少不同，不可避免地产生生活水平的差异，这就必然存在着事实上的不平等。劳动者的劳动所得既应有合理的差别，但又不能过于悬殊。另外，贯彻按劳分配必须反对平均主义。

1994 年 7 月，八届全国人大常委会第八次会议通过《中华人民共和国劳动法》，自 1995 年 1 月 1 日起施行。2004 年 1 月，劳动部颁布《集体合同规定》，协调处理集体合同争议，加强集体合同管理。

2001 年 3 月，国家经贸委、人事部、劳动和社会保障部颁发的《关于深化国有企业内部人事、劳动、分配制度改革的意见》中指出，建立与社会主义市场经济体制和现代企业制度相适应，能够充分调动广大职工积极性的企业用人和分配制度，尽快形成“企业管理人员能上能下、职工能进能出、收入能增能减”的机制。

（二）就业状况变化

1993—2003 年，国有企业就业人数出现下降，就业人员的平均工资稳步上涨。1993 年，国有企业就业人数为 10920 万人，平均工资为 3532 元；2003 年，国有企业就业人数下降至 6875.6 万人，平均工资上涨至 14358 元。1993—2003 年，国有企业就业人数减少 37.04%，平均工资增长 306.51%（见图 6-5 和图 6-6）。

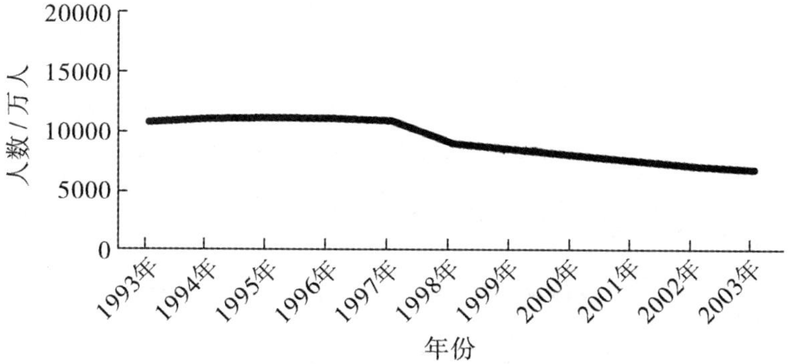

图 6-5　1993—2003 年国有企业就业人数

资料来源：《中国统计年鉴》。

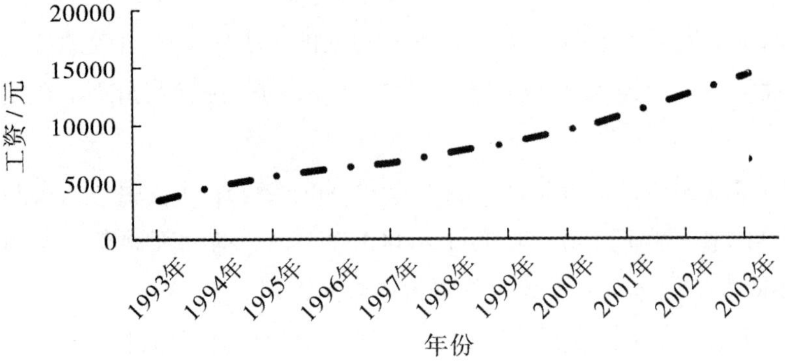

图6-6　1993—2003年国有企业就业人员平均工资

资料来源：《中国统计年鉴》。

1993年，东部地区国有企业就业人数为6940.4万人，中部地区为5266.9万人，西部地区为2654.8万人；2003年，东部地区国有企业就业人数为3290.9万人，中部地区为2446.7万人，西部地区为1445万人。1993—2003年，东部地区国有企业就业人数减少3649.5万人，减少52.58%；中部地区减少2820.2万人，减少53.55%；西部地区减少1209.8万人，减少45.57%（见图6-7）。

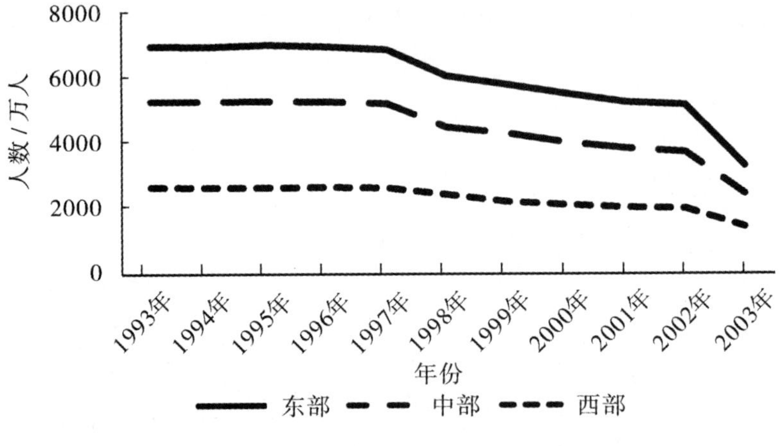

图6-7　1993—2003年分地区国有企业就业人数

资料来源：《中国劳动统计年鉴》。

1993年，中央国有企业就业人数为2321万人，省、自治区、直辖市的国有企业就业人数为 2024 万人，地区国有企业就业人数为 2763 万人，县及县以下的国有企业就业人数为 3781 万人，其他国有企业就业人数为 30 万人；2003 年，中央国有企业就业人数为 1234. 2 万人，省、自治区、直辖市的国有企业就业人数为 1113. 9 万人，地区国有企业就业人数为 1295. 9 万人，县及县以下的国有企业就业人数为 2952. 6 万人，其他国有企业就业人数为 24. 6 万人（见表 6－1）。1993—2003 年，中央国有企业就业人数减少 1086. 8 万人，减少 46. 82%；省、自治区、直辖市的国有企业就业人数减少 910. 1 万人，减少 44. 97%；地区国有企业就业人数减少 1467. 1 万人，减少 53. 10%；县及县以下的国有企业就业人数减少 828. 4 万人，减少 21. 91%；其他国有企业就业人数减少 5. 4 万人，减少 18. 00%。

表 6－1　1993—2003 年按隶属关系分国有企业就业人数

年份	中央/万人	省、自治区、直辖市/万人	地区/万人	县及县以下/万人	其他/万人
1993	2321. 0	2024. 0	2763. 0	3781. 0	30. 0
1994	2371. 2	1859. 1	2821. 9	4150. 7	11. 1
1995	2355. 8	1833. 8	2843. 5	1532. 5	8. 3
1996	2329. 7	1793. 5	2809. 9	4300. 5	10. 0
1997	2306. 7	1776. 9	2668. 8	4276. 9	14. 9
1998	1869. 0	1522. 3	1975. 3	3676. 2	15. 3
1999	1696. 0	1399. 9	1790. 1	3437. 2	12. 9
2000	1558. 7	1313. 3	1669. 6	3322. 1	13. 7
2001	1414. 7	1243. 6	1538. 7	3192. 6	19. 5
2002	1307. 0	1165. 5	1382. 5	3033. 8	35. 0
2003	1234. 2	1113. 9	1295. 9	2952. 6	24. 6

资料来源：《中国劳动统计年鉴》。

为保障国有企业劳动关系改革的有序推进，国家陆续出台相关法规加强引导：1992 年 4 月，第七届全国人民代表大会第五次会议通过《中华人民共和国工会法》；1993 年 6 月，国务院通过《中华人民共和国企业劳动争议处理条例》；1994 年 7 月，第八届全国人民代表大会常务委员会通过《中华人民共和国劳动法》；1998 年 12 月，国务院发布《国务院关于建立城镇职工基本医疗保险制度的决定》；1999 年 1 月，国务院颁布《失业保险条例》；1999 年 11 月，劳动和社会保障部发布《劳动和社会保障行政复议办法》；2003 年 4 月，国务院通过《工伤保险条例》。

随着市场机制在国民经济中的地位不断提高，国有企业逐步摆脱行政干预，成为“权责明确、自负盈亏”的经济主体。国企高管对于企业经营的权力不断强化，主导着对企业内部劳动者的管理，管理层与劳动者之间的利益格局发生变化，利益出现分化，利益冲突显性化。2001 年 8 月，国家成立三方协调机制以协调劳动关系。然而，在国有企业内部确立市场对于劳动关系的调控机制的过程中，仍会引起劳资双方的冲突，1996—2003 年，国有企业内部的劳动争议案件数以及劳动者当事人数逐年增加。1996 年，国有企业内部的劳动争议案件数为 16390 件，涉及劳动者当事人数为 36989 人；2003 年，国有企业内部的劳动争议案件数为 48771 件，涉及劳动者当事人数为 309439 人（见表 6-2）。1996—2003 年，国有企业内部的劳动争议案件数增加 197.57%，涉及劳动者当事人数增加 736.57%。劳动关系紧张导致短期的劳动供给不足，影响国民经济发展。

表 6-2　1996—2003 年国有企业劳动争议案件情况

年份	1996	1997	1998	1999	2000	2001	2002	2003
案件数 / 件	16390	18546	22195	26726	32715	42873	45215	48771
劳动者当事人数 / 人	36989	50529	76525	83294	108457	154641	206182	309439

资料来源：《中国劳动统计年鉴》①。

① 根据 1997—2004 年的《中国劳动统计年鉴》整理所得，1996 年之前及 2005 年之后均没有统计分所有制的劳动争议处理情况。

三、国资监管时期劳动制度改革

（一）劳动制度演进

2003 年 6 月，根据中华人民共和国第十届全国人民代表大会第一次会议批准的国务院机构改革方案和《国务院关于机构设置的通知》，成立国务院国有资产监督管理委员会（简称“国务院国资委”），改变了国有企业多头治理的局面，标志着国有企业改革从管企业过渡到管资产，更加突出国家的出资人权益以及产权关系。国务院国资委依法代表国家履行出资人职责，着重推进国企改革重组、国有资产保值增值、国有企业内部建立现代企业制度以及国有经济布局 4 个方面的工作。国务院国资委的成立，也意味着国有企业劳动关系的改革进入新的阶段。

由劳动和社会保障部制定的《集体合同规定》于 2004 年 5 月 1 日起施行。1994—2004 年，全国签订集体合同约 70 万份，涉及职工 8000 多万人，有 3 万多家企业开展了工资集体协商①。

2006 年 10 月，中共十六届六中全会通过的《中共中央关于构建社会主义和谐社会若干重大问题的决定》中指出，要发展和谐劳动关系，完善劳动关系协调机制，全面实行劳动合同制度和集体协商制度。2007 年 6 月，中华人民共和国第十届全国人民代表大会常务委员会第二十八次会议通过《中华人民共和国劳动合同法》，规范劳动关系。2007 年 10 月发布的中共十七大报告中指出，要规范和协调劳动关系。

2011 年 3 月发布的《中华人民共和国国民经济和社会发展第十二个五年规划纲要》中指出，要促进就业和构建和谐劳动关系。2012 年 11 月发布的中共十八大报告中指出，要健全劳动标准体系和劳动关系协调机制，加强劳动保障监察和争议调解仲裁，构建和谐劳动关系。2013 年 11 月，中共第十八届中央委员会第三次会议通过的《中共中央关于全面深化改革若干重大问题的

① 章迪诚、张星伍：《中国国有企业改革的正式制度变迁》，经济管理出版社，2008，第 284 页。

决定》中指出，要创新劳动关系协调机制，畅通职工表达合理诉求渠道。通过政策引导加强劳动关系建设，完善劳动协调机制，仍然是国有企业改革的重要工作之一。

（二）就业状况变化

2004年，国有企业就业人员有6709.9万人，就业人员平均工资为16445元；2016年，国有企业就业人员有6169.8万人，就业人员平均工资为72538

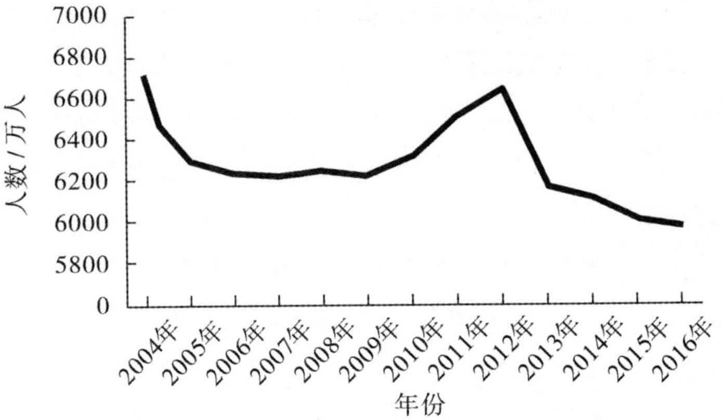

图6-8　2004—2016年国有企业就业人数

资料来源：《中国统计年鉴》。

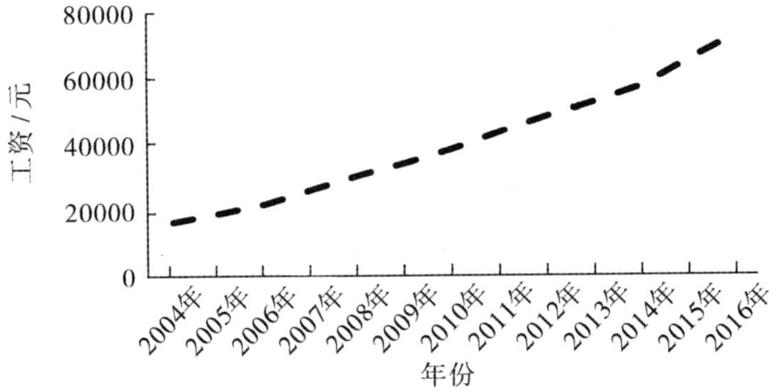

图6-9　2004—2016年国有企业平均工资

资料来源：《中国统计年鉴》。

元。2004—2016 年，国有企业就业人员减少 540.1 万人，减少 8.05%，受到美国次贷危机和欧债危机的影响，2009—2012 年国有企业吸纳劳动力数量逐年增加，2013—2016 年国有企业就业人员数量再次出现下降；2004 年—2016 年，就业人员平均工资增加 56093 元，增长 341.09%，维持逐年递增的趋势（见图 6-8 和图 6-9）。

2004 年，东部地区国有企业就业人数为 3220.5 万人，中部地区为 2373.7 万人，西部地区为 1401.8 万人；2015 年，东部地区国有企业就业人数为 2418.4 万人，中部地区为 2277.9 万人，西部地区为 1392.4 万人（见图 6-10）。2004—2015 年，东部地区国有企业就业人数减少 802.1 万人，减少 24.91%；中部地区减少 95.8 万人，减少 4.04%；西部地区减少 9.4 万人，减少 0.67%。在市场化建设上，东部地区的速度要快于中部和西部地区，国有企业就业人数下降的幅度较为明显。

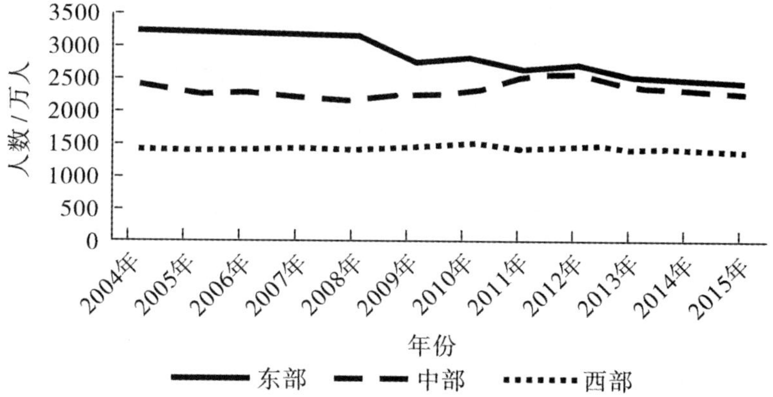

图 6-10　2004—2015 年分地区国有企业就业人数

资料来源：《中国劳动统计年鉴》。

2005 年，大型国有企业就业人数为 1894.5 万人，中型国有企业就业人数为 1130.4 万人，小型国有企业就业人数为 907.4 万人；2015 年，大型国有企业就业人数为 1960.4 万人，中型国有企业就业人数为 746.8 万人，小型国有企业就业人数为 322.6 万人（见表 6-3）。2005—2015 年，大型国有企业就业人数增加 65.9 万人，增长 3.48%；中型国有企业就业人数减少 383.6 万人，减少 33.93%；小型国有企业就业人数减少 584.8 万人，减少 64.45%。微型国有企业就业人数则从 2011 年的 116.9 万人减少至 2015 年的 75.9 万人，减少41万人，减少35.07%。2005—2015年，除了大型国有企业就业人数增加以外，其他国有企业就业人数均出现下降。

表6-3　2005—2015年按规模分国有企业就业人数

年份	大型/万人	中型/万人	小型/万人	微型/万人
2005	1894.5	1130.4	907.4	—
2006	1884.6	1061.0	829.0	—
2007	2853.0	475.4	409.7	—
2008	2896.6	429.9	345.8	—
2009	—	—	—	—
2010	2010.0	1115.3	632.5	—
2011	2304.4	1057.8	435.1	116.9
2012	2304.1	1049.9	436.3	110.2
2013	2337.6	1032.7	440.9	111.4
2014	1964.9	746.5	324.9	70.5
2015	1960.4	746.8	322.6	75.9

资料来源：《中国国有资产监督管理年鉴》。

2005年，基础性产业国有企业就业人数为2072.3万人，一般生产加工行业国有企业就业人数为1311.4万人，商贸服务及其他行业国有企业就业人数为548.6万人；2015年，基础性产业国有企业就业人数为1641.8万人，一般生产加工行业国有企业为856.3万人，商贸服务及其他行业国有企业就业人数为607.6万人（见表6-4）。2005—2015年，基础性产业国有企业就业人数减少430.5万人，减少20.77%；一般生产加工行业国有企业就业人数减少455.1万人，减少34.70%；商贸服务及其他行业国有企业就业人数增加59万人，增长10.75%。2005—2015年，第一、第二产业的国有企业就业人数减少了，第三产业的国有企业就业人数增加了。

表 6-4　2005—2015 年按产业作用分国有企业就业人数

年份	基础性产业/万人	一般生产加工行业/万人	商贸服务及其他行业/万人
2005	2072.3	1311.4	548.6
2006	1985.0	1247.0	542.7
2007	2005.7	1128.7	603.7
2008	2024.4	1068.6	576.4
2009	—	—	—
2010	2028.8	1103.2	625.9
2011	1984.5	1192.3	737.4
2012	1972.6	1146.4	781.6
2013	1971.0	1158.6	792.9
2014	1693.7	843.9	562.7
2015	1641.8	856.3	607.6

资料来源：《中国国有资产监督管理年鉴》。

2004 年，中央国有企业就业人数为 1194.8 万人，省、自治区、直辖市国有企业就业人数为 1071.8 万人，地区国有企业就业人数为 1227.6 万人，县及县以下国有企业就业人数为 2920.9 万人，其他国有企业就业人数为 23.1 万人；2015 年，中央国有企业就业人数为 854.6 万人，省、自治区、直辖市国有企业就业人数为 838.9 万人，地区国有企业就业人数为 1154.1 万人，县及县以下国有企业就业人数为 3224.7 万人，其他国有企业就业人数为 136 万人（见表 6-5）。2004—2015 年，中央国有企业就业人数减少 340.2 万人，减少 28.47%；省、自治区、直辖市国有企业就业人数减少 232.9 万人，减少 21.73%；地区国有企业就业人数减少 73.5 万人，减少 5.99%；县及县以下国有企业就业人数增加 303.8 万人，增长 10.40%；其他国有企业就业人数增加 112.9 万人，增长 488.74%。

表6-5 2004—2015年按隶属关系分国有企业就业人数

年份	中央/万人	省、自治区、直辖市/万人	地区/万人	县及县以下/万人	其他/万人
2004	1194.8	1071.8	1227.6	2920.9	23.1
2005	1120.7	1037.9	1189.3	2864.4	19.7
2006	1099.8	1011.2	1176.8	2859.9	22.8
2007	1080.6	1018.1	1200.0	2827.3	21.7
2008	1065.4	1005.1	1192.3	2838.3	25.1
2009	1082.0	1100.1	1221.7	2965.9	50.5
2010	1091.4	1091.7	1185.7	3091.5	56.3
2011	1128.1	1128.2	1235.3	3135.8	76.9
2012	1117.0	1135.1	1280.2	3226.5	80.3
2013	953.6	926.0	1185.1	3200.0	100.5
2014	909.8	877.7	1173.5	3195.1	156.2
2015	854.6	838.9	1154.1	3224.7	136.0

资料来源：《中国劳动统计年鉴》。

四、国有企业劳动制度改革的特点与方向

经过40年的经济体制改革，国有企业的经营状况得到大幅改善，在国民经济体系中的地位不断巩固，市场机制在资源配置过程中的作用不断加强。经济体制改革的推进，打破了计划经济时期统招统配的劳动用工制度，从根本上引导国有企业的劳动关系向着市场化的方向不断完善。在经济转轨时期，国有企业劳动关系的发展呈现出以下三个特点：

一是员工利益不断分化。在计划经济时期，国家、集体以及工人之间的利益保持高度一致①。在经济转轨时期，经济高速发展导致国有企业内部出现

① 孙立平：《断裂——20世纪90年代以来的中国社会》，社会科学文献出版社，2003，第184页。

大量冗余的劳动力，究其根源在于计划经济体制下激励缺失使得工人技能难以适应技术发展的速度。为了确保国有企业在市场机制的作用下能够维持正常运作，失业、下岗成为国有企业内部调整的必要之举。市场化改革的推进，打破了计划经济体制下的利益格局，并且形成多元化的利益群体。经过放权让利的过渡，国有企业管理层的权力得到加强。同时，相比于计划经济时期，国有企业对工人的庇护开始减少，工人在企业当中的地位出现下降，员工利益日趋分化，国有企业内部制度的天平开始向管理层倾斜①。在市场机制的影响下国有企业内部的劳资关系逐渐形成，针对利益分配劳资双方之间出现冲突，国有企业内部的劳动争议案件数以及涉及劳动者当事人数均逐年增加。另外一个突出的表现是国有企业内部高管与员工之间的薪酬差距②。

二是市场机制的作用不断增强。在计划经济体制下，政府完全主导着国有企业劳动制度的制定与实施，在这种由上而下的管理机制下，国有企业缺少优化劳动关系的权力和积极性。在经济体制转轨进程中，市场机制在劳动力供给上的作用不断凸显，劳动力的供需、流动完全根据市场进行调节，由政府统招统配的传统制度被打破，政府的职能逐渐转变为出台和健全相关立法以及加强对市场化劳动关系的监督。国有企业与工人之间的劳动关系不再具有政治色彩，逐渐转变为基于契约的产权关系。工人拥有自主择业的权利，国有企业也能够根据发展需要选择劳动力配置。

三是法制环境不断完善。除了要加强国有企业内部对于劳动者权利的保障外，国家还需要通过立法改善劳动关系的社会环境，规范劳动关系。在市场经济体制下，法律是维护市场稳定运行的基本保障。在现行法律体制下，针对国有企业劳动者基本权益的法律包括《中华人民共和国工会法》（1992 年 4 月）、《中华人民共和国劳动法》（1994 年 7 月）、《中华人民共和国就业促进法》（2007 年 8 月）、《中华人民共和国劳动争议调解仲裁法》（2007 年 12 月）、《中华人民共和国社会保险法》（2010 年 10 月）、《中华人民共和国

① 雷宇、郭剑花：《规则公平与员工效率——基于高管和员工薪酬粘性差距的研究》，《管理世界》2017 年第 1 期。

② 刘张发、田存志、张潇：《国有企业内部薪酬差距影响生产效率吗》，《经济学动态》2017 年第 11 期。

劳动合同法》(2012年12月修订);行政法规有《国务院关于职工工作时间的规定》(1994年2月)、《失业保险条例》(1998年12月)、《社会保险费征缴暂行条例》(1999年1月)、《劳动保障监察条例》(2004年11月)、《职工带薪年休假条例》(2007年12月)、《中华人民共和国劳动合同法实施条例》(2008年9月)、《工伤保险条例》(2010年12月修订)、《女职工劳动保护特别规定》(2012年4月)、《全国社会保障基金条例》(2016年3月)。随着市场环境的发展与变化,国家需要不断完善和修订既有的法律法规,推进法制化建设,加强对劳动者权益的保护。

市场机制的健全与完善,有利于促进劳动力市场的建立,提高劳动力在部门之间、区域之间的流动,实现劳动力配置的优化。在全球经济一体化的宏观经济环境下,国有企业劳动制度改革面临着诸多挑战。在新一轮科技革命的背景下,以云计算、移动互联网、大数据、物联网等为代表的信息技术将获得空前发展,并且成为各国技术竞争的关键领域。然而,近5年来,国内新增劳动力呈现出逐年递减的趋势,导致劳动力市场出现供不应求的现象。在广东沿海地区,一线职工离职率居高不下。尤其是长期以来,以粗放式发展追求经济总量的扩张使得国家在劳动力发展过程中忽略了加强职业技术教育,导致高素质劳动力供给严重不足,人才队伍难以满足国家发展的需求。

同时,随着国民经济的发展,劳动力成本逐年增加。2015年8月,美国波士顿咨询集团发布的《全球制造业的经济大挪移》中显示,中国的人力成本从2004年的4.35美元(时薪)涨到2014年的12.47美元(时薪),涨幅达186.67%,以美国制造成本指数为基准(100),中国制造成本指数是96,中国制造业面临很大压力。根据国家统计局历年公布的劳动年龄人口数据,2012年以来我国劳动年龄人口连续5年下降。与东南亚国家相比,中国的劳动力成本优势不断削弱。在新的全球劳动力形势下,跨国企业不再将中国视为低成本生产基地,纷纷将制造业向劳动力成本更低的马来西亚、越南等东南亚国家转移。劳动力供给不足以及成本高的问题,成为困扰国内企业发展的现实难题。

随着改革的深入,在建构市场化劳动关系的过程中,仍然有很多潜在的矛盾和问题,主要表现为企业内部收入分配差距扩大、劳动者基本权益难以得到充分保障以及劳动争议逐年增加等。2018年5月25日,国务院印发《国务院关于改革国有企业工资决定机制的意见》，明确指出国有企业工资决定机制改革事关国有企业健康发展。在下一步改革进程中，国有企业劳动制度改革需要在以下三个方面予以完善。

一是进一步完善劳动力市场，优化劳动力供给。经过40年的市场化，我国市场化建设取得实质性的进展，各项制度陆续建立。面对全球经济的新趋势，应全面深化国有企业改革，打破行政约束，在国有企业内部建立“能上能下、能进能出、能高能低”的现代劳动制度。进一步加强劳动力市场建设，优化劳动力在部门之间、区域之间的流动与配置，构建社会主义和谐劳动关系。

二是加强职业技能培训，打造高素质劳动力队伍。随着我国经济从高速发展转变为高质量增长，创新成为经济发展的新动能，通过打造高素质的劳动力队伍促进国有企业的转型升级，成为现阶段国有企业改革的重要工作之一。在第四次工业革命的背景下，加强IT领域员工的职业技能培训，优化国有企业内部的信息技术管理，降低冗余成本，提高运营效率，主动融入全球价值链分工的重构，提升我国在全球经济体系中的地位和竞争力，不仅是国有企业未来发展的主要方向，更是国有企业所肩负的历史使命。

三是健全激励机制，强化制度约束。针对国有企业内部收入分配差距扩大、劳动争议增多等问题，需要不断完善国有企业劳动关系管理制度，健全激励机制。在中国经济进入新常态以后，劳动力市场由卖方主导，国有企业在不断加强内部制度建设吸引高素质人才的同时，还需要强化制度约束，基于效率优先的基本原则努力营造公平的环境，实现企业发展的激励与员工发展的激励相融合。

第七章　国有企业人事制度改革

中共十一届三中全会以来，在国有企业内部建立现代企业制度始终是深化国有企业改革的重要工作之一。在国有企业内部建立现代企业制度的核心在于不断完善国有企业内部的人事、劳动、分配三项基本制度，其中人事制度的设计直接关系国有企业内部领导层的选人、用人，对于国有企业的经营发展具有重要影响。人事制度是在人事管理工作中应遵循的规范和准则。具体而言，是对干部的录用、调配、任免、使用、升迁、交流、培训、考核、奖惩、监督、工资、福利等方面的管理规定。良好的人事制度有利于组织选人、用人，达到事得其人、人尽其才、才尽其用、事半功倍的效果①。本书所讲的人事制度是针对国有企业领导层的管理制度②。

在计划经济时期，国有企业干部的任命由政府直接负责。在国有企业数量有限、组织结构单一的情况下，政府通过直接任命干部有效地促进了国有企业的发展，在保障国有企业内部人事稳定的同时使得国有企业能够良好地服务于国民经济的建设及发展战略。随着国民经济的发展，国有企业在各个行业细分领域中的数量不断增加，政府的有限规模使得其难以兼顾国有企业内部的所有人事任命，下放部分干部任命的权力成为促进国有企业自主发展

---

① 徐颂陶、孙建立：《中国人事制度改革三十年（1978—2008）》，中国人事出版社，2008，第6页。

② 本书的分章体系延续了传统的国有企业劳动、人事、分配三项基本制度的用法，其中劳动制度主要是针对一般员工的制度，而人事制度一般是指国有企业干部人事制度。在现代企业制度框架下，实际上所谓干部人事制度可以对应到职业经理人的选拔激励约束制度，这可以放到公司治理结构的内涵中。因为本书采用了传统的三项基本制度的分章体系，所以在本书第五章国有企业治理结构改革中，并没有具体展开讨论这个问题，本章则对此进行了深入的讨论。

的必要之举。中共十一届三中全会要求“大力精简各级经济行政机构……认真解决党政企不分，以党代政，以政代企的现象，实行分级分工分人负责，加强管理机构和管理人员的权限和责任，减少会议公文，提高工作效率，认真实行考核、奖惩、升降等制度”。回顾40年改革历程，国有企业人事制度大致经历了四个阶段，分别是扩大企业自主权阶段（1978—1987年）、人事分类管理阶段（1988—1992年）、建立现代企业人事制度阶段（1993—1999年）、全面深化人事制度改革阶段（2000年至今）。

一、扩大企业自主权阶段（1978—1987年）

1979年7月，国务院印发《关于扩大国营工业企业经营管理自主权的若干规定》，首次提出在部分企业试点扩大企业自主权，“企业在定员、定额内，有权根据精简和提高效率的原则，按照实际需要，决定自己的机构设置，任免中层和中层以下的干部”，赋予试点企业自主任命部分干部的权力，并且正式拉开了国有企业内部人事制度改革的序幕。为了强化对企业的激励，文件中还指出要“把企业经营的好坏同企业生产的发展和职工的物质利益直接挂起钩来”。但是，受制于计划经济体制下的管理思维，下放部分人事任命的权力并没有提高所有国有企业的积极性，反而间接地加重了一些发展快、绩效好的国有企业的利润上缴负担，根本原因则在于经营责任不落实。

1980年8月，邓小平同志在中共中央政治局扩大会议上发表题为《党和国家领导制度的改革》的讲话，指出要“有准备有步骤地改变党委领导下的厂长负责制、经理负责制，经过试点，逐步推广。分别实行工厂管理委员会、公司董事会、经济联合体的联合委员会领导和监督下的厂长负责制、经理负责制”。厂长（经理）负责制是指由国家委托厂长（经理）对企业的生产经营活动进行统一指挥，全面负责的制度。实行厂长（经理）负责制，使厂长（经理）能行使企业生产经营的决策权、指挥权和干部任免权，建立起统一的、强有力的、高效率的生产指挥和经营管理系统，适应现代企业发展的需要。实行厂长（经理）负责制的重点是党、政、工三者结合，合理分工，各司其职。首先要承认厂长（经理）是企业的总负责人，对内统一领导、统一指挥企业的生产经营活动，同时对企业经营好坏全权负责，包括经济的、法律的责任；对外代表企业行使法人的权利和义务。企业党委对企业实行思想政治领导，对生产行政工作起监督作用。工会和职代会实行民主管理，发动群众自下而上保证企业任务的完成，同时对厂长（经理）完成企业任务的情况进行监督。

1981 年 5 月，国家经委等十部委印发《贯彻落实国务院有关扩权文件，巩固提高扩权工作的具体实施暂行办法》，从计划问题、利润留成问题、利润留成资金使用问题、产品销售问题、新产品问题、扩大出口和外汇分成问题、价格问题、以税代利试点和有关税收问题、银行贷款问题、机构设置及人事劳动问题、减轻企业额外负担问题、民主管理问题十二个方面明确了扩大企业自主权。同时，文件中还进一步赋予国营企业人事权力，即“在编制允许、不增加工资总额，或有自然减员指标的前提下，企业可以通过考核、考试招聘录用确有需要的科技人员和管理人员”。为了强化激励，文件中要求“要坚决贯彻按劳分配的原则，反对平均主义。制订和完善奖金分配办法，把责任制、考核制和奖惩制结合起来……按经济效果的优劣分配不同的奖金额，使奖金真正起到奖励先进的作用”。

针对经济责任不落实的问题，1981 年 10 月，国务院转发《国家经济委员会　国务院体制改革办公室关于实行工业生产经济责任制若干问题的意见》，指出“实行经济责任制一定要遵循以下几个原则：一是必须全面完成国家计划，按社会需要组织生产，不能利大大干、利小不干，造成产需脱节，特别要保证市场紧缺的微利产品和小商品的生产；二是必须保证产品质量，不能粗制滥造，向消费者转嫁负担；三是成本只能降低，不能提高；四是要保证国家财政收入逐年有所增长；五是职工收入的总水平，只能在生产发展的基础上稳定增长，个人收入不能一下子冒得过高，要瞻前顾后，照顾左邻右舍；六是必须奖惩分明，有奖有罚；七是必须加强领导，加强国家监督，要有强有力的政治思想工作作保证”。11 月，国务院批转《关于实行工业生产经济责任制若干问题的暂行规定》，指出“推行经济责任制的方向是正确的……要切实加强领导，认真总结经验，并加强宏观指导和必要的监督，使工业生产经济责任制不断完善，以促进工业生产的发展”。

1982 年 1 月，《中共中央、国务院关于国营工业企业进行全面整顿的决定》发布，指出“在整顿企业领导班子，扩大企业自主权，实行职工民主管理、建立经济责任制、改善经营管理、培训职工队伍等方面，做了大量工作，并且在真正从我国实际情况出发，走发展国民经济新路子方面有了一个良好的开端”。同月，中共中央、国务院印发《国营工厂厂长工作暂行条例》，指出“工厂实行党委（独立核算工厂的总支部、支部）领导下的厂长负责制。厂长是工厂的行政负责人，受国家委托，负责工厂的经营管理。……厂长对工厂的生产经营活动实行集中统一指挥，对工厂党委和上级主管单位直接负责”。5 月，中共中央印发《中国共产党工业企业基层组织工作暂行条例》，指出：企业党委是企业的领导核心。

1982 年，为了加强人事管理，国务院将国家劳动总局、国家人事局、国务院科技干部局、国家编制委员会合并为中华人民共和国劳动人事部，统筹负责劳动和人事工作。

1983 年 4 月，国务院印发《国营工业企业暂行条例》，进一步明确指出“企业实行党委领导下的厂长（经理）负责制。……企业在生产经营活动中实行党委集体领导、职工民主管理、厂长行政指挥的根本原则”，为厂长（经理）负责制的实施提供了法律依据。

为了进一步调动企业的积极性，1984 年 5 月，《国务院关于进一步扩大国营工业企业自主权的暂行规定》发布，明确了企业的十大自主权（包括机构设置、干部人事、工资奖金分配、联合经营、资产处置等），并指出“厂长（经理）、党委书记分别由上级主管部门任命；厂级行政副职由厂长提名，报主管部门批准；厂内中层行政干部由厂长任免”。12 月，《国务院关于国营企业厂长（经理）实行任期制度的通知》发布，从 1985 年 1 月 1 日起实行，要求企业厂长（经理）每届任期最多为四年，连任不得超过三届。

随着放权让利改革的进行，国务院在扩大国有企业经营自主权的同时，也在不断强化领导层的权力。经过几年的试点，1985 年厂长负责制在全国大面积实行①。1985 年 1 月，《国务院关于国营企业工资改革问题的通知》发布，对企业工资总额同经济效益挂钩及浮动比例、分级管理、工资总额、合理差别、工资增长基金等方面做了规定，强化对企业领导层的激励。

---

① 张文魁、袁东明：《中国经济改革 30 年（国有企业卷）》，重庆大学出版社，2008，第 30 页。

1986年，中共中央、国务院印发《全民所有制工业企业厂长工作条例》《中国共产党全民所有制工业企业基层组织工作条例》和《全民所有制工业企业职工代表大会条例》，对国营企业领导体制进行全面改革，推广厂长（经理）负责制。同年，《国务院关于加强工业企业管理若干问题的决定》《关于部分国营大中型企业试行工资总额同上缴税利挂钩办法中若干问题的处理意见》《国务院关于深化企业改革增强企业活力的若干规定》发布，强化对国营企业领导层的财务激励。11月，《中共中央、国务院关于认真贯彻执行全民所有制工业企业三个条例的补充通知》，指出“全民所有制工业企业的厂长（经理）是一厂之长，是企业法人的代表，对企业负有全民责任，处于中心地位，起中心作用”。

1987年8月，国家经委、国家体改委印发《关于深化企业改革完善承包经营责任制的意见》，要求深化改革，完善企业经营机制，增强大中型工业企业活力，充分调动企业经营者和生产者的积极性。同月，国家经委、中共中央组织部、全国总工会在北京联合召开全面推行厂长负责制工作会议，提出全国所有的大中型工业企业1987年内要普遍实行厂长负责制，全民所有制工业企业全面实行厂长负责制要在1988年年底前完成。截至1987年年底，我国国营工业企业中，已实行厂长负责制的企业占68%①。

1979—1987年，按照扩大企业自主权的改革思路，国营企业初步实现自主经营。但是，国营企业内部仍然存在激励机制不够健全，经营责任不够明晰的问题。1987年10月发布的中共十三大报告中指出，“在建立国家公务员制度的同时，还要按照党政分开、政企分开和管人与管事既紧密结合又合理制约的原则，对各类人员实行分类管理”。随着人事制度改革的进行，通过人事分类管理优化激励机制成为下一阶段改革的方向。

二、人事分类管理阶段（1988—1992年）

依据中共十三大决定，1988年成立了中华人民共和国人事部，原劳动人

---

① 章迪诚、张星伍：《中国国有企业改革的正式制度变迁》，经济管理出版社，2008，第259页。

事部改名为“劳动部”。100 多家中央企业的行政领导班子改由人事部党组管理，企业党组织领导人由中组部管理。

1988 年 2 月，国务院印发《全民所有制工业企业承包经营责任制暂行条例》，明确了承包经营责任制的细则，以法律的形式明确了厂长（经理）负责制。

1988 年 4 月，中华人民共和国第七届全国人民代表大会第一次会议通过的《中华人民共和国全民所有制工业企业法》中规定：“厂长的产生，除国务院另有规定外，由政府主管部门根据企业的情况决定采取下列一种方式：（一）政府主管部门委任或者招聘。（二）企业职工代表大会选举。政府主管部门委任或者招聘的厂长人选，须征求职工代表的意见；企业职工代表大会选举的厂长，须报政府主管部门批准。政府主管部门委任或者招聘的厂长，由政府主管部门免职或者解聘，并须征求职工代表的意见；企业职工代表大会选举的厂长，由职工代表大会罢免，并须报政府主管部门批准。”同时，法条中还明确了对领导干部的处罚办法：“企业和政府有关部门的领导干部，因工作过失给企业和国家造成较大损失的，由政府主管部门或者有关上级机关给予行政处分。企业和政府有关部门的领导干部玩忽职守，致使企业财产、国家和人民利益遭受重大损失的，依照《中华人民共和国刑法》第一百八十七条的规定追究刑事责任。”以法律的形式，明确了国营企业对人事管理的自主权以及责任。

1988 年 5 月，中共中央组织部、人事部印发《关于全民所有制工业企业引入竞争机制改革人事制度的若干意见》，要求积极引入竞争机制，克服干部“能上不能下”的弊端和用人上的不正之风，为大批精明强干、勇于开拓的企业经营人才在市场竞争的风浪中脱颖而出创造了前所未有的条件。

1991 年 10 月，中共中央组织部、人事部印发《全民所有制企业聘用制干部管理暂行规定》，指出：“国家对企业聘用制干部实行计划管理……根据需要，聘用干部。”明确了聘用条件、聘用程序、聘用合同内容等问题。聘用制的实施，打破了计划经济时期企业干部的“铁饭碗”，优化了激励机制。

在这个阶段，国家出台的强化国营企业内部激励约束的文件有《关于进一步改进和完善企业工资总额同经济效益挂钩的意见》（1989 年 3 月）、《国务院关于进一步增强国营大中型企业活力的通知》（1991 年 5 月）、《全民所有制工业企业转换经营机制条例》(1992年7月)。

经过扩大企业自主权和人事分类管理两个阶段的改革，国营企业的自主经营权不断扩大，激励机制逐步健全。但是，实施承包经营责任制的国营企业内部出现了任人唯亲、拉帮结派等现象。同时，激励机制的健全并没有使企业领导拥有战略视野，在经济激励的刺激下，企业经营反而更加热衷于追求短期利益，在人才培养、资源配置等方面都暴露出问题。1992年1月，《劳动部、国务院生产办、国家体改委、人事部、全国总工会关于深化企业劳动人事、工资分配、社会保险制度改革的意见》发布，指出："在企业内部真正形成'干部能上能下、职工能进能出、工资能升能降'的机制，成为当前转换企业经营机制的重要任务。"进一步完善激励约束机制，成为下一阶段改革的目标。

三、建立现代企业人事制度阶段(1993—1999年)

1992年10月，中共十四大明确提出，以建立社会主义市场经济体制为我国经济体制改革的目标。1993年，中央成立大型企业工委，负责管理中央企业的党政领导人员①。

1993年10月，中共中央办公厅、国务院办公厅转发国家经贸委发布的《关于党政机关与所办经济实体脱钩的规定》，要求："党政机关在职干部一律不得兼有机关干部和企业职工双重身份，不得在经济实体中兼职。……经济实体与行政机关脱钩后，应当自主经营、独立核算、自负盈亏。国家对各类经济实体只实行行业管理、任免主要干部以及必要的监督、服务等事项，不干预其经营管理活动。……政府部门在机构改革中组建新的经济实体，不得干扰其他企业正常的生产经营活动，影响企业贯彻《全民所有制工业企业转换经营机制条例》，不得强行向其他企业平调人、财、物，摊派铺底资金。"坚持扩大企业自主权，减少行政干预，继续推进政企分开。

1993年11月，中共十四届三中全会发布《中共中央关于建立社会主义市

① 徐颂陶、孙建立：《中国人事制度改革三十年(1978—2008)》，中国人事出版社，2008，第107页。

场经济体制若干问题的决定》，指出要转换国有企业经营机制，建立现代企业制度。以公有制为主体的现代企业制度是社会主义市场经济体制的基础。要坚持和完善厂长（经理）负责制，保证厂长（经理）依法行使职权。实行公司制的企业，要按照有关法规建立内部组织机构。

为贯彻落实中共十四届三中全会发布的《中共中央关于建立社会主义市场经济体制若干问题的决定》，深化企业改革，转换国有企业经营机制，建立现代企业制度，进一步搞好国有大中型企业，1994 年 3 月，国家经贸委印发《关于转换国有企业经营机制建立现代企业制度的若干意见》，文件指出："改革、完善企业领导体制和组织管理制度。要坚持和完善厂长（经理）负责制，保证厂长（经理）依法行使职权。……党政领导可以交叉任职，具备条件的企业，可以实行党政主要职务一人兼；……要引入竞争机制，从实践中考察和选聘优秀人才担任企业厂长（经理）；……积极实行全员劳动合同制，依法聘用或解聘经营者与职工。取消干部与工人、不同所有制职工之间的身份界限。"

为明确企业经营者的责、权、利关系，强化国有企业厂长（经理）的经营责任，完善对厂长（经理）的激励机制和约束机制，1994 年 9 月，国家经贸委、国家体改委、劳动部联合发布《国有企业厂长（经理）奖惩办法》，指出"考核奖惩实行分级管理，分级负责"。1995 年 3 月，国务院办公厅转发国家经贸委发布的《关于深化企业改革搞好国有大中型企业的意见》中指出，"对经营管理不善、长期亏损企业的领导班子，要坚决进行调整。企业要从班组抓起，建立和完善内部严格的责任制和考核制度"。1995 年 11 月，国家经贸委发布《关于国务院确定的百户现代企业制度试点工作操作实施阶段的指导意见》中指出，要"从班组抓起，建立和完善企业内部严格的责任制度和考核制度，依法严格管理"。

在加强对国有大中型企业的引导的同时，国家对国有小型企业采用灵活的管理模式。1996 年 6 月，《国家体改委关于加快国有小企业改革的若干意见》发布，指出"对于国有小企业，各地可以区别不同情况，加快改革和改组的步伐"。同年 7 月，国家经贸委发布《关于放开搞活国有小型企业的意见》，文件指出："小企业领导人员的选聘与管理，要随企业改制形式来确定"。

应按照建立现代企业制度的思路，改革国有大型企业的人事机制。1996

年，成立中央企业工委，负责中央企业党政领导人员的管理工作①。1997年4月发布的《关于深化大型企业集团试点工作意见》中指出，“董事会聘任总经理，董事长一般不兼任总经理”。1998年5月7日，《国务院关于印发国务院向国有重点大型企业派出稽察特派员方案的通知》下发，要求稽察特派员对企业领导人员的经营行为和业绩以及财务状况进行监督。

针对东南亚金融危机对国有企业经营产生的影响，1998年，中央企业工委与国家经贸委部分管理企业职能机构合并，成立国家国有资产管理局，负责企业党政领导人员的管理监督工作②。1999年8月，国家经贸委、人事部印发《关于加强亏损企业领导班子建设的通知》，要求建立严格的脱困责任制，加强对亏损企业领导班子的监督、考核和调整；改革亏损企业领导人员的管理方式，采取多种形式选拔企业领导人员；完善对亏损企业领导班子的约束和激励机制。

1999年9月，中共十五届四中全会全体通过《中共中央关于国有企业改革和发展若干重大问题的决定》，明确了21世纪国有企业改革和发展的目标，文件指出“要按照企业的特点建立对经营管理者培养、选拔、管理、考核、监督的办法，并逐步实现制度化、规范化。积极探索适应现代企业制度要求的选人用人新机制，把组织考核推荐和引入市场机制、公开向社会招聘结合起来，把党管干部原则和董事会依法选择经营管理者以及经营管理者依法行使用人权结合起来”，并且首次提出在国有企业内部试点股权激励。

1993—1999年，我国按照现代企业制度的建设思路，进一步加强政企分开、引入竞争机制、加强激励约束等方面的工作，构建了国有企业人事制度的基本框架。根据国民经济发展形势，设计灵活多变、激励有效的人事制度，成为下一阶段深化人事制度改革的目标。

四、全面深化人事制度改革阶段（2000年至今）

2000年6月，中共中央办公厅印发《深化干部人事制度改革纲要》，提

---

①② 徐颂陶、孙建立：《中国人事制度改革三十年（1978—2008）》，中国人事出版社，2008，第108页。

出“以建立健全适合企业特点的领导人员选拔任用、激励、监督机制为重点，把组织考核推荐和引入市场机制、公开向社会招聘结合起来，把党管干部原则和董事会依法选择经营管理者以及经营管理者依法行使用人权结合起来，完善体制，健全制度，改进方法，建立与社会主义市场经济体制和现代企业制度相适应的国有企业领导人员管理制度。深化国有企业内部人事制度改革，形成具有生机与活力的选人用人新机制”的改革目标，从管理体制、选拔任用方式、考核办法、激励机制、监督约束、培训培养、内部用人七个方面提出了目标。

2001 年 3 月，国家经贸委、人事部、劳动保障部发布的《关于深化国有企业内部人事、劳动、分配制度改革的意见》中指出：“建立管理人员竞聘上岗、能上能下的人事制度。……对年度或任期内考评成绩优秀的管理人员应予以表彰或奖励；对考评成绩达不到规定要求的管理人员，要给予警示和处罚。任期内不称职的，可以通过企业的规定程序予以提前解聘。企业根据实际，可在健全考评制度的基础上，对管理人员实行淘汰制度，真正形成竞争上岗的用人机制。”9 月，国务院办公厅转发的《国有大中型企业建立现代企业制度和加强管理的基本规范（试行）》中指出：“按照精干、高效原则设置各类管理岗位和管理人员职数，精简职能部门，减少管理层次。打破‘干部’和‘工人’的身份界限，企业内部各级管理人员必须实行公开竞聘、择优聘用、定期考核，并实行任期制，不称职的必须及时从管理岗位上调整下来，形成管理人员能上能下的机制。……企业经营管理者的薪酬必须与其职责、贡献挂钩。监督约束机制健全的企业，在严格考核的基础上，对经营管理者可以试行年薪制、持有股权、股票期权等分配方式。”

2003 年 3 月，国务院国有资产监督管理委员会成立。国务院授权国务院国资委代表国家履行出资人职责，建立管资产和管人、管事相结合的国有资产体制[①]，负责监管中央所属企业（不含金融类企业）的国有资产。

2003 年 5 月，国务院发布的《企业国有资产监督管理暂行条例》中指出，国有资产监督管理机构依照有关规定，任免或者建议任免所出资企业的

① 黄群慧：《新时期全面深化国有经济改革研究》，中国社会科学出版社，2015，第 447 页。

企业负责人。国有资产监督管理机构应当建立企业负责人经营业绩考核制度，与其任命的企业负责人签订业绩合同，根据业绩合同对企业负责人进行年度考核和任期考核。国有资产监督管理机构应当依照有关规定，确定所出资企业中的国有独资企业、国有独资公司的企业负责人的薪酬；依据考核结果，决定其向所出资企业派出的企业负责人的奖惩。11 月，国务院国资委印发的《中央企业负责人经营业绩考核暂行办法》中指出："对于任期经营考核结果为 D 级和 E 级的企业负责人，除根据考核分数扣减延期绩效年薪外，将根据具体情况，可不再对其任命、续聘或对其进行工作调整。"

2004 年 6 月，国务院国资委出台《中央企业负责人薪酬管理暂行办法》，规定了中央企业负责人的薪酬由基本薪酬、绩效薪金和中长期激励单元构成。

2005 年 3 月，《国务院国资委关于加强和改进中央企业人才工作的意见》发布，指出："选用经营管理人才，推行聘任制和任期制，实行契约化管理；……广泛推行企业内部竞争上岗和人才市场选聘，逐步扩大海内外公开招聘，建立企业人才库。对企业急需的部分稀缺人才，探索柔性使用与流动的方式，形成灵活、开放的用人机制。"8 月，国务院国资委发布的《关于中央企业试行企业年金制度的指导意见》中指出，"为建立中央企业负责人中长期激励机制，根据《中央企业负责人经营业绩考核暂行办法》及《中央企业负责人薪酬管理暂行办法》的有关规定，试行企业年金制度的中央企业可根据企业负责人任期考核结果，适当提高企业缴费部分划入企业负责人个人账户部分的比例"。12 月，国务院办公厅转发的《关于进一步规范国有企业改制工作的实施意见》中指出："为探索实施激励与约束机制，经国有资产监督管理机构批准，凡通过公开招聘、企业内部竞争上岗等方式竞聘上岗或对企业发展作出重大贡献的管理层成员，可通过增资扩股持有本企业股权，但管理层的持股总量不得达到控股或相对控股数量。"

2006 年 1 月，为深化国有控股上市公司（境外）（以下简称"上市公司"）薪酬制度改革，构建上市公司中长期激励机制，充分调动上市公司高级管理人员和科技人员的积极性，指导和规范上市公司拟订和实施股权激励计划，国务院国资委、财政部发布了《国有控股上市公司（境外）实施股权激励试行办法》。

2008 年 8 月，国务院国资委印发的《中央企业资产损失责任追究暂行办法》中指出："企业及其子企业经营管理人员和其他有关人员违反国家有关规定以及企业规章制度，未履行或者未正确履行职责，造成企业直接或者间接资产损失的，经调查核实和责任认定，应当追究其责任。"10月，国务院国资委、财政部发布《关于规范国有控股上市公司实施股权激励制度有关问题的通知》，从激励条件、考核体系、收益水平、股权管理四个方面进行了规范。

2009年9月，中共中央组织部、监察部、财政部、审计署、国务院国资委、人力资源和社会保障部联合发布的《关于进一步规范中央企业负责人薪酬管理的指导意见》中，从薪酬结构和水平、薪酬支付、补充保险和职务消费、监督管理、组织实施等方面规范了中央企业负责人的薪酬管理。

2010年7月，中共中央办公厅、国务院办公厅印发的《关于进一步推进国有企业贯彻落实"三重一大"决策制度的意见》中，对国有企业重要人事任免事项进行了规范，指出要"建立对决策的考核评价和后评估制度，逐步健全决策失误纠错改正机制和责任追究制度"。11月，国务院国资委发布的《关于在部分中央企业开展分红权激励试点工作的通知》中要求，"选择科技创新能力较强、业绩成长性较好、具有示范性的企业；区别情况、分类指导，采取岗位分红权或者项目收益分红方式，充分调动科技和管理骨干的积极性；将激励力度与业绩持续增长挂钩，促进企业科技创新能力不断提高"。

2012年1月，《国务院国有资产监督管理委员会关于进一步加强中央企业负责人副职业绩考核工作的指导意见》发布，明确了对中央企业负责人副职的考核工作。

2013年11月通过的《中共中央关于全面深化改革若干重大问题的决定》中指出："建立长效激励约束机制，强化国有企业经营投资责任追究。探索推进国有企业财务预算等重大信息公开。国有企业要合理增加市场化选聘比例，合理确定并严格规范国有企业管理人员薪酬水平、职务待遇、职务消费、业务消费。"

2014年7月27日，为健全和完善经济责任审计制度，规范经济责任审计行为，中纪委等七个部门联合印发《党政主要领导干部和国有企业领导人员经济责任审计规定实施细则》。11月，中共中央、国务院印发的《关于深化中央管理企业负责人薪酬制度改革的意见》中，针对中央企业负责人薪酬水平总体偏高、薪酬结构不尽合理、监管体制不够健全的问题，从薪酬结构和水平、考核评价办法、薪酬支付和管理、福利性待遇、监管机制五个方面提出了深化改革的意见。

2015年8月，中共中央、国务院发布的《关于深化国有企业改革的指导意见》中，针对国有企业领导人员的选聘、激励提出了意见。

2016年1月，国务院国资委印发的《关于全面推进法治央企建设的意见》中指出："落实问责制度，企业重大经营活动因未经法律审核，或者虽经审核但未采纳正确法律意见而造成重大损失的，追究企业相关领导人员责任；经过法律审核，但因重大失职未发现严重法律风险造成重大损失的，追究相关法律工作人员责任。对因违法违规发生重大法律纠纷案件造成企业重大损失的，或者违反规定、未履行或未正确履行职责造成企业资产损失的，在业绩考核中扣减分值，并按照有关规定追究相关人员责任。"8月，国务院办公厅印发的《关于建立国有企业违规经营投资责任追究制度的意见》中，从责任追究范围、资产损失认定、经营者投资责任认定、责任追究处理、责任追究工作的组织实施等方面进行了规定。12月，国务院审议通过《关于开展市场化选聘和管理国有企业经营管理者试点工作的意见》，在2014年以来部分企业和地区试点的基础上进一步扩大国有企业高管市场化选聘试点范围。

2017年5月，《国务院办公厅关于进一步完善国有企业法人治理结构的指导意见》下发，指出："经理层成员违反法律法规或公司章程，致使公司遭受损失的，应依法追究有关经理层成员责任。执行董事和经理层成员未及时向董事会或国有股东报告重大经营问题和经营风险的，应依法追究相关人员责任。"7月，国务院国资委印发《中央企业主要负责人履行推进法治建设第一责任人职责规定》，明确了总经理在推进法治建设中应当履行的主要职责。

五、国有企业人事制度改革的特点与方向

除了国有企业本身的特殊性所赋予的政治人角色外，国有企业领导层还扮演着经理人、社会人以及经济人三种角色①。多重角色要求国有企业领导层

---

① 肖旭、范合君：《目标冲突、实际机理与国企高管多重角色演绎》，《改革》2015年第10期。

在管理工作中同时追求多种目标，多种目标之间潜在的冲突也增加了管理工作的复杂性，最终影响国有企业的正常发展。

改革开放以来，围绕国有企业人事制度的改革重心在于按照现代企业制度的要求，不断强化企业领导层的权利、责任和义务。增强国有企业自主经营积极性的关键在于通过设计合理的激励机制激发领导层的工作热情。自2002年起，国有企业高管薪酬开始实施年薪制，并且要求高管年薪不得超过所在单位职工平均工资的12倍。2005年，在证监会发布《上市公司股权激励管理办法（试行）》后，国有企业领导层的激励机制中正式开始引入股权激励。针对国有企业领导层的激励机制改革为“基本薪酬+绩效奖金+股权”的模式。

然而，由于中国上市公司内部治理机制的不完善，国有企业内部出现了领导层薪酬增长过快、在职消费严重、利益寻租等腐败问题。2007年，中国平安董事长马明哲以6616.1万元的天价薪酬成为公众焦点，其中税前薪酬为4616.1万元，另有2000万元奖金捐给了中国宋庆龄基金会。常务副总经理梁家驹税前薪酬为4813万元，执行董事兼总经理张子欣税前薪酬为4770.4万元，此外，还有7名高管税前薪酬也超过1千万元①。2008年，在全球金融危机的影响下，国有企业的利润大幅下滑，但是大部分国有企业领导层的薪酬不降反升。

2009年，人社部等六个部门联合发布《关于进一步规范中央企业负责人薪酬管理的指导意见》，规定高管年薪应限制在60万元左右，包括国有银行董事长、行长、监事长以及其他副职负责人。针对国有企业领导层薪酬激励的改革在持续进行中，但是如何做到在激发领导层工作热情的同时还能够兼顾社会公平成为新的改革难题。2013年，沪深A股上市公司主要负责人平均薪酬为76.3万元，全部负责人平均薪酬为46.1万元，其中中央企业负责人薪酬水平是同期沪深上市公司主要负责人的2~3倍，与职工薪酬差距达到12

---

① 李骐：《平安业绩缩水近九成　高管天价薪酬将不再》，《华夏时报》，2008年12月27日。

倍之多[①]。针对中央企业负责人薪酬过高的问题，2014 年 9 月 3 日，中共中央、国务院印发《关于深化中央管理企业负责人薪酬制度改革的意见》，要求从 2015 年 1 月 1 日起，改革首批涉及的 72 家中央管理企业负责人薪酬以及职务消费被严格规范。2015 年，中集集团总裁麦伯良薪酬达 637. 3 万元，尽管低于 2012 年的 998 万元，但是仍然排在中央管理企业高管薪酬的榜首。中铝集团下属公司云南铜业总经理高贵超薪酬则仅为 6 万元，与麦伯良相差了 105. 22 倍[②]。

自 2009 年针对中央企业高管首次实施降薪后，中央企业内部高管离职现象始终存在。2013 年，中央企业高管离职 1280 人，有 17 家中央企业的高管离职率在 30% 以上，有 52 家中央企业的高管离职率为 20%~30%，有 104 家中央企业的高管离职率为 10%~20%，有 170 家中央企业的高管离职率在 10% 以下；2014 年，中央企业高管离职 1582 人，有 19 家中央企业的高管离职率在 30% 以上，有 84 家中央企业的高管离职率为 20%~30%，有 123 家中央企业的高管离职率为 10%~20%，有 117 家中央企业的高管离职率在 10% 以下[③]。相比 2013 年，2014 年中央企业的高管离职率提高 2. 4%，离职人数增加 302 人。针对中央企业高管实施降薪，降低了中央企业对领导层的激励力度，导致中央企业内部开始出现高管的离职潮。仅 2016 年，中粮集团下属公司大悦城就有 5 位高管离职。随着国有企业改革进程的推进，市场机制在资源配置过程中的决定性地位逐步确立，受制于行政体制的约束，国有企业内部面临着人才流失的严峻形势。

“限薪令”的实施，降低了国有企业领导层的基本薪酬，也加强了对管理绩效的考核。在中央政策的指导下，部分省份纷纷推出了将国有企业领导层薪酬与企业经营状况挂钩的考核机制。将领导层的绩效奖励与企业业绩挂钩，

① 崔丽、宋首君：《〈中央管理企业负责人薪酬制度改革方案〉正式实施》，《中国青年报》，2015 年 1 月 4 日。

② 朱开云：《2015 年央企高管薪酬排行：最高 637. 3 万元　最低 6 万元》，《北京青年报》，2016 年 4 月 6 日。

③ 任腾飞：《央企高管离职调查：有所增加但未成“潮”》，腾讯网，https://news.qq.com/rain/a/20151119027808，2015 年 11 月 19 日。

有利于提高领导层的工作热情。在 2014 年国务院国资委公布的 2013 年度中央企业经营业绩考核结果中（见表 7－1），有 46 家企业被评为 A 级，占全部中央企业的 41.07%。有 47 家企业被评为 B 级、17 家被评为 C 级、2 家被评为 D 级，分别占全部中央企业的 41.96%、15.18% 和 1.79%①。在 2015 年 6 月 23 日国务院国资委公布的 2014 年度中央企业经营业绩考核结果中，中国海洋石油总公司、中国石油天然气公司、国家电网公司等 41 家企业被评为 A 级②。在 2017 年 7 月 12 日国务院国资委公布的 2016 年度中央企业经营业绩考核结果中，中国航天科技集团公司、国家电网公司、中国移动通信集团公司等 41 家企业被评为 A 级③。在传统的国有企业业绩评价体系中，仅仅将营业收入和净利润等财务指标作为主要的考核指标，不利于全面反映企业的实际经营状况。为了保证对领导层经营绩效评价的客观与全面，在基本的财务指标体系的基础上，还需要加入非财务指标作为考核的重要部分。

表 7－1　2004—2016 年中央企业经营业绩考核结果

年份	考核方式	被考核企业数量/家	A 级		B 级		C 级		D 级		E 级	
			企业数量/家	占比/%	企业数量/家	占比/%	企业数量/家	占比/%	企业数量/家	占比/%	企业数量/家	占比/%
2004	年度考核	179	25	13.97	74	41.34	65	36.31	10	5.59	5	2.79
2006	年度考核	154	36	23.38	79	51.30	35	22.73	4	2.60	—	—
2007	年度考核	152	40	26.32	84	55.26	26	17.11	2	1.32	—	—
2008	年度考核	145	32	22.07	74	51.03	34	23.45	5	3.45	—	—

① 《中国经济贸易年鉴》编委会：《中国国有资产监督管理年鉴》，中国经济出版社，2015，第 59 页。

② 《国资委公布 2014 年度央企负责人经营业绩考核结果》，中国新闻网，http://www.chinanews.com/cj/2015/06－23/7361186.shtml，访问日期：2015 年 6 月 23 日。

③ 国务院国有资产监督管理委员会：《2016 年度中央企业负责人经营业绩考核 A 级企业名单》，http://www.sasac.gov.cn/n2588025/n2588119/c7362952/content.html，2017 年 7 月 12 日。

（续表）

年份	考核方式	被考核企业数量/家	A级		B级		C级		D级		E级	
			企业数量/家	占比/%	企业数量/家	占比/%	企业数量/家	占比/%	企业数量/家	占比/%	企业数量/家	占比/%
2009	年度考核	132	36	27.27	67	50.76	25	18.94	4	3.03	—	—
2010	年度考核	121	47	38.84	51	42.15	21	17.36	2	1.65	—	—
2011	年度考核	126	47	38.84	51	42.15	21	17.36	2	1.59	—	—
2012	年度考核	118	46	38.98	55	46.61	13	11.02	4	3.39	—	—
2013	年度考核	112	46	41.07	47	41.96	17	15.18	2	1.79	—	—
2014	年度考核	111	41	36.94	—	—	—	—	—	—	—	—
2015	年度考核	108	46	42.60	35	32.41	20	18.52	7	6.48	—	—
2016	年度考核	—	51	—	—	—	—	—	—	—	—	—
2004—2006	任期考核	158	34	21.52	69	43.67	52	32.91	3	1.90	—	—
2007—2009	任期考核	132	32	24.24	74	56.06	22	16.67	4	3.03	—	—
2010—2012	任期考核	114	45	39.47	48	42.11	15	13.16	6	5.26	—	—
2013—2015	任期考核	108	42	38.50	42	38.50	18	16.50	7	6.50	—	—

资料来源：根据《中国国有资产监督管理年鉴》整理所得。

随着国有企业人事制度改革的深入，领导层在经营过程中的“权”和“利”不断明确和强化。为了抑制领导层的机会主义行为，使其有利于国有企业的发展，还应该明确和强化与“权”和“利”相对应的“责”，健全和完善约束机制。从健全国有企业领导层经济人角色约束机制的改革政策来看，对于国有企业领导层经济人角色的约束主要是通过监管机构在事后的惩处达到震慑的效果。但是，仅从实施结果来看，这种约束方式的实际效果仍然有限。2014 年，《法制日报》旗下的《法人》杂志、《法治周末》报社联合《中国青年报》舆情监测室共同发布的《2014 中国企业家犯罪（媒体样本）研究报告》显示，2013 年国有企业高管涉案 245 件，占比为 58%，涉案年龄分布在 50~59 岁，其中“受贿罪”是涉案最多的罪名[①]。2014 年，在针对中央企业的纪检督察工作中，60 家企业对 1215 人实行责任追究；严肃查处违反中央八项规定精神问题 171 起，处理 548 人，并通报曝光；给予党纪政纪处分的有 3670 人，同比增长 116%；涉嫌犯罪被移送司法机关处理的有 154 人[②]。根据中纪委“纪律审查”栏目发布的中共十八大以来的案例，在 2012 年 12 月至 2015 年 11 月大约 3 年的时间内，被查处的国有企业高管达 171 名，其中担任董事长、总经理、党委书记的有 104 名，占总数的 60.82%。经济人角色是国有企业领导层的根本角色，对领导层的经营行为具有最直接的影响。由于领导层经济人角色目标侧重于个人利益，在国有企业的发展过程中需要不断加强对领导层经济人角色的约束。

在经济转轨进程中，全面深化国有企业改革是巩固公有制经济主体地位的基础工作。在国有企业内部完善和发展现代企业制度，对于国有企业转型发展以及市场经济体制建设具有重要的意义。企业的发展，根本在人。应通过健全完善国有企业人事制度，优化国有企业领导层队伍，创新激励约束机制，充分地发挥市场机制的作用，推动国有企业的长远发展。按照现代企业制度的思路，全面深化人事制度改革，需要从以下几个方面加强：

第一，进一步推进政企分开，强化声誉机制，培育职业经理人市场。长期以来，国有企业领导层晋升更多地受到行政体制的影响，疏于强化声誉机制。作为市场机制的重要组成部分，声誉机制能够通过改善领导层的市场形象来提供精神方面的激励，使领导层在获得企业认同的同时也赢得社会认同。声誉机制的核心价值是向市场传递领导层的经营能力、创新意识、领导能力等重要的职业信息，对于领导层能够产生较强的激励作用。但是，受制于中国传统文化中“士农工商”的社会层次定位以及行政干预经济等多重因素，

---

① 课题组：《2014 中国企业家犯罪（媒体样本）研究报告》，《法人》，2015 年 2 月。

② 《中国经济贸易年鉴》编委会：《中国国有资产监督管理年鉴》，中国经济出版社，2015，第 84—85 页。

国内尚没有建立相对完善的职业经理人市场[①]，这也抑制了声誉机制的作用。在下一步的国有企业人事制度改革工作中，要继续推进政企分开，削弱对领导层的行政化激励；不断强化声誉机制，培育职业经理人市场，增强对领导层的市场化激励。

第二，扩大股权激励的实施范围，强化剩余索取权，完善中长期激励。实施领导层持股，始终是理论界和实务界对于提高领导层工作积极性所一致认同的做法。1998年亚洲金融危机爆发之后，在上市公司内部实施领导层持股，是证监会指引上市公司经营的方向之一。将企业股份授予领导层，使领导层成为企业的所有者之一，有利于统一企业的剩余控制权与剩余索取权，提高领导层通过切实改善企业绩效来索取剩余收益的积极性。同时，将所有者的身份赋予领导层有利于引导其从长期利益的视角进行经营决策。

第三，基于国有企业的分类，有针对性地设计激励机制。2015年12月7日，国资委、财政部、国家发改委联合发布《关于国有企业功能界定与分类的指导意见》，将国有企业划分为商业类和公益类。在分类改革的背景下，如何有针对性地设计不同类别国有企业领导层的薪酬、绩效奖金以及股权激励，维持激励力度，同样是国有企业人事制度改革面临的一个重要问题。

第四，扩大国有企业高管市场化选聘的试点范围，创新聘任机制。具有丰富市场运作经验的高管在实际经营中具有更加合理的风险意识，同时也更加热衷于通过捕捉市场机遇促进企业发展。在国有企业内部实施职业经理人机制有助于更好地发挥国有企业本身的综合优势，提高企业的市场竞争力，进一步推动企业的快速发展。在不断扩大国有企业高管市场化选聘试点范围的同时，还需要根据国有企业的分类创新聘任机制，改善国有企业领导层的经营预期，加强中长期约束，抑制短期偏好。

第五，完善国有企业治理机制，充分发挥董事会和监事会的监督作用。在加强外部监督的同时，国有企业改革的根本在于完善内部制度。应不断完善国有企业治理机制，充分发挥董事会和监事会的监督作用，强化国有企业内部的制衡机制，有效地约束领导层的经营行为。

---

① 肖旭、范合君：《目标冲突、实际机理与国企高管多重角色演绎》，《改革》2015年第10期。

第八章　国有企业分配制度改革[①]

国有企业分配制度包括两个层面，一是国有企业利润分配制度，这涉及国家财政、企业经营、中央—地方利益关系等问题，成为社会及学术界共同关注的热点话题。作为国有资本的代理人，国有企业利润的分配制度针对国有企业利润在政府与其自身之间的划分，涉及国有企业历年上缴国家财政的数额与比例，历来是由政府相关部门统一制定的。国有企业在不同历史时期的经营状况直接决定了可供分配的利润基数，也成为政府调整分配制度的重要依据。二是国有企业工资分配制度，主要是指针对员工的以按劳分配为主体、多种分配方式并存的收入分配制度，这要求体现效率优先、兼顾公平的原则。通过改革国有企业工资分配制度，可以更好地发挥市场机制对工资收入的调节作用，使劳动者的工资收入水平随着经济发展和企业效益的增长相应提高。

一、国有企业利润分配制度改革历程

1978 年以来，政府对国有企业利润分配制度共进行过三次重大调整，分别是 1978 年为提高国有企业经营自主权而实施的放权让利、1994 年为了进一步强化国有企业的发展能力而采取分税制的过渡性措施以及 2007 年在国有企业利润总额实现增长后提出的分类上缴的分配制度。以上述三次重大调整为节点，这里将 1978 年以来国有企业利润分配制度的历程分为三个时期，分别是放权让利时期、分税制时期、分类上缴时期，并对三个时期国有企业分配

① 该章有部分内容发表于《经济与管理研究》2017 年第 7 期，原文名为《国有企业利润分配的制度变迁：1979—2015 年》，本书补充了 2016 年和 2017 年的数据以及“国有企业工资分配制度改革历程与方向”。

制度的历史演变进行分析。

（一）放权让利时期：1979—1993年

中华人民共和国成立初期，国民经济水平低下，国家财政收入的来源有限，财政收支成为决定国有企业利润分配的首要因素。制度变迁是经济增长的决定性因素，政府可以通过行政化手段来加快推动制度变迁①。然而，由于政府的政策大多不是源于社会每个个体意志的集合，因此会对社会造成不同程度的影响，不过市场对政策作出的反应能够降低政策本身造成的不利影响②。但是，在市场机制还未确立的情况下，政府与国有企业之间的目标冲突加剧了利润分配的冲突。作为公共性的社会组织，政府的目标在于实现国家利益最大化；作为营利性的市场组织，国有企业的目标在于实现企业价值最大化。当政府与国有企业的目标出现冲突时，国有企业不得不牺牲其分配利益，以服从于国家的集体理性。国家过度干预制度创新，即实行计划经济体制，必然会造成制度创新的低效率③，损害了经济个体的积极性，同时也影响国家经济的长期发展。通过构建委托代理关系提高国有企业的自主经营权，成为替代行政干预并维持国有资产保值增值的现实选择。

1. 企业基金制度

1978年12月召开的中共十一届三中全会，确立了建设社会主义现代化国家的重要目标，拉开了中国由传统计划经济体制向市场经济体制的转型序幕，国有企业分配制度改革进入新的历史时期。1978—1979年，国有企业利润上缴试行企业基金制度，在一定程度上调动了企业的积极性，但在实际执行的过程中也出现一些问题，包括考核指标过多、超计划利润由主管部门提取损害了企业增产增收的积极性、在分配计划指标时容易造成上下扯皮进而影响

① 潘慧峰、杨立岩：《制度变迁与内生经济增长》，《南开经济研究》2006年第2期。

② CHEUNG S. "Roofs or Stars: The Stated Intents and Actual Effects of a Rents Ordinance," *Economic Inquiry*, 13, No. 4(1975): 1-21.

③ SMALLBONE D, WELTER F. "Entrepreneurship and institutional change in transition economies: The Commonwealth of Independent States, Central and Eastern Europe and China compared," *Entrepreneurship&Rigional Development*, 24, No. 3/4 (2012): 215-233.

计划落实[①]。企业基金制度并没有真正提高国有企业的积极性，反而限制了其自主经营的权力。

2. **利润留成制度**

1979 年 7 月，《国务院关于国营企业实行利润留成的规定》发布，提出实行独立经济核算且有盈利的企业，可以按国家核定的比例留用部分利润，用于规定的用途。企业试行利润留成制度，在扩大企业的财权方面跨出可喜的第一步[②]。利润留成制度的实施，提高了国有企业的积极性，但也出现了盲目建设、资金浪费等问题。同时，利润留成制度并没有完全顾及国有企业的实际情况，出现了“鞭打快牛”的现象，也限制了实力较强的国有企业的发展。如表 8-1 所示，1979—1982 年，国有企业留成利润从 236.6 亿元增加至 311.6 亿元，增幅为 31.7%；上缴利税却从 402.3 亿元减少至 217.5 亿元，降幅为 45.9%。利润留成制度试行的失败，说明长期以来国家的行政管制已严重制约了国有企业经营机制的改善，单纯地放权让利并不能够真正提高国有企业的积极性。

表 8-1　1979—1993 年国有企业经营状况[③]

年份	利润总额/亿元	留成利润/亿元	上缴利税/亿元	财政收入/亿元	财政收支差额/亿元	上缴利税占财政收入的比例/%
1979	638.90	236.60	402.30	1146.38	-135.41	35.09
1980	609.70	280.00	329.70	1159.93	-68.90	28.42
1981	579.60	303.60	276.00	1175.79	37.38	23.47

① 沙南安、杨敏：《国营企业实行企业基金利润留成制度的演变情况（下）》，《财政研究》1981 年第 5 期。

② 凌晨：《国营企业必须积极地有步骤地试行利润留成制度》，《经济管理》1979 年第 12 期。

③ 数据来源于徐传谌、彭华岗，等：《中国国有经济发展报告（1949—2002）》，经济科学出版社，2012；徐传谌、彭华岗，等：《中国国有经济发展报告（2003—2010）》，经济科学出版社，2013；楼继伟：《新中国 50 年财政统计》，经济科学出版社，2000；中华人民共和国财政部：《中国财政年鉴 2008》，中国财政杂志社，2008。

（续表）

年份	利润总额/亿元	留成利润/亿元	上缴利税/亿元	财政收入/亿元	财政收支差额/亿元	上缴利税占财政收入的比例/%
1982	529. 10	311. 60	217. 50	1212. 33	-17. 65	17. 94
1983	540. 30	418. 20	121. 10	1366. 95	-42. 57	8. 86
1984	611. 30	431. 30	180. 00	1642. 86	-58. 16	10. 96
1985	743. 40	508. 00	135. 40	2004. 82	0. 57	6. 75
1986	509. 10	332. 60	176. 50	2122. 01	-82. 90	8. 32
1987	639. 30	498. 40	140. 90	2199. 35	-62. 83	6. 41
1988	805. 50	832. 70	-27. 20	2357. 24	-133. 97	-1. 15
1989	449. 70	596. 00	-146. 30	2664. 90	-158. 88	-5. 49
1990	-10. 80	-439. 40	428. 60	2937. 10	-146. 49	14. 59
1991	215. 00	-324. 00	539. 00	3149. 48	-237. 14	17. 11
1992	400. 70	-217. 40	618. 10	3483. 37	-258. 83	17. 74
1993	1142. 00	388. 00	754. 00	4348. 95	-293. 35	17. 34

3. **利改税**

自1979年以来，国家在实行企业基金、利润留成、盈亏包干等办法的同时，又先后在18个省、市、自治区对465户不同类型的国营工交企业进行了“利改税”试点[①]。试点结果表明，实行“利改税”办法取得了良好的成效[②]。1981年3月，财政部发布了《关于国营工业企业试行以税代利的几项规定》，通过向分配制度引入所得税，将上缴利润改为上缴税收，将税后利润留存于企业内部，并在1983—1986年，先后分两步实施了“利改税”。向国有企业征收所得税有利于其向独立核算、自负盈亏过渡，加强了国有企业内部进行

① 赭风：《试论国营企业利改税——〈财政部关于国营企业利改税试行办法〉初探》，《中国政法大学学报》1984年第1期。

② 栗改穗：《认真总结利改税第一步的经验　积极准备第二步改革》，《财政》1984年第5期。

经济核算的意识，并有利于将权、责、效、益有效地结合起来[①]。如表 8－1 所示，国有企业留成利润从 418. 2 亿元降低至 332. 6 亿元，降幅为 20. 5%；上缴利税从 121. 1 亿元增至 176. 5 亿元，增幅为 45. 7%。“利改税”把国家和国营企业的分配关系用税法形式稳定下来，为整个经济体制的进一步改革创造了条件[②]。

4. **经营承包责任制**

经过“利改税”和税利分流的改革，国有企业内部留成的利润得以增加。1986 年 12 月，国务院下发《关于深化企业改革增强企业活力的若干规定》，要求继续缩减对企业下达的指令性计划，改进企业的分配制度并解决“鞭打快牛”的问题，进一步增强企业自我改造、自我发展的能力。经营承包责任制的实施，标志着我国以增强企业活力为中心的经济体制改革进入一个新的发展阶段[③]。如表 8－1 所示，1987—1993 年，国有企业利润总额从 639. 3 亿元增长至 1142 亿元，增幅为 78. 6%；上缴利税从 140. 9 亿元增长至 754 亿元，增幅为 435. 1%；财政收入从 2199. 35 亿元增长至 4348. 95 亿元，增幅为 97. 7%。然而，承包制的实施也逐渐暴露出缺陷：“一户一议”的谈判方式提高了基数确定的谈判成本，要求承包人抵押的金额较低，使得有限的违约成本难以对其形成制约。承包不能使企业摆脱行政附属物的地位[④]，要把企业推向市场，使其成为真正的商品生产者和经营者，首先要进行企业财产制度的创新，其核心是要理顺企业的产权关系[⑤]。

5. **股份责任制**

作为对现代企业制度的探索，1984 年 7 月北京天桥百货商场正式更名为

---

① 徐增宏、刘镜涛、侯作相：《关于“利改税”问题的探讨》，《经济与管理研究》1981 年第 4 期。

② 李建昌：《利改税第二步的原则、措施及重大意义》，《现代财经》1984 年第 4 期。

③ 邵宁：《试论承包经营责任制在改革中的意义》，《中国工业经济》1987 年第 6 期。

④ 田代贵：《正确认识和评价承包经营责任制——兼议国有企业进一步改革的思路》，《财贸经济》1988 年第 4 期。

⑤ 王富华：《论国营企业的制度创新——进一步深化企业改革的理论思考》，《财政研究》1992 年第 9 期。

“天桥百货股份有限公司”，实行董事会领导下的经理负责制。天桥百货股份有限公司成为国内最早实行股份制的企业，为之后国有企业的股份制改造奠定了基础。上市公司从股市运作中获得巨大利益[①]，到1992年年初，全国共有各种类型的股份制企业3220家（不含乡镇企业中的股份合作制企业和中外合资、国内联营企业）[②]。这些年的实践证明，公司进行股份制改革是成功的，由于凝聚力、向心力增强了，公司的生产经营蒸蒸日上，货如轮转，财如潮来，效益不断提高[③]。通过实施股份制，国有企业能够向资本市场融资以扩大生产而不再局限于留成利润，同时有效地利用了社会闲置资本，也提高了资源在社会部门之间配置的效率。

1979—1993年，经过放权让利，国有企业获得相对独立的自主经营权，生产积极性大幅提高。但是，这段时期国有企业改革主要采用行政干预的手段而疏于从国有企业内部进行变革，并没有触及国有企业的核心问题。1986—1993年，国有亏损企业年度亏损额得以控制，但是仍然处于高位（见图8-1）。当对国有企业的放权让利发展到国家无利可让并且危及财政收入时，对于制度创新的需求会促使社会各界重新思考如何进一步完善国有企业利润的分配制度。

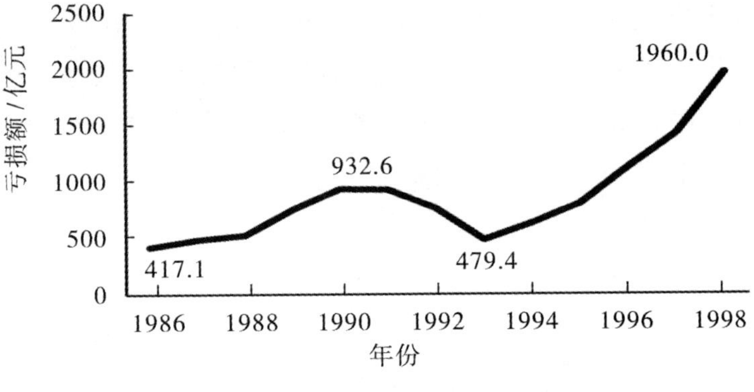

图8-1　1986—1998年国有亏损企业亏损额（单位：亿元）

资料来源：楼继伟．新中国50年财政统计［M］．北京：经济科学出版社，2000。

---

① 金碚：《关于股份制改造和股市开放的几点分析》，《金融研究》1992年第8期。

② 参见《1992年中国经济大事记》，http：//money．163．com/09/0912/14/5J14EKIK00253JPV．html。

③ 罗巧林、张燕：《股份制改造为企业注入活力》，《证券市场导报》1991年第2期。

（二）分税制时期：1994—2006 年

通过构建委托代理关系，有利于发挥政府与国有企业的比较优势。然而，1979—1993 年实施的放权让利仍然是政府干预下的强制性变迁，并没有使国有企业彻底摆脱计划经济体制所积累的制度弊端，同时市场经济处于起步阶段，对经济发展的促进作用有限。市场不是万能的，市场机制也会失灵，尤其是在转轨时期，政府这只“看得见的手”应该补充市场机制难以触及的领域。在制度供给方面，国家能够通过出台过渡性制度，补充制度变迁过程的供给不足。同时，过渡性制度安排能够提高适应性效率，从而为后续的改革持续地提供动力①。国有企业利润分配的前提在于国有企业自身的良好发展，所以国有企业分配制度的制定在以国家财政为依据的同时，还应该考虑国有企业自身的发展。

1993 年 11 月，中共十四届三中全会审议通过的《中共中央关于建立社会主义市场经济体制若干问题的决定》中提出了理顺国家和国有企业的利润分配关系并建立政府公共预算和国有资产经营预算的发展目标，标志着国有企业改革思路由行政干预转变为加强制度建设。针对放权让利时期国有企业利润分配过程中中央与地方的分配冲突、职责不明确等问题，1993 年 12 月，国务院下发《关于实行分税制财政管理体制的决定》，对中央与地方之间的分配问题作出规定，并提出“逐步建立国有资产投资收益按股分红、按资分利或税后利润上交的分配制度”的要求。从本质上讲，所得税和税后利润的上缴分别属于两个范畴：所得税的上缴是企业在享受政府提供的公共服务后实现盈利而进行必要的社会成本支付，属于公共财政，体现了政府的行政权；税后利润的上缴则是企业在营业利润扣除所得税及相关法律要求的准备金后仍然有盈余时向出资人进行必要的分红回报，属于企业的股利政策，体现了企业财产的所有权。分税制改革将国有企业的利润上缴明确细分为两个部分：其一是作为营利性的市场组织，国有企业应根据法律要求，向政府上缴一定比例的所得税，履行必要的社会义务；其二是依据现代企业制度的要求，从

① 周冰：《过渡性制度安排的适应性效率》，《经济学家》2014 年第 12 期。

税后利润中提取一定的比例用于回报出资人，体现了国有企业的产权属性。社会主义国家的双重身份和双重职能，决定了国家财政由两个部分即公共财政和国有资产财政组成①。公共财政与国有资产财政的分离是政府职能分离和转换的重要措施，也是建立适应市场经济的新型国企分配关系的前提②。但是，由于1993年以前注册成立的国有企业可以免交税后利润，1994年后新成立的国有企业大多由1993年以前的国有企业改制而来，因而仍具有免交税后利润的资质，所以对国有资产收益的收缴一直未能真正落实。

1997年爆发的亚洲金融危机使得宏观经济环境剧变，导致国有企业利润骤减，国有亏损企业的亏损额进一步扩大。在政府的引导下，国有亏损企业逐渐摆脱困境，但是由于这次扭亏为盈主要得益于行政干预，其本身的深层次问题仍然没有得到有效解决。为进一步加强国有资产的管理，加强对出资人权益的保障，2003年3月十届全国人大一次会议第三次会议表决设立国务院国有资产监督管理委员会，由其依法履行出资人职责，加强对国有资产的监管。随着国有资产监管的规范化，国有资产总量稳定增长，国有企业的经营状况持续改善，国有经济在国民经济中的地位得以稳固。

经过长达13年只缴税收不交利润的政策过渡，国有企业的经营水平实现提高，盈利能力得以加强。如表8-2所示，1998—2006年，国有企业税后利润总额从213.7亿元增长至12193.5亿元，增幅为5605.9%；上缴利税从1782.6亿元增加至14000.8亿元，增幅为685.4%；财政收入从9875.95亿元增加至38760.2亿元，增幅为292.5%；上缴利税占财政收入的比例从18.05%增加至36.12%。在现代企业制度下，国有企业向政府上缴所得税以维持国家财政收入，分配制度的制定将更多地依据其实际经营所实现的盈利再扣除所得税后所剩的利润。然而，将税后利润全部留存于国有企业内部，显然忽略了出资人分享国有资产收益的权利。分税制改革的过渡是以牺牲出资人权益为前提而为国有企业营造有利的发展环境，并没有体现对出资人权

① 叶振鹏：《适应社会主义市场经济的要求重构财政职能》，《财政研究》1993年第3期。

② “国家与国有企业利润分配”课题组：《市场经济：国家与国有企业利润分配关系取向》，《经济研究参考》1996年第7期。

益的维护。国有企业上缴的利润构成了国家财政收入的重要组成部分，恢复国有企业上缴利润的制度，重新确立政府与国有企业之间的分配关系，不仅关系出资人权益的维护，也影响国家财政收入的稳定。

表 8-2　1994—2006 年国有企业经营状况

年份	税后利润总额/亿元	上缴利税/亿元	财政收入/亿元	财政收支差额/亿元	上缴利税占财政收入的比例/%
1994	1355. 80	717. 20	5218. 10	-574. 52	13. 74
1995	1263. 30	1496. 30	6242. 20	-581. 52	23. 97
1996	819. 90	1518. 80	7407. 99	-529. 56	20. 50
1997	791. 30	1396. 30	8651. 14	-582. 42	16. 14
1998	213. 70	1782. 60	9875. 95	-922. 23	18. 05
1999	1145. 80	2129. 80	11444. 08	-1743. 59	18. 61
2000	2833. 80	2171. 00	13395. 23	-2491. 27	16. 21
2001	2811. 20	2715. 80	16386. 04	-2516. 54	16. 57
2002	3786. 30	2525. 50	18903. 64	-3194. 51	13. 36
2003	4769. 40	7865. 00	21715. 25	-2934. 70	36. 22
2004	7368. 80	10086. 10	26396. 47	-2090. 42	38. 21
2005	9579. 90	11736. 60	31649. 29	-2280. 99	37. 08
2006	12193. 50	14000. 80	38760. 20	-2162. 53	36. 12

资料来源：徐传谌，彭华岗，等. 中国国有经济发展报告（1949—2002）[M]. 北京：经济科学出版社，2012；徐传谌，彭华岗，等. 中国国有经济发展报告（2003—2012）[M]. 北京：经济科学出版社，2015。

（三）分类上缴时期：2007—2018 年

针对分税制时期国有企业利润分配中出资人权益的问题，2007 年 5 月国务院常务会议研究决定，将在中央企业层面开始试行国有资本经营预算制度。在国有资本经营预算制度下，政府对国有企业的干预不再涉及公共管理职能，而仅专注于实现对国有资本存量的调整以及对增量进行分配。政府职能从国有资产管理向国有资本管理的过渡，也有利于其更好地发挥在资本方面的最大优势。对于国有企业而言，国有资本经营预算制度更多地采用激励性约束，而不具有强制约束力，有利于其加强自主经营权。实施国有资本经营预算制度的政策目标主要有两个：其一，通过国有资本的进出实现国有经济产业布局的战略性调整。在重点建设的领域将适度地提高国有经济持股比例，在一般性竞争领域国有经济将适度退出，为非国有资本的介入创造机遇。其二，构建区别于税收体系的国有资本经营预算体系有利于保障国家财政收入，进一步明晰国有企业的产权属性。建立国有资本经营预算制度，是有效控制和引导国有资本存量变现、增量分配，推进国有经济布局和结构战略性调整的重要手段和根本保障①。

2007年9月，国务院下发《关于试行国有资本经营预算的意见》，提出规范国有资本经营预算的原则及具体实施办法，并要求于12月20日前完成向参与国有资本经营预算试点的151家中央企业征收2006年度国有资本收益，这也为政府加强国有资本收益核算并完善国有企业收入分配制度奠定了政策基础。2007年12月，国务院财政部、国资委联合下发《中央企业国有资本收益收取管理暂行办法》，将国有独资企业分为三类执行：第一类为资源型垄断企业（18家），上缴比例为10%；第二类为竞争性企业（99家），上缴比例为5%；第三类为国防、科研单位（32家），暂缓3年上缴或免缴。从此，国有企业长达13年只缴税收不交利润的历史彻底结束。从2008年起国有企业利润开始试行分类上缴，并于2010年年底结束了第一阶段的试点工作。如表8-3所示，2007—2009年，国有企业经营状况持续好转。由于受到全球金融危机的影响，2010年国有企业上缴利润减少，上缴利润比例降低至3.89%，但是仍然上缴利税24399.1亿元（见表8-3）。然而，与国家要求的上缴比例相比，国有企业利润的实际上缴比例偏低。

① 陈金祥：《加快建立国有资本经营预算制度——当前国有经济布局和结构战略性调整的根本保障》，《经济管理》2007年第13期。

表 8-3　2007—2017 年国有企业经营状况

年份	上缴利税/亿元	税后利润总额/亿元	上缴利润/亿元	上缴利润比例/%	财政收入/亿元	财政收支差额/亿元	上缴利税占财政收入的比例/%
2007	17443.70	17441.80	264.20	1.51	51321.78	508.43	33.99
2008	17807.60	13335.20	1049.50	7.87	61330.35	-2300.00	29.04
2009	19400.60	15606.80	1673.00	10.72	68477.00	-7397.00	28.33
2010	24399.10	21428.20	833.60	3.89	83080.00	-6495.00	29.37
2011	29670.90	22556.80	1178.20	5.23	103740.00	-5190.00	28.60
2012	33496.30	22393.40	1495.90	6.81	117210.00	-8502.00	28.58
2013	36812.00	24050.50	1713.40	7.12	129143.00	-10601.00	28.50
2014	37860.80	24765.40	2023.40	8.17	140350.00	-11312.00	26.98
2015	38598.70	23027.50	2560.00	11.12	154777.00	-23551.00	24.94
2016	38076.10	23157.80	2609.00	11.27	159604.97	-28289.00	23.86
2017	42345.50	28985.90	2580.90	8.90	172592.77	-30763.00	24.53

资料来源：2007—2017 年财政部发布的《1—12 月全国国有及国有控股企业经济运行情况》《全国国有企业财务决算情况》及《财政收支情况》。

针对国有企业利润上缴比例过低的问题，2010 年 12 月，财政部下发《关于完善中央国有资本经营预算有关事项的通知》，要求第一阶段试行的国有企业在原有上缴比例之上分别提高 5%，扩大了实施范围①，并进一步分为四类，分别是资源型垄断企业（15 家），上缴比例为 15%；工业企业（76 家），上缴比例为 10%；国防、科研单位（23 家），上缴比例为 5%；政策性企业（2 家），免缴利润。2011 年，国有企业经营状况的改善有效地保障了国家财政收入的稳定。在此基础上，2012 年 2 月，财政部下发的《关于扩大中央国有资本经营预算实施范围有关事项的通知》中将纳入国有资本经营预算的企

① 将中央（2 家）、教育部（623 家）、文化部（3 家）、农业部（2 家）、国家新闻出版广电总局（1 家）、中国国际贸易促进委员会（21 家）下属共计 652 家企业纳入国有资本经营预算，从 2011 年起开始上缴利润。

业数量在2011年的基础上新增301家，并将中国烟草总公司单独设为第五类，其上缴比例为20%。为进一步提高利润上缴比例，2013年2月，国务院下发的《关于深化收入分配制度改革的若干意见》中提出，“十二五”期间国有资本利润的上缴比例要在现有基础上进一步提高5%，并在2013年中共十八届三中全会上表决通过的《中共中央关于全面深化改革若干重大问题的决定》中提出，将在2020年前将国有企业上缴利润比例提高至30%。2015年9月，中共中央及国务院印发的《关于深化国有企业改革的指导意见》中，再次明确了到2020年将国有资本收益上缴比例提高至30%的改革目标。如表8-3所示，2010—2017年，国有企业上缴利润从833.6亿元增加至2580.9亿元，增幅为209.6%；上缴利润比例从3.89%增加至8.9%；税后利润总额从21428.2亿元增加至28985.9亿元，增幅为35.18%；上缴利税占财政收入的比例却从29.37%降低至24.53%，这也说明国有企业上缴利税比例的提高在于上缴利税的增加，而相比于整个国民经济增长的速度，国有企业利润总额及其上缴利润比例的增长速度仍然较慢。根据财政部历年发布的《中央国有资本经营预算的说明》，2013—2017年中央国有资本经营预算编制范围仍然没有完全覆盖所有中央部门的所有下属企业[①]。

二、国有企业利润分配制度改革的逻辑与方向

中国市场化改革的本质表现为政府逐步退出直接的企业内部制度创新领域及外部规则逐步缩减作用范围的过程，也就是内部规则逐步发育和强大的过程[②]。在计划经济时期，政府在进行契约谈判时处于强势地位，使得国有企业只能被动服从行政指令。谈判地位的不平等使得契约具有不完备性，没有兼顾双方的利益。经过放权让利、分税制以及分类上缴三个时期的过渡，政府对国有企业的行政干预在一定程度上弱化了，国有企业在与政府之间的分配关系中的谈判地位得以提高，自主经营权也得以不断加强，两者谈判地位

① 2013年中央国有资本经营预算编制范围包括813家，2014年包括799家，2015年包括832家，2016年包括845家，2017年包括741家。

② 周业安：《中国制度变迁的演进论解释》，《经济研究》2000年第5期。

的变化也对分配制度的创新产生了影响。由于国有企业的经营状况直接决定了最终可供分配的利润，其权重将逐渐提高且大于国家财政收支的权重。同时，作为公有制经济的主体，国有企业仍然肩负着保障国家财政收入的重任，因此政府在制定国有企业分配制度时国家财政收支的权重将逐渐降低，但不会完全消失。

政府与国有企业通过契约的方式建立委托代理关系，契约在一定程度上能够规范两者的行为。然而，代理者在信息占有上具有明显的比较优势，使得政府作为出资人所能够获取的权益具有不确定性，这也形成了国有企业的代理成本。国有企业的利润在政府与其自身之间的分配属于零和博弈，一方分配增加的部分，必然源于另一方分配减少的部分，所以国有企业始终存在着通过侵占出资人的权益来增加内部留成利润的动机。审计署 2015 年第 5－21号、第 29 号公告显示，各家央企内部均存在不同程度的违规行为。对于关键信息的掌握，提高了代理者的道德风险，也为其实施机会主义行为侵占出资人权益提供了可乘之机，进而提高了代理成本。尤其是当维护委托者的正当权益不可避免地会损害到自身利益时，即个体理性与集体理性出现冲突时，代理者侵占出资人权益的动机进一步加强。同时，对风险的厌恶使得代理者难以充分评估长远利益而更偏好于风险更低的短期利益并忽略了企业价值的提高。代理成本的客观存在也使得交易双方不断完善和修正既定契约，以降低风险和不确定性。

对于任何一个国家的重大改革而言，存在高额的交易费用都是客观必然①。改革是对制度进行变革②，通过制度创新明确利益主体的产权关系进而提高资源配置的效率。在外部环境不确定、信息不完备的情况下，如果没有产权制度保障利益主体的权力和利益，并且以资产责任约束企业的冒险行为，那么资源配置就不可能有效③。通过明晰分配过程中的产权关系，能够在一定

① 麻彦春、巫威威：《对降低我国国企改制交易费用的探讨：以吉林省国企改制为例》，《经济与管理研究》2006 年第 11 期。

② 盛洪：《寻求改革的稳定形式》，《经济研究》1991 年第 1 期。

③ 章迪诚、张星伍：《中国国有企业改革的正式制度变迁》，经济管理出版社，2008，第 4 页。

程度上约束代理者的机会主义行为，减少外部性问题，降低国有企业的代理成本，实现制度均衡。制度安排的稳定存在，说明各方利益之间达成了均衡①。制度创新在促进资源配置效率提高的同时，也重构了经济主体之间的利益分配格局。到目前为止，政府与国有企业之间委托代理关系已经建立，两者在分配关系中的地位也得以明晰，代理成本成为影响分配主体利益的重要因素，其在政府制定国有企业分配制度时的权重也逐渐提高。

国家财政收支与国有企业经营状况及发展规划均属于影响分配制度的外生性因素，均与分配主体直接相关并具有明确的利益导向。代理成本则属于影响分配制度的内生性因素，直接影响着分配制度实施的效率与公平（见图8-2）。所以，与国家财政收支与国有企业经营状况及发展规划相比，代理成本对分配制度的影响更大，在政府制定国有企业分配制度时的权重最高。

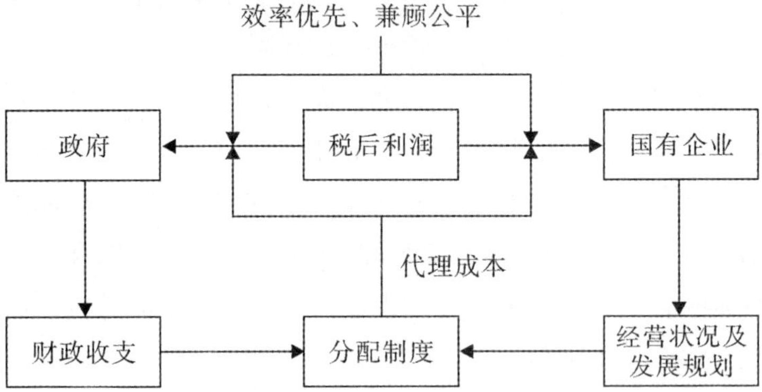

图8-2　国有企业分配制度的影响因素

经过40年的改革，国有企业分配制度逐渐趋于合理，但是仍然存在突出的问题。创新是制度变迁的主要动力，但是单一制度的创新并不会产生明显的效果，并且存在使制度发展出现倒退的隐患，制度创新的努力应该基于系统观的视角对整个制度框架进行协同创新。国有企业分配制度不仅关系到政府与国有企业之间的分配关系，还涉及国有企业自身的发展、国家财政收入、中央—地方政府关系以及市场化进程等诸多问题。要实现稳定持续的经济增

① 盛洪：《关于中国市场化改革的过渡过程的研究》，《经济研究》1996年第1期。

长，必须保持改革的动力，实行稳健化、规则化①的制度变迁②。因此，从宏观经济增长的视角出发，通过分配制度创新降低代理成本，更好地协调国有资本收益在利益主体之间的分配，成为现阶段国有企业分配制度改革的主要方向。

中华人民共和国成立以后，国内亟待振兴国民经济并营造有利于交易活动的市场环境。但是，市场交易活动产生的前提在于经济个体之间基于自身比较优势所形成的社会分工，分工不明确加剧了社会部门之间的信息不对称及资源配置不合理情况，进而提高了代理成本。长期以来，“士农工商”的传统等级观念严重制约了商业贸易的发展，使得个体从事生产劳动的动机在于维持生计而疏于进行市场交易，也使得个体之间的比较优势被忽略并导致社会分工不明确。根据孙中山先生提出的“民生”思想，计划经济体制下政府比其他社会组织在信息获取上具有更加突出的优势，其能够凭借行政权力在短时间内集中社会力量投入关键领域的建设，并加快对发达资本主义国家经济的追赶。通过发挥在信息方面的比较优势，政府利用行政手段优化了资源在不同社会部门的配置，有效地控制了代理成本并弥补了市场的缺失。在政府与国有企业之间的委托代理关系中，政府作为委托人凭借信息优势而处于强势地位。国有企业在政府的引导下不断发展，借助于政府的信息优势，充分地把握着国内市场的走势并有针对性地进行生产活动，降低了决策成本并提高了经营效率。因此，1949—1978 年，国家采用计划经济体制下统收统支的利润分配制度完全符合当时的经济条件和社会生产力水平。但是，在社会主义经济建设起步阶段，由于政府缺少宏观调控市场的经验，对于国有企业的管理也出现了较为突出的问题。政府组建国有企业的原始动机在于通过对国内市场实施间接的行政干预，在改善市场经济的同时实现国有资本的保值增值并提高国家财政收入。国家财政收入体现了政府作为出资人的直接利益，

---

① 王军等（2013）认为，制度在一次变迁后如不再作出调整，经济增长将趋于一个常数，然而制度修正过于剧烈也对经济的健康发展不利。因此，中国的制度改革措施应保持稳健化、规则化，避免出现朝令夕改的制度变化。

② 王军、邹广平、石先进：《制度变迁对中国经济增长的影响——基于 VAR 模型的实证研究》，《中国工业经济》2013 年第 6 期。

也成为考核国有企业执行行政指令的重要指标，而国有企业作为政府向市场延伸的行政化机构只能处于被动服从的角色，缺少自主经营的积极性并产生了较强的政策依赖，其经营绩效则往往被忽略。统收统支的利润分配制度过度强调了对委托人权益的维护，忽略了国有企业作为代理人进行经营的自主性，造成对国有企业的激励缺失，也限制了国有企业的发展活力。

委托代理关系下，政府与国有企业之间潜在的目标冲突也提高了利润分配实施的代理成本：作为公共性的社会组织，政府的目标在于实现国家利益最大化；作为营利性的市场组织，国有企业的目标在于实现企业价值最大化。同时，国有资本总量的持续增长逐渐削弱了政府的信息优势，使得政府不得不投入更多的人力、物力和财力以加强对国有企业的监管；为了保持不同监管部门之间工作的一致性及协同性，政府还不得不投入大量的成本用于支持不同监管部门之间的沟通并加强对自身的纪律监督，然而不同监管部门之间的目标冲突使得监管工作进一步复杂化。因此，随着国有企业的壮大，政府的比较优势逐渐丧失，对国有资本的监管成本也日益提高，而通过重建委托代理关系形成对国有企业的正确激励，促进其积极地自主发展，成为替代行政干预并实现国有资本保值增值的现实选择。由于在统收统支的利润分配制度下，政府直接干预国有企业的具体经营，使得国有企业严重缺乏自主经营的积极性，通过放权让利重新界定政府与国有企业之间的分配关系并强化国有企业的自主经营权成为重建委托代理关系的前提。政府在1979—1993年先后实施“利改税”、税利分流、经营承包责任制、股份制的改革政策，使得国有企业的内部留成利润逐渐增多，经营积极性大幅提高。随着市场化进程的推进，大量非国有企业获得了良好的发展且在国民经济中的比例也逐渐提高，而坚持利润上缴的单一利润分配制度导致国有企业的产权属性变得模糊化，同时国有企业内部留成利润的增加在一定程度上也影响到国家财政收入。由于国有企业群体的庞大，单一的利润分配制度加剧了国有企业之间的不公平，严重损害了绩效高的国有企业的积极性，最终提高了国有企业内部的代理成本。

1993年11月，中共十四届三中全会审议通过的《中共中央关于建立社会主义市场经济体制若干问题的决定》中提出“产权清晰、权责明确、政企分开、管理科学”的现代企业制度，首次将产权属性列入国有企业改革的文件中，同时进一步明晰产权属性也有利于在维持国有企业经营积极性的同时保障国家财政收入。1993 年 12 月，国务院提出实施分税制改革，将国有企业的分配制度正式修改为在上缴所得税之后还应按照规定上缴一定比例的税后利润。分税制改革的实施既能够满足国有企业作为社会组织而需履行的税收义务，同时还能够满足政府作为国有资产出资人而享有的出资权益，成为国有企业内部建立现代企业制度的过渡性政策。从分税制改革的实际成效来看，双元财政模式有效地刺激了国有企业经营的积极性，同时也缓解了国家财政亏空，但是仍然存在否定市场基本秩序与格局、垄断领域严重混乱以及政府预算制度改革混乱等问题①。分税制改革为国有企业的发展提供了契机，政府放弃委托人权益，使得国有企业的税后利润能够全部留存用于扩大再生产。分税制改革显然是以牺牲出资人权益为前提而为国有企业营造有利的发展环境，仅关注了国有企业自身的经营状况及发展需求，并没有体现现代企业制度下对出资人权益的维护，与计划经济体制下的统收统支政策形成了利润分配的两个极端。经过 1994—2006 年只缴税收不缴利润的过渡，国有企业实现持续稳定的发展，盈利水平大幅提高，进一步巩固了其在公有制经济中的主体地位。国有企业的壮大削弱了政府的信息优势，提高了其在与政府委托代理关系中的谈判地位。面对不断增长的国有资本总量，政府实施监管的边际效益逐渐递减，国有企业内部的代理成本不断增加，国有企业被隐性吞噬以及国有资产流失成为亟待解决的问题。

在分税制改革的基础上，从 2007 年起政府正式实施国有资本经营预算制度，要求国有企业依据相关法规完成所得税上缴后应按照政府指定的分类标准对税后利润进行上缴。在分类上缴政策下，国有企业利润分配制度转变为国有企业税后利润在出资人与国有企业之间进行分配的原则。而由于自身不完备性的客观存在，分类上缴政策在实施过程中出现了分配不合理、实际上缴比例过低等问题。国有企业的现实分红比例低于可持续分红比例，现有的分类标准并没有将资本成本及企业可持续增长纳入考量指标②。尽管政府先后

---

① 张馨：《再论第三财政：“双元财政”视角的分析》，《财政研究》2013 年第 7 期。

② 李丽琴：《国有企业分红比例的评估与再思考——基于资本成本的国企理财目标》，《首都经济贸易大学学报》2015 年第 5 期。

于2010年和2012年提高上缴比例并进一步细分分类标准，但是单纯地提高上缴比例显然没有充分考虑国有企业之间的差异，因而无法真正解决制度供给不足的问题，且由于缺少系统性的全面规划而存在导致改革成果被吞噬的隐患。如何在不影响国有企业正常发展的同时，改革政府与国有企业之间委托代理关系，维护政府作为国有资本出资人的基本权益并兼顾国有企业之间的差异，降低国有企业内部的代理成本，成为现阶段利润分配改革的主要目标。综上所述，经过40年的改革，国有企业利润分配改革从平衡政府与国有企业之间利润的分配，逐渐过渡为保障分配制度本身的实施效率及公平性。不同时期的国有企业分配制度如图8-3所示。

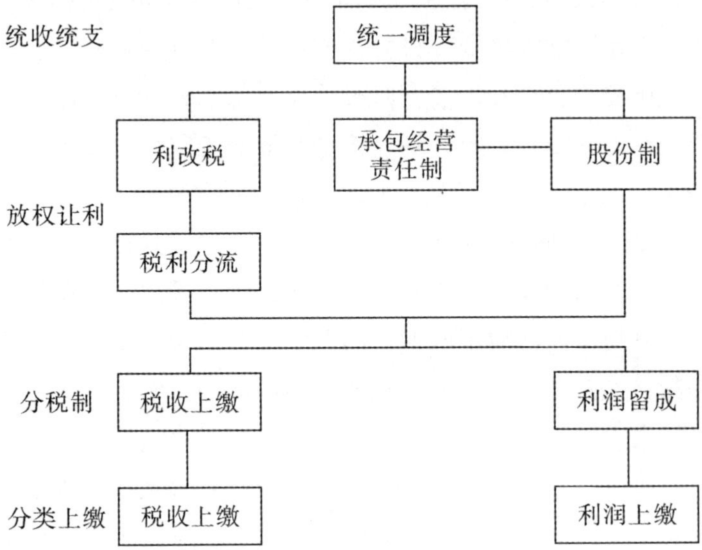

图8-3　不同时期的国有企业分配制度

未来对国有企业利润分配制度进行创新需要注意以下几方面。

第一，更加注重国有企业之间分配的公平性。国有企业广泛分布于国民经济的各个领域，而不同领域的特点及规律也不尽相同，将国有企业简单地分为五类显然难以充分兼顾国有企业的具体实际。尽管由政府统一制定分配制度能够保证实施效率，但是也损害了制度本身的公平性。2015年12月，根据主营业务及核心业务范围，政府将国有企业分为公益类和商业类，拉开了分类改革的序幕。但是，现行分配制度仍然沿用了 2012 年调整过的分类方法，大体符合商业类国有企业的情况，却难以解决公益类国有企业的分配问题。事实上，公益类国有企业集团中包含着大量商业类国有企业，例如北京公共交通控股（集团）有限公司，作为典型的国有独资公益性企业集团，其现有的二级企业单位中，公益性的企业有 14 家，商业性（市场化）企业有 8 家，商业性（市场化）企业 2015 年净利润总额为 2.01 亿元，净资产收益率达 6.29%。在商业类国有企业集团中大量包含着公益类国有企业或业务的情形同样比比皆是，如北京控股集团有限公司旗下的北京市燃气集团有限责任公司。因此，国有企业分类改革、分类考核、分类分配的前提是将类分好。由于在国有经济的宏观战略布局下两类国有企业在功能及定位上具有明显的差异，利润分配应该更多地结合国有企业的实际情况，更加注重分配的公平性。

第二，更加注重不同委托人之间分配的公平性。长期以来，国有资产管理体制在名义上一直是“国家统一所有、政府分级监管”，但在事实上已经演变为“条条块块”的体制状态。从纵向看，国有企业有中央企业、省属企业、市属企业、县属企业四级；从横向看，中央企业又分为财政部直属国有企业、国务院国资委直属国有企业、中央部门所属国有企业。当前国有企业改革进入攻坚阶段，国家应通过不断完善正在试行的“营改增”，切实减轻国有企业的税费负担，进一步释放国有企业的活力。随着市场化进程的推进，国有资本在资源配置方面的劣势日益突出。2016 年 7 月 27 日，国家统计局公布的上半年工业企业利润显示，国有工业企业利润同比下降 8%，ROE 继续下行，民营企业利润同比增长 8.8%，ROE 已有所回升。完善不同资本之间的分配关系有利于更好地引导民营资本进入国有企业，促进国有企业的发展。现实中，国有资本的强势地位导致民营资本存在被侵吞的风险，只有通过设计合理的机制维持利益分配的公平性，才能够有效地降低双方的道德风险。国有企业在国家经济发展与地方经济建设的过程中扮演着重要角色，优化国有企业税收及利润上缴的分配制度，调整中央政府与地方政府之间国有资产收益的分配关系，有利于国有经济战略性布局的调整及国家宏观战略的落实。对于国有资产的收益，如果中央政府提取过多就不利于地方政府的经济建设，若地方提取过多则会影响到中央政府的宏观调控。中央政府与地方政府在分配国有资产收益时，还需要平衡地区之间的利益：对于国有资产总量大且国有企业发展较好的地区，应降低中央政府的分配比例，加强地方政府自主发展的权力；对于国有资产总量小且国有企业发展一般的地区，则应提高中央政府的分配比例，加强中央政府对地区经济建设的统筹规划。综上，混合所有制改革、中央—地方分配关系改革有序推进的前提在于确保不同委托者之间分配的公平性。

第三，维持动态性。不同的历史时期下，影响国有企业分配的因素不尽相同，这也使得政府制定分配制度的依据必须因时进行调整。随着国有资产规模的不断增长，国有企业之间的发展程度也表现出多样性。处于不同行业、不同地区的国有企业，在经营能力上均具有明显差异：对于行业成熟度较高以及处于东部地区的国有企业，应适当提高上缴比例；对于行业成熟度较低以及处于中西部地区的国有企业，则应提高留成比例，促进它们的发展。根据不断变化的影响因素动态地调整分配制度，有利于降低制度的代理成本和保障国有资产出资人的权益，从而使得国有企业利润的分配真正成为调节宏观经济的有力杠杆。

第四，进一步加强国有经济预算硬约束。长期以来，国有企业面临预算软约束，财政部2014年度预算报告显示，中央企业上缴利润中有超过70%的部分以基础性投资、科技创新、改革脱困补贴等财政支出名义再次回流至中央企业内部。但是中国特色的预算软约束导致委托代理问题变得突出①，也使得国有企业缺乏提高生产及技术效率的激励②，并且疏于关注现金使用的具体情况，导致现金使用效率低下。2007—2017年国有企业总体的主营业务收入与利润并没有保持稳定的增长，反而出现一定程度的负增长（见图8-4）。随着国家经济体制转轨的推进，应逐渐加强国有经济预算硬约束。

第五，提高国有垄断企业的上缴比例。作为公有制经济的主体，国有企业理应为国家构建橄榄形分配格局发挥重要的作用。如表8-3所示，现行的

① 汪毅霖、孙雅静、程振锋：《以稳定为前提的增长与软预算约束的转型》，《首都经济贸易大学学报》2009年第4期。

② 技术效率影响着企业的生产成本，姚洋（1998）、刘小玄（2000）、胡一帆等（2006）、吴延兵（2012）、温军等（2012）均研究发现国有企业的生产效率低下。

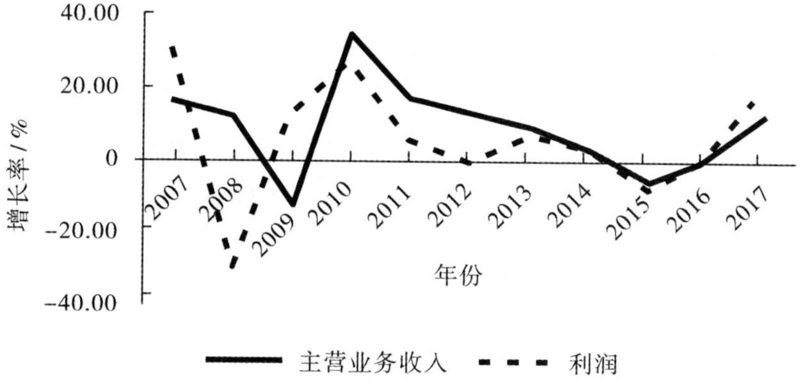

图 8-4　2007—2017 年国有企业主营业务收入与利润的增长率

资料来源：根据 2007—2017 年财政部发布的《1—12 月全国国有及国有控股企业经济运行情况》整理所得。

分配制度下国有企业的实际上缴利润比例仍然偏低，使得大量利润留成于企业内部，阻碍了资源在社会部门之间的配置，加剧了收入分配的不公平。提高国有企业利润的上缴比例，也成为当前社会各界的共识。2009 年中国民企 500 强的税后净利润总和为 2179.53 亿元，但是仍然不及中国石油和中国移动两家国有垄断企业的税后净利润之和①；在 2015 年世界 500 强企业名单中，中国共有 94 家内地企业入选，其中 88 家为国有企业，且大多具有行业垄断性，民营企业仅有 6 家。与其他国有企业相比，国有垄断企业往往能够低偿甚至无偿地获得具有巨大经济价值的资源，并且只需要象征性地缴纳很少的资源税，导致其能够轻易地获得高额垄断利润，但是其上缴利润的比例却并没有提高到恰当的标准，而这也恰是国有企业历年实际上缴利润比例偏低的问题根源。国有垄断企业的垄断利润原本应该回报全社会，而不是滞留于这些行业内部②。因此，为保证国有资产收益分配的效率与公平，应提高国有垄断企业的利润上缴比例。

① 2009 年度，中国石油和中国移动的税后净利润分别为 1033 亿元和 1458 亿元，总和为 2491 亿元。

② 王哲琦、杨兰品：《国有垄断行业分配制度中存在的问题、改革障碍及调整对策》，《经济与管理研究》2014 年第 1 期。

三、国有企业工资分配制度改革历程与方向

国有企业工资分配制度决定着国有企业职工的工作积极性、创造性和主动性，进而决定了国有企业的活力。一般而言，国有企业工资是指在一个会计年度内直接支付给与本企业建立劳动关系的全部职工的劳动报酬，包括工资、奖金、津贴、补贴、加班加点工资、特殊情况下支付的工资等。改革开放以后，为了充分发挥企业和职工的主动性、积极性和创造性，克服企业工资分配中的平均主义、吃“大锅饭”的弊病，借鉴农村实现联产承包责任制的经验，国有企业工资分配制度也在不断地推进改革。

（一）工资分配制度演进

20世纪80年代中期，中央决定借鉴农村改革的经验对国有企业工资制度进行改革，使企业职工的工资同企业经济效益挂起钩来，更好地贯彻按劳分配的原则，以促进生产的发展和职工生活水平的提高，加速社会主义现代化建设。1985年1月5日国务院颁发了《国务院关于国营企业工资制度改革问题的通知》，要求企业工资总额同经济效益挂钩，实行分级管理，并对工资总额同经济效益挂钩的浮动比例作出了规定。1985年出台的这个文件，提出了实行工资总额随同经济效益浮动办法，这是企业工资制度的一项重大改革，明确了微观工资分配自主权下放给企业，但政府从宏观上对工资总额实现工效挂钩政策。这既迈出了工资分配制度市场化改革的关键步伐，又有效地遏制了国营企业盲目涨工资的做法，有利于兼顾效率与公平的分配原则，这项制度一直对国企工资决定机制起着不可忽视的重要作用。

进入21世纪以后，随着社会主义市场经济体制初步建立，为了适应社会主义市场经济体制和现代企业制度建设的需要，2010年5月25日国务院国资委出台了《中央企业工资总额预算管理暂行办法》，提出了工资总额预算管理制度。该办法根据《公司法》《中华人民共和国企业国有资产法》《企业国有资产监督管理暂行条例》和国家收入分配的有关政策制定。

应该说，无论是工效挂钩制度还是总额预算制度，都发挥了很好的作用，但是也都有其明显的阶段性和历史局限性：一是国家的宏观调控作用发挥还

不充分，加大了收入分配差距；二是企业工资分配市场化程度不高，工资增长成为刚性；三是企业分配秩序不规范，垄断行业和非垄断行业工资差距较大，内部隐性收入没有得到有效解决；四是监管机制还不健全，无论是工效挂钩制度还是工资总额预算，在基数认定和考核指标等方面都有较多的主观成分，使制度约束趋软[①]。针对这些问题，2018 年 5 月 25 日国务院下发了由中央深改组讨论通过的《关于改革国有企业工资决定机制的意见》。这个文件为建立健全与新时代劳动力市场相适应、与国有企业经济效益和劳动生产率挂钩的工资决定和正常增长机制奠定了制度基础，指明了改革方向。

《关于改革国有企业工资决定机制的意见》指出，国有企业工资决定机制改革是完善国有企业现代企业制度的重要内容，是深化收入分配制度改革的重要任务，事关国有企业健康发展，事关国有企业职工切身利益，事关收入分配合理有序，提出了国有企业工资决定机制改革应该遵循的原则。

《关于改革国有企业工资决定机制的意见》提出，工资总额应按照国家工资收入分配宏观政策要求，根据企业发展战略和薪酬策略、年度生产经营目标和经济效益，综合考虑劳动生产率提高和人工成本投入产出率、职工工资水平市场对标等情况，结合政府职能部门发布的工资指导线进行确定。

《关于改革国有企业工资决定机制的意见》要求全面实行工资总额预算管理，工资总额预算方案由国有企业自主编制，按规定履行内部决策程序后，根据企业功能性质定位、行业特点并结合法人治理结构完善程度，分别报履行出资人职责机构备案或核准后执行。另外该意见还要求完善企业内部工资总额管理制度，深化企业内部分配制度改革。

（二）工资水平的变化

改革开放 40 年来，国有企业工资水平随着经济发展、国有企业改革深入和工资分配制度改革推进，整体也发生了很大变化。这里分为三个时期分别就工资总额和平均工资两个维度进行考察，第一个时期是 1978—1992 年，第二个时期是 1993—2003 年，第三个时期是 2004—2015 年。

---

① 刘军胜：《我国工资分配改革，路在何方》，《经济要参》2018 年第 43 期。

1. 1978—1992 年

从工资总额看，按照隶属关系分，1978—1992 年，国营企业工资总额均保持增长趋势。1978 年，中央国营企业工资总额为 58.2 亿元，省、自治区、直辖市国营企业工资总额为 158.4 亿元，地区国营企业工资总额为 124.2 亿元，县及县以下国营企业工资总额为 127.9 亿元；1992 年，中央国营企业工资总额为 802.3 亿元，省、自治区、直辖市国营企业工资总额为 501.2 亿元，地区国营企业工资总额为 761.6 亿元，县及县以下国营企业工资总额为 470.2 亿元（见图 8-5）。

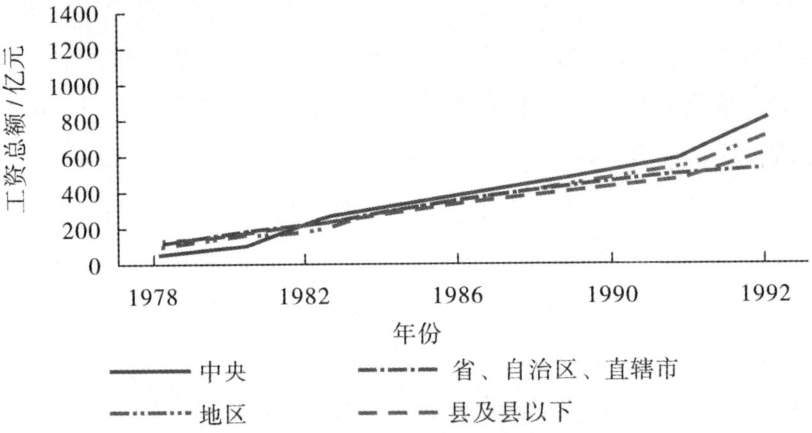

图 8-5 1978—1992 年按隶属关系分国营企业工资总额

资料来源：《中国劳动统计年鉴》。

从平均工资看，按照隶属关系分，1978—1992 年，国营企业平均工资均保持增长趋势。1978 年，中央国营企业平均工资为 742 元，省、自治区、直辖市国营企业平均工资为 710 元，地区国营企业平均工资为 644 元，县及县以下国营企业平均工资为 548 元；1992 年，中央国营企业平均工资为 3517 元，省、自治区、直辖市国营企业平均工资为 2970 元，地区国营企业平均工资为 2644 元，县及县以下国营企业平均工资为 2293 元（见图 8-6）。

2. 1993—2003 年

从工资总额看，按照隶属关系分，1993 年，中央国有企业工资总额为 1031.7 亿元，省、自治区、直辖市国有企业工资总额为 774.4 亿元，地区国有企业工资总额为 967 亿元，县及县以下国有企业工资总额为 1031.1 亿元，

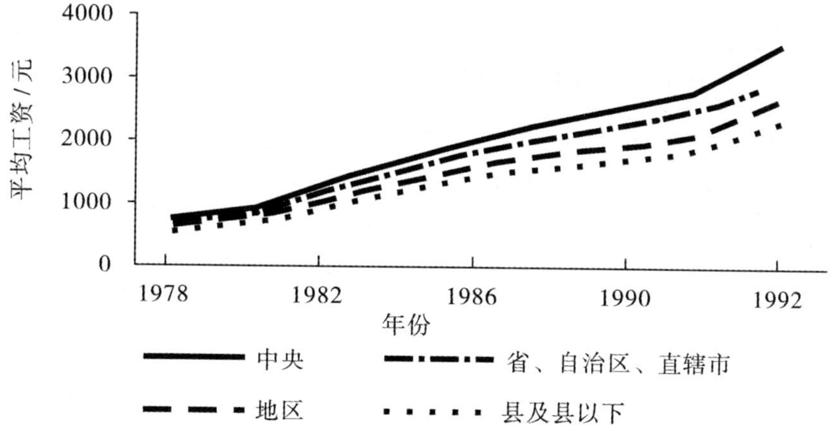

图 8-6 1978—1992 年按隶属关系分国营企业平均工资

资料来源:《中国劳动统计年鉴》。

其他国有企业工资总额为 8.5 亿元;2003 年,中央国有企业工资总额为 2568.4 亿元,省、自治区、直辖市国有企业工资总额为 1758.8 亿元,地区国有企业工资总额为 1973.8 亿元,县及县以下国有企业工资总额为 3356.6 亿元,其他国有企业工资总额为 36.2 亿元(见表 8-4)。1993—2003 年,中央国有企业工资总额增加 1536.7 亿元,增长 148.95%;省、自治区、直辖市国有企业工资总额增加 984.4 亿元,增长 127.12%;地区国有企业工资总额增加 1006.8 亿元,增长 104.12%;县及县以下国有企业工资总额增加 2325.5 亿元,增长 225.54%;其他国有企业工资总额增加 27.7 亿元,增长 325.88%。

表 8-4 1993—2003 年按隶属关系分国有企业工资总额

年份	中央/亿元	省、自治区、直辖市/亿元	地区/亿元	县及县以下/亿元	其他/亿元
1993	1031.7	774.4	967.0	1031.1	8.5
1994	1446.3	967.5	1308.1	1450.7	4.9
1995	1729.8	1141.5	1515.0	1689.4	4.5
1996	1961.5	1253.5	1656.1	1915.5	6.1
1997	2129.2	1314.6	1692.2	2064.0	11.0

（续表）

年份	中央/亿元	省、自治区、直辖市/亿元	地区/亿元	县及县以下/亿元	其他/亿元
1998	1988.6	1268.0	1534.3	2131.0	12.6
1999	2008.9	1280.1	1552.1	2307.7	12.1
2000	2119.2	1360.5	1646.5	2474.5	12.3
2001	2222.9	1491.7	1798.9	2821.9	20.1
2002	2354.2	1593.4	1853.0	3104.8	43.2
2003	2568.4	1758.8	1973.8	3356.6	36.2

资料来源：《中国劳动统计年鉴》。

从平均工资看，按照隶属关系分，1993年，中央国有企业平均工资为4485元，省、自治区、直辖市国有企业平均工资为3855元，地区国有企业平均工资为3522元，县及县以下国有企业平均工资为2779元，其他国有企业平均工资为2841元；2003年，中央国有企业平均工资为20606元，省、自治区、直辖市国有企业平均工资为15692元，地区国有企业平均工资为15133元，县及县以下国有企业平均工资为11361元，其他国有企业平均工资为15253元（见表8-5）。1993—2003年，中央国有企业平均工资增加16121元，增长359.44%；省、自治区、直辖市国有企业平均工资增加11837元，增长307.06%；地区国有企业平均工资增加11611元，增长329.67%；县及县以下国有企业平均工资增加8582元，增长308.82%；其他国有企业平均工资增加12412元，增长436.89%。

表8-5 1993—2003年按隶属关系分国有企业平均工资

年份	中央/元	省、自治区、直辖市/元	地区/元	县及县以下/元	其他/元
1993	4485	3855	3522	2779	2841
1994	6215	5275	4702	3647	4803

（续表）

年份	中央/元	省、自治区、直辖市/元	地区/元	县及县以下/元	其他/元
1995	7480	6316	5432	4201	5696
1996	8542	7109	5989	4669	6290
1997	9322	7506	6417	5028	7587
1998	10441	8153	7641	5814	7584
1999	11726	8975	8574	6749	8957
2000	13214	10120	9717	7466	9325
2001	15365	11809	11536	8855	10678
2002	17855	13577	13280	10240	12837
2003	20606	15692	15133	11361	15253

资料来源：《中国劳动统计年鉴》。

3. 2004—2015 年

从工资总额看，按照隶属关系分，2004 年，中央国有企业工资总额为 2849.1 亿元，省、自治区、直辖市国有企业工资总额为 1948.8 亿元，地区国有企业工资总额为 2166.2 亿元，县及县以下国有企业工资总额为 3767 亿元，其他国有企业工资总额为 46 亿元；2015 年，中央国有企业工资总额为 7597.1 亿元，省、自治区、直辖市国有企业工资总额为 6147.6 亿元，地区国有企业工资总额为 7765.4 亿元，县及县以下国有企业工资总额为 18021.1 亿元，其他国有企业工资总额为 856.7 亿元（见表 8-6）。2004—2015 年，中央国有企业工资总额增加 4748 亿元，增长 166.65%；省、自治区、直辖市国有企业工资总额增加 4198.8 亿元，增长 215.46%；地区国有企业工资总额增加 5599.2 亿元，增长 258.48%；县及县以下国有企业工资总额增加 14254.1 亿元，增长 378.39%；其他国有企业工资总额增加 810.7 亿元，增长 1762.39%。

表8-6 2004—2015年按隶属关系分国有企业工资总额

年份	中央/亿元	省、自治区、直辖市/亿元	地区/亿元	县及县以下/亿元	其他/亿元
2004	2849.1	1948.8	2166.2	3767.0	46.0
2005	3075.3	2199.0	2427.0	4264.8	43.1
2006	3447.1	2486.4	2738.4	4875.9	52.3
2007	4015.1	2955.9	3294.0	5970.1	56.3
2008	4554.4	3417.5	3822.0	7073.3	89.8
2009	5054.8	3972.6	4312.4	8335.2	187.6
2010	5781.3	4450.6	4714.2	9712.1	228.2
2011	6761.5	5285.4	5507.0	11050.3	350.5
2012	7511.7	5966.2	6363.6	12713.1	395.5
2013	7089.4	5448.8	6443.1	13831.9	546.4
2014	7437.8	5660.2	6961.0	15073.0	974.7
2015	7597.1	6147.6	7765.4	18021.1	856.7

资料来源：《中国劳动统计年鉴》。

从平均工资看，按照隶属关系分，2004年，中央国有企业平均工资为23620元，省、自治区、直辖市国有企业平均工资为18225元，地区国有企业平均工资为17630元，县及县以下国有企业平均工资为12924元，其他国有企业平均工资为19749元；2015年，中央国有企业平均工资为87906元，省、自治区、直辖市国有企业平均工资为73111元，地区国有企业平均工资为67827元，县及县以下国有企业平均工资为56318元，其他国有企业平均工资为63201元（见表8-7）。2004—2015年，中央国有企业平均工资增加64286元，增长272.17%；省、自治区、直辖市国有企业平均工资增加54886元，增长301.16%；地区国有企业平均工资增加50197元，增长284.73%；县及县以下国有企业平均工资增加43394元，增长335.76%；其他国有企业平均工资增加43452元，增长220.02%。

表 8-7　2004—2015 年按隶属关系分国有企业平均工资

年份	中央/元	省、自治区、直辖市/元	地区/元	县及县以下/元	其他/元
2004	23620	18225	17630	12924	19749
2005	27358	21242	20479	14943	21848
2006	31279	24748	23327	17125	23155
2007	37154	29342	27561	21205	26234
2008	42633	34075	32208	24980	36175
2009	46408	36186	35495	28224	37154
2010	52964	40918	39878	31631	40794
2011	60012	47042	45065	35528	45914
2012	66865	52637	50051	39662	49291
2013	74136	58774	54956	43494	54992
2014	80895	64212	59420	47470	63282
2015	87906	73111	67827	56318	63201

资料来源：《中国劳动统计年鉴》。

第九章　国有垄断行业的改革

国有垄断行业改革大体可以划分为探讨孕育期、启动期、缓慢推进期、混改实验期四个阶段。1978—1995 年是国有垄断行业改革的探讨孕育期，这一阶段的改革围绕着国有垄断行业的外围进行，“先增量后存量”“先易后难”的改革思路使得处于市场经济重点、焦点和难点领域的国有垄断行业被暂时搁置起来，基本没有触及国有垄断行业改革的实质；1995—2004 年是国有垄断行业改革的启动期，电力业、电信业、石油业、民航业等国有垄断行业正式拉开了以政企分开、事企分开为核心的改革序幕，通过实施政企分开、事企分开、纵向拆分、横向拆分、引入行业外资本等改革措施，该阶段的国有垄断行业改革取得了一定的进展；2004—2015 年是国有垄断行业改革的缓慢推进期，该阶段的改革主要集中在竞争性领域，国有垄断行业的改革进展十分缓慢；2015 年至今则是混改实验期，国务院发布的《关于国有企业发展混合所有制经济的意见》作为国有企业改革顶层设计的配套文件，对国有企业混改之路提出了具体要求。

相对于竞争性行业而言，国有垄断行业规模巨大，政企不分的程度仍然较为严重，改革的阻力非常大。但是，毋庸置疑的是当前改革的方向和道路是完全正确的，成效和功绩亦是不容否定的。国有垄断行业改革的总体进展主要体现在以下方面：一是大多数国有垄断行业都实现了政企分开、政资分开，完成了产权结构改革，并基本建立了比较规范的现代企业治理结构。其中，电力业、电信业、民航业、石油业等行业已经完成了产权和治理结构改革，通过上市利用外部治理机制来解决国有企业的效率问题。邮政业和部分城市公用事业通过近年来的政企分开改革，也已经基本建立了比较规范的治理结构。2013 年 3 月，中国铁路总公司正式成立，2017 年 18 个铁路局已改制为集团有限公司，法人治理结构基本形成。二是大多数国有垄断行业都实现了规制机构和被规制企业的分离，但基本的规制体制和规制框架尚未建立。

除了电力业建立了独立规制机构外，其他行业都还是集隶属机构或主管机构和规制机构于一体的非独立规制体制。规制机构的定位和规制目的尚不清晰，而且缺乏基本的规制方法和手段（如价格规制和进入规制）。三是电力业、石油业、民航业和机车车辆制造业通过分拆重组进行了竞争与运营模式改革，基本建立了以地域为竞争和运营边界的寡头垄断市场格局，但有效的市场竞争机制并未形成，其他行业仍维持横向一体化和纵向一体化的垄断体制。四是国有垄断行业的定价机制改革初步尝试。大多数国有垄断行业的定价采取了成本加成法，但尚缺乏科学有效的成本审核机制，价格并不能反映实际成本状况，也不能引导企业提高效率。定价机制的僵化使得国有垄断行业价格水平要么太高，使企业获得超额垄断利润；要么太低，造成公益性产品供给的大量亏损。五是电信业在 2008 年通过兼并重组，打破了条块分割，突破了业务壁垒和地域限制，为综合运营商改革模式探索出了新的道路。六是自 2016 年重点领域混合所有制改革试点启动以来，相关企业皆迈出实质性步伐，相继有三批共 50 家试点企业落地，包括中央企业和部分地方国有企业。如 2018 年中国联通和中国铁路旗下的动车网络等相继进入混改试点名单，进一步深化改革。具体改革进展如表 9－1 所示。

表 9－1　国有垄断行业改革进展情况表

国有垄断行业		改革方案出台时间	主管机构（产权结构）	治理结构	改革后市场结构	准入机制	价格机制	规制体制	普遍服务机制
电信业	移动电话	2008 年 5 月	国务院国资委（国有企业）	股份公司	中国移动、中国联通双寡头	基础电信有限准入，增值业务已放开	国家定价	工信部、非独立规制	有
	固定电话	2008 年 5 月	国务院国资委（国有企业）	股份公司	中国电信、中国联通双寡头		国家定价	工信部、非独立规制	有

（续表）

国有垄断行业		改革方案出台时间	主管机构/产权结构	治理结构	改革后市场结构	准入机制	价格机制	规制体制	普遍服务机制
电信业	混合所有制试点	2018年4月	国务院国资委（国有企业）	股份公司	腾讯、百度、京东、阿里巴巴入股中国联通	—	国家定价	工信部、非独立规制	有
电力业	发电	2002年4月	国务院国资委（国有企业）	股份公司	5家公司形成多寡头垄断	准入	国家定价	电监委、独立规制	有
	输配电	2002年4月	国务院国资委（国有企业）	股份公司	双寡头非对称垄断竞争	准入	国家定价	电监委、独立规制	有
民航业	航空运输	2002年10月	国务院国资委（国有企业）	股份公司	6家公司形成多寡头垄断竞争	允许进入但审批严格	市场定价	非独立规制	无
	机场	2002年10月	地方政府（国有企业）	国有独资	相对独立地域垄断	不允许进入	国家定价	地方政府、非独立规制	无
石油业	原油生产进口	1998年3月	国务院国资委（国有企业）	股份公司	中石油、中石化、中海油三寡头主导	不允许进入	国家定价为主	国家发改委与商务部、非独立规制	有

（续表）

国有垄断行业		改革方案出台时间	主管机构/产权结构	治理结构	改革后市场结构	准入机制	价格机制	规制体制	普遍服务机制
石油业	石油炼制	1998年3月	国务院国资委（国有企业）	股份公司	中石油、中石化双寡头主导	不允许进入	国家定价为主	国家发改委、非独立规制	有
	成品油批发零售	1998年3月	国务院国资委（国有企业）	股份公司	中石油、中石化为主的双寡头垄断	允许进入但审批十分严格	国家定价为主	国家发改委、非独立规制	有
城市公用事业	供水	各城市进展不同	地方政府（国有企业）	大多为国有独资	相对独立地域垄断	部分城市放开准入	国家定价	地方政府、非独立规制	有
	城市燃气生产	1998年3月	国务院国资委（国有企业）	股份公司	中石油、中石化、中海油三寡头主导	不允许进入	国家定价为主	国家发改委、非独立规制	有
	燃气配送零售	各城市进展不同	地方政府（国有企业）	大多为国有独资	相对独立地域垄断	部分城市放开准入	国家定价	地方政府、非独立规制	有
	垃圾处理	各城市进展不同	地方政府/事业单位或国有企业	事业单位或国有独资	相对独立地域垄断	部分城市部分业务环节放开准入	国家定价	地方政府、非独立规制	有

（续表）

国有垄断行业	改革方案出台时间	主管机构/产权结构	治理结构	改革后市场结构	准入机制	价格机制	规制体制	普遍服务机制
铁路业	2013年	铁道部（国有资产）	国有独资	14个铁路局地域垄断	不允许进入	国家定价	铁道部、非独立规制	有
	2017年	国家铁路局（国有资产）	国有独资	集团有限公司	不允许进入	国家定价	国家铁路局、非独立规制	有
	2018年	国家铁路局（国有资产）	混合所有制	腾讯与吉利控股拿下中国铁路总公司旗下动车网络49%的股权	—	国家定价	国家铁路局、非独立规制	有
邮政业	2005年7月	国家邮政局（国有资产）	国有独资	国内外多主体邮政企业竞争	有条件的限制性进入	国家定价为主	国家邮政局、非独立规制	有
机车车辆制造业	2000年9月	铁道部（国有企业）	股份公司	中国南车、中国北车双寡头	有条件的限制性进入	铁道部招标采购	铁道部、非独立规制	有

一、电信业

中国电信业改革起始于1994年，从中国联通成立之日起开始打破邮电部政企一体的独家垄断局面。1998 年信息产业部成立，实施了电信业的政企分开。但是国家垄断的电信业仍然垄断着固定电话和移动电话经营，并有效地阻碍了中国联通的竞争尝试。虽然对国家垄断企业进行了固定电话和移动电话的分拆，但是电信市场上仍然缺乏有效竞争。2001 年，中国电信业再一次分拆重组，在基础电信业务市场上主要有中国电信、中国网通、中国联通、中国移动、中国铁通、中国卫星通信等 6 家电信公司，它们在各自的业务领域内与其他经营同类业务的公司展开竞争。在增值电信及互联网相关业务领域，一个更加开放的竞争格局已经出现。从实际效果看，电信分业市场竞争的局面初步形成，尽管仍存在许多问题，但与改革前相比，价格高、服务质量低的问题得到较明显的改善，竞争的效果已经显现。但是随着技术进步和移动电话对固定电话替代作用的显现，中国电信市场上重新出现了不均衡的格局，加上固定电话和移动电话的分业限制，造成固定电话运营商的逐渐式微，以及中国移动一家独大。中国电信业已经失去了有效竞争的市场基础。

经过 2001 年的分拆重组后，在移动电话业务市场上，中国移动所占市场份额为 70.8%。在固定电话业务市场上，中国电信占有 67.7% 的市场份额，是位居第二的中国网通的 2.5 倍。而中国铁通、中国卫星通信总共只占 5% 的市场份额。到 2006 年，尽管经过了 5 年的发展，但这种市场格局基本未发生变化。

由于竞争错位，以及移动通信业务和固定电话网络业务的分割，中国移动能够借助固定电话被移动电话取代的契机快速发展，而中国电信受限于经营许可无法抓住这一机遇，中国联通也无法获得优质资源以快速发展，最终导致中国移动一家独大，以前的不对称规制不仅没有克服垄断，反而强化了垄断。因此电信企业之间产生了人为的技术差距和资源差距，这种企业间的不平衡降低了电信业的效率。为解决这一问题，在 2008 年，中国政府再一次调整了电信业市场结构，这一次的调整主要是针对中国移动一家独大的状况。由于电信业的利润主要集中在移动通信领域，中国电信和中国联通等运营商长期处于亏损边缘，为了实现资源合理分配，保证企业盈利，政府通过整合相对较弱的电信运营业务，人为地构建了一个合理的、能够有效竞争的产业结构。

从表 9-2 和表 9-3 中可以看出，2008 年中国电信业进行重组后，虽然中国移动仍然一家独大，但是电信业的竞争结构已经得到了优化。而且由于三家企业可以进行全业务竞争，预计市场竞争将会出现比较均衡的局面。

表9-2　2008年重组后电信企业的业务范围与市场结构

电信业务		企业数/家	主导企业	市场结构
固定电话	本地电话	3	中国电信 中国联通	双寡头垄断，两者占市场份额的99%以上
	国内长途	3	中国电信 中国联通	双寡头垄断，两者占市场份额的99%以上
	国际长途	3	中国电信 中国联通	双寡头垄断，两者占市场份额的99%以上
移动电话		3	中国移动 中国联通	双寡头垄断，中国移动占70.33%，中国联通占22.08%
数据通信		3	中国联通 中国电信	双寡头垄断

表9-3　重组后电信业市场结构

运营商	业务范围	2009年		2016年	
		营业收入/亿元	所占份额/%	营业收入/亿元	所占份额/%
中国移动	移动、固定、宽带	4518	52.48	7084	53.07
中国电信	移动、固定、宽带	2211	25.68	3523	26.39
中国联通	移动、固定、宽带	1880	21.84	2742	20.54

由于市场变化，电信业出现了越来越严重的马太效应，通过早期垄断移动通信所建立的先发优势，中国移动越来越强，不断侵蚀中国电信和中国联通的市场份额。为了激发企业活力，于2017年8月，中国联通正式进入混改期，并于2018年2月出台员工股权激励计划，其混改工作告一段落。

二、电力业

为缓解长期制约中国经济发展的电力短缺瓶颈，1985 年以来，中国开始在一定程度上开发电力市场，引入新的投资主体和经营主体，结束了长达 30 多年的计划经济下的“独家办电”体制，推动了中国电力业的快速发展。1997 年对电力业进行政企分开改革，在电力工业部的基础上成立了国家电力公司，其原有的政府职能移交到国家经贸委。2002 年以“打破垄断，引入竞争”为目标启动了新一轮电力体制改革。

在这一轮改革中，以 2002 年为节点，通过纵向和横向拆分的方式实现“网电分开”，引入了竞争机制。纵向分拆是指拆分电厂资产和电网资产，实现厂网分离；而横向分拆是以规模经济为理论依托，利用资本重组的方式重组出五家各自占市场份额不超过 20% 的全国性企业，分别是中国华能集团公司、中国大唐集团公司、中国华电集团公司、中国国电集团公司、中国电力投资集团公司。对于电网则依托瓶颈理论，对具有公益属性的电网进行国家垄断经营，以国有独资形式设立国家电网公司（经营北方电网）和中国南方电网有限公司（经营南方电网）。

2015 年 5 月 29 日，经国务院批准，中国电力投资集团公司与国家核电重组成立国家电力投资集团公司。2017 年 8 月 28 日，经报国务院批准，中国国电集团公司与神华集团有限责任公司合并重组为国家能源投资集团有限责任公司。

从表 9-4、表 9-5 中可以看出，电力行业的竞争性改革并不彻底，各电力企业之间竞争较小。虽然有剥离兼并重组的影响，但电力企业的市场份额变化依然不大。

表 9-4　2009 年电力业发电环节的市场结构

企业名称	营业收入/万元	市场份额/%
中国华能集团公司	15137481	29.87
中国大唐集团公司	10165408	20.06

（续表）

企业名称	营业收入/万元	市场份额/%
中国国电集团公司	9450745	18.65
中国华电集团公司	8946801	17.65
中国电力投资集团公司	6980746	13.77

数据来源：2009年中国企业500强。

表9-5　2017年电力业发电环节的市场结构

企业名称	营业收入/亿元	市场份额/%
中国华能集团公司	2586	19.21
中国大唐集团公司	1710	12.71
国家能源投资集团有限责任公司	5128	38.10
中国华电集团公司	2006	14.90
国家电力投资集团公司	2029	15.08

资料来源：《2018—2023年中国电力行业市场前瞻与投资战略规划分析报告》。

不同时期的电力业输电环节的市场结构对比情况如表9-6所示。

表9-6　2017年与2009年电力业输电环节的市场结构对比

名称	2009年		2017年		管辖地区
	营业收入/亿元	市场份额/%	营业收入/亿元	市场份额/%	
国家电网公司	12659.8	80	20939	81.56	除广东、广西、云南、贵州、海南以外的其他地区
中国南方电网有限公司	3136	20	4733	18.44	广东、广西、云南、贵州、海南

表9-6说明了我国输电行业几乎不存在竞争，2009年与2017年两家公司的市场份额几乎没发生变化。综合输电和供电两大块，可以发现电力业的

竞争性是一种“表面”的竞争。受限于地域进入壁垒，并没有形成真正的竞争性市场。

三、民航业

1987年以前，航空业一直由空军管理。1987年后中国政府决定进行以航空公司与机场分设为特征的体制改革，先后成立中国国际航空公司、中国东方航空公司、中国南方航空公司、中国西南航空公司、中国西北航空公司、中国北方航空公司和中国通用航空公司以及民航华北、华东、中南、西南、西北和东北六个地区管理局。在1993年4月19日，中国民用航空局改称“中国民用航空总局”（下简称“民航总局”），属国务院直属机构。随后以2002年为节点，民航业再次进行重组。

2002年的重组包括如下内容：首先是航空企业和保障单位重组为六大集团公司，分别是：中国航空集团公司、东方航空集团公司、南方航空集团公司、中国民航信息集团公司、中国航空油料集团公司、中国航空器材进出口集团公司。成立后的集团公司与民航总局脱钩，交由中央管理。其次是进行民航政府监管机构改革。民航总局下属7个地区管理局和26个省级安全监督管理办公室对民航事务实施监管。最后是机场实行属地管理。按照政企分开、属地管理的原则，对90个机场进行了属地管理改革，民航总局直接管理的机场下放所在省（区、市）管理，相关资产、负债和人员一并划转；民航总局与地方政府联合管理的民用机场和军民合用机场，属民航总局管理的资产、负债及相关人员一并划转所在省（区、市）管理；首都机场、西藏自治区区内的民用机场继续由民航总局管理。至2004年，民航体制改革彻底完成。2008年3月，根据第十一届全国人大第一次会议通过的《国务院机构改革方案》，中国民用航空总局改组为中国民用航空局，由新组建的交通运输部管理。

在同一时间段，政府也放宽了民航业的进入机制，引入民营资本。同时放松了价格规制，赋予航空公司更大的自主权。例如允许民航公司在政府基准定价上浮25%、下浮45%的幅度内自主确定价格，允许民航公司在短途航线和独家经营航线方面自主定价。以2005年为节点，已经有奥凯、春秋、鹰联、东星等多家民营运输航空公司进入民航业。截止到2017年，中国有58家航空运输公司，民航业竞争格局将进一步向多元化发展。根据2005年8月15日起施行的《国内投资民用航空业规定（试行）》，鼓励、支持国内投资主体投资民航业，民航业在放宽投资准入的同时，对各类航空公司的管理政策实行同等待遇。明确规定公共航空运输企业（即中国国际航空股份有限公司、中国东方航空股份有限公司、中国南方航空股份有限公司）应当保持国有或者国有控股。并且指出民用运输机场（即各省、自治区、直辖市政府所在地机场）是自然垄断部门，鼓励国内各投资主体进行多元投资，非国有投资主体可以参股。但是民用运输机场应当保持国有或者国有控股。

不同所有制航空运输公司的数量如表9－7所示，国有控股公司、民营和民营控股公司的数量在2011—2017年间不断增长，其中国有控股公司的数量接近民营和民营控股公司的3倍，具有绝对优势。

表9－7　按不同所有制划分的航空运输公司数量表

指标	2011年	2012年	2013年	2014年	2015年	2016年	2017年
总数/家	47	46	46	51	55	59	58
国有控股公司/家	38	36	36	38	41	44	43
民营和民营控股公司/家	9	10	10	13	14	15	15

资料来源：《民航行业发展统计公报》。

四、铁路业

2000—2003年，铁路改革陆续出台了多个方案，其中包括参考了英国铁路改革模式的“网运分离”方案，以及参考美国与加拿大铁路运营和管理体制的“网运合一、区域竞争”方案。由于中国铁路业一直处于严重的短缺状态之中，改革的外部环境偏紧。为了保证正常运营不受干扰，改革方案最终都被决策层搁置。

2005年3月，铁道部对全国41个铁路分局进行了整合，将之整合为18个基层站段，由铁路局集团公司直接进行管理。这一次改革形成了“铁道部—铁路局—站段”三级管理体制。然而，这种三级管理的组织架构仍然是一种垂直的行政管理体制，还是由铁道部集中统一领导。从2004年开始，铁道部加快实施路网资产改制和上市融资计划，先后已有大秦铁路、广深铁路、铁龙物流等数家铁路企业上市融资。2013年铁道部将铁道部拟定铁路发展规划和政策的行政职责划入交通运输部；组建国家铁路局，交由交通运输部管理，承担原铁道部的其他行政职责①。成立中国铁路总公司，由其承担原铁道部的企业职责，以铁路客货运服务为主，实施多元化经营。目前，中国铁路总公司设置27个部门，下设18个铁路局集团公司，管辖铁路营业里程97840公里，职工总数为204.56万人，资产总额为46631.59亿元（各个铁路局集团公司分管地区信息如表9-8所示）。

表9-8　各个铁路局集团公司分管地区信息表

铁路局集团公司	分管地区
中国铁路北京局集团有限公司	北京、天津、河北
中国铁路南昌局集团有限公司	江西、福建
中国铁路济南局集团有限公司	山东
中国铁路上海局集团有限公司	上海、浙江、江苏、安徽
中国铁路广州局集团有限公司	广东、湖南
中国铁路沈阳局集团有限公司	辽宁、吉林
中国铁路哈尔滨局集团有限公司	黑龙江
中国铁路郑州局集团有限公司	河南（南部局部属于中国铁路武汉局集团有限公司）
中国铁路武汉局集团有限公司	湖北
中国铁路南宁局集团有限公司	广西
中国铁路西安局集团有限公司	陕西
中国铁路成都局集团有限公司	四川、重庆、贵州

① 胡苏皓：《竞争、自然垄断与组织结构——关于铁路行业改革思路的探讨》，《实事求是》2008年第2期。

（续表）

铁路局集团公司	分管地区
中国铁路昆明局集团有限公司	云南
中国铁路兰州局集团有限公司	甘肃、宁夏
中国铁路太原局集团有限公司	山西
中国铁路呼和浩特局集团有限公司	内蒙古（东北部属于中国铁路哈尔滨局集团有限公司）
中国铁路乌鲁木齐局集团有限公司	新疆
中国铁路西藏铁路集团公司	青海、西藏

综观中国铁路业的改革历程，可以发现，在2013年以前，改革始终在铁道部的内部进行，更多的是通过提升自身的运营效率来面对市场外的异质竞争，而在铁路业市场内几乎没有任何实质性的竞争。铁路业的改革并没有触及更深层次的垄断体制问题。在2013年以后，虽然提出了新的改革方案并初步执行，但是在政企分开方面进展缓慢，竞争机制设计、公司治理方面无甚进展。而2018年的混改则是针对在总业务中所占比重几乎为零的动车网络，改革幅度极小。

五、邮政业

邮政服务是国家基本公共服务的重要组成部分，在促进经济社会发展和保障公民基本通信权利等方面发挥着不可或缺的作用。我国邮政业改革可以划分为三个阶段。第一阶段：在中华人民共和国成立初期，我国邮政业采用邮电合营、政企合一模式，由邮电部提供邮政服务。第二阶段：以1998年设置国家邮政局为标志，国家邮政局的成立实现了邮政和电信分离。但邮政经营管理体制仍保留政企合一模式，由国家邮政局提供邮政服务。第三阶段：2005年国务院通过邮政体制改革方案。国家邮政局将要实行政企分开。在2007年1月，政企分开完成，重组后的国家邮政局和中国邮政集团公司标志着邮政体制改革取得重要阶段性成果。邮政业开始出现市场竞争，快递业多元主体的出现更是促进了邮政业的竞争发展。

总体来看，自2007年政企分开以来，国家邮政局在剥离企业职能、资产和人员的基础上实现重组，成为国家邮政监管机构，对邮政普遍服务和邮政市场实施统一监管。同时，组建中国邮政集团公司，继受国家邮政局的企业职能、资产和人员，依法承担邮政普遍服务责任，并面向市场完善产品体系，发展快递、物流、金融等业务。邮政业建立了政府依法监管、企业独立自主经营的新邮政体制，为行业加快发展奠定了基础。

“十二五”期间，快递业实现持续高速增长，快递业业务收入占邮政业业务收入比重由45%提升到69%，快递业的重要地位日益凸显。初步形成7家年收入超200亿元、8家年收入超100亿元的快递企业，快递业市场化、网络化、规模化、品牌化程度不断提高。“十二五”末期，我国快递业年业务量突破200亿件，继2014年首次突破100亿件后再登新量级，稳居全球首位，最高日处理量突破1.6亿件，成为中国经济的一匹黑马。目前，快递业集中度依然不高，最大的企业市场占有率仍未超过20%，通达系差异化较小，竞争格局较为激烈，因此无法形成对阿里和客户的议价权，未来行业增速逐渐放缓，抱团结盟将成为大势所趋，率先领导行业整合的企业将更有望成为最后的市场寡头。2016年民营企业市场份额进一步提升。国有企业、民营企业、外资企业业务量份额分别为9.1%、90.3%和0.6%，业务收入份额为10%、83.8%和6.2%。在快递市场，民营企业占主导地位，且份额不断提升，国有企业EMS在民营企业的冲击下，市场份额持续下降，外资企业业务量的市场份额很低，不到1%，而业务收入份额达到6.2%，说明外资企业的营业水平较高。

六、石油业

总体来看，我国石油业从20世纪80年代的“三分四统”式的“上下游分离、海陆分家、内外贸分治”的运营模式演变为从20世纪末一直延续至今的“上下游一体化、南北分治、海路分割、三足鼎立”的运营模式①。

---

① 戚聿东：《中国垄断行业引入竞争机制的国际背景、进程和模式选择》，《首都经济贸易大学学报》2009年第4期。

以1998年为节点，石油业内部按照“海陆分家”的形式，由中国石油天然气总公司负责陆地原油的勘探与生产，中国海洋石油总公司负责海洋原油的勘探与生产；按照“上下游分离”的模式，由中国石油化工总公司负责原油的炼制与化工；按照“内外贸分治”的模式，中国化工总公司独家经营石油进出口贸易。这一划分一直持续到1992年。在1992年后，政府逐渐放松对成品油市场的管制，民间资本开始进入石油业。在此期间政府对成品油批发零售没有限制，民营企业获得高速发展的机会。成品油市场几乎处于一种自由竞争的状态，最终民营企业的业务量甚至要超过国有企业。

在1998年3月，为了提高石油企业的竞争力，国务院宣布重组石油工业，将原本的“三分四统”式的分业经营转为混业经营，最终组建了两个“上下游一体化”的超大型企业集团，分别是中石化和中石油。其中北方12个省级地区的油气资源，相应的勘探生产业务，炼油、批发、零售业务均被划归到中石油。而南方19个省级地区的生产、炼油、销售业务则被划分给中石化。在这一改革中，中海油业务不变。中石油和中石化在获得国内油田原油垄断开采权的同时，还获得石油的进出口经营权。另外，两大集团也拥有了对民营企业从事海外进口原油的配额发放权，可以说民营企业已经失去了直接进口海外原油的能力。这一次改革虽然在国内初步形成了三大石油集团竞争的市场格局，但实际上严格的地域划分阻碍了市场竞争。

以1999年为节点，国务院办公厅下发的38号文件限制了民营企业进入成品油批发市场。在这一文件中，规定仅中石油、中石化两大集团可以进入成品油批发市场，国内各炼油厂生产的成品油只能全部交由中石化和中石油。同时，各地新建的加油站必须统一由中石油、中石化全资或控股建设。这个文件赋予中石油、中石化对成品油市场的垄断权。另外，虽然燃油零售价格受政府规制，但成品油的出厂价却由中石化和中石油自行制定，这进一步强化了两大集团在成品油市场中的垄断地位，并将这种市场势力扩散到上游市场。

在2004年年末，中央政府宣布全面开放石油零售市场，在这一市场中引入竞争，两大集团仍占有市场主导地位。到2008年上半年，黑龙江省9个民营石油批发企业都已停业。在1200多个民营加油站中，700多个处于亏损状态，300多个已经停业，能正常经营的只有200多家。根据中商石油委统计的数据，到2008年上半年，全国663家民营石油批发企业有2/3已经倒闭；4.5

万个加油站有 1/3 已经倒闭。详见表 9-9 和表 9-10。

表 9-9 原油生产集中度 CR3

年份	中石油		中石化		中海油		全国	绝对集中度/%
	原油产量/万吨	市场份额/%	原油产量/万吨	市场份额/%	原油产量/万吨	市场份额/%	原油产量/万吨	
2006	10663	58	4016	22	2775	15	18476	95
2007	10772	58	4108	22	2688	14	18631	94
2008	10825	57	4180	22	2919	15	19043	94
2009	10313	54	4241	22	3179	17	18949	93
2010	10541	52	4617	23	4164	21	20241	93
2011	10754	53	4531	22	3895	19	20287	94
2012	11033	53	4623	22	3857	19	20747	94
2013	11260	54	4683	23	3943	19	20812	96
2014	11293	53	4698	22	4152	20	21176	95
2015	11295	53	4756	22	4212	20	21267	95
2016	10435	53	4575	23	4121	21	19873	97
2017	10335	54	4475	23	4076	20	19151	98

资料来源：企业数据来自企业年报，全国数据来自中国经济与社会发展统计数据库。

表 9-10 原油加工业务的市场集中度 CR3

年份	中石油		中石化		中海油		全国	绝对集中度/%
	原油加工量/万吨	市场份额/%	原油加工量/万吨	市场份额/%	原油加工量/万吨	市场份额/%	原油加工量/万吨	
2006	11586	38	16038	52	—	—	30651	90
2007	12272	37	17047	52	—	—	32889	89
2008	12529	36	17813	52	—	—	34375	88
2009	12512	34	18758	50	1200	3	37349	87

（续表）

年份	中石油		中石化		中海油		全国	绝对集中度/%
	原油加工量/万吨	市场份额/%	原油加工量/万吨	市场份额/%	原油加工量/万吨	市场份额/%	原油加工量/万吨	
2010	13528	32	21214	50	2785	7	42824	89
2011	14483	32	21737	49	2610	6	44729	87
2012	14716	31	22131	47	3008	6	46791	84
2013	14602	31	23195	48	2961	6	47857	85
2014	14631	29	23269	46	3137	6	50352	81
2015	14762	29	23742	46	3254	6	51453	81
2016	15325	29	24324	46	3321	6	52356	81
2017	15687	30	24782	47	3472	7	52464	84

资料来源：企业数据来自企业年报，全国数据来自中国经济与社会发展统计数据库。

七、有线电视业

中国有线电视业改革和发展也可划分为事业单位时期、国有企业垄断时期和市场竞争时期等三个时期。

1983年之前是中国有线电视业的共用天线发展阶段，采用的是中国自行设计、生产制造、安装调试的共用天线电视系统，这是有线电视网络的萌芽时期，在这一阶段有线电视主要是指通过主天线接收无线电视信号，经电缆分配入户，用以提高无线电视接收质量的共用天线系统，在管理体制上采用的是两级办广播电视的体制。共用天线技术特点是全频道隔频传输，一个共用天线系统可传输五六套节目。由于共用天线系统会受到天气环境的影响，而且所能传输的节目套数较少，没有回传通道及交控能力，因此其发展受到很大限制。

我国中央政府于1983年确定了“四级办电视、四级混合覆盖”的方针。在此之后全国各个省、市、县纷纷创办独立的电视台，地方台与国家台共同繁荣发展。1981—1990年，许多企事业单位和城市用同轴电缆进行干线传输，配备一定的前端设备，组建电视分配网，规模大到上万户，小至几十户。

1990 年 11 月，《有线电视管理暂行办法》颁布，允许有线电视可以收取建设费和维护费。在此期间，全国各地先后成立了 1000 多家有线电视台，在全国范围内形成了一个仅次于电信网络的超大型有线网络。伴随着地方有线电视台的高速发展，传统的网台一体、政企不分的模式弊病逐渐显现，各地纷纷上马的有线电视台建设也存在一定的重复建设和资源浪费的现象，这些都成为其继续发展的阻碍。在 1999 年 11 月，依照《关于加强广播电视有线网络建设管理的意见》（国办〔1999〕82 号文），全国范围内将有线电视网络与无线电视网络合并，停办四级台，避免资源浪费。同时实行网台分离，在各个省、市成立了独立的有线电视网络公司或广电网络公司，实现电视台与有线网络之间的分割，为下一步改革打下基础①。

在实行网台分离后，新诞生的各省、市的有线网络公司互不隶属，普遍具有规模小、实力差的特征。为此，国家先后出台了《关于加快有线广播电视网络有效整合的实施细则》《广播影视融资体制改革的实施细则》等文件，鼓励有线网络企业从单位制、层级式向集团制、网络式转变。各省、市有线网络企业也通过资本运作、股份制改造等形式，对本地的网络资源进行整合，力图实现“一省一网、一市一网”。在 2011 年，歌华有线公司完成上市，迈出了我国有线电视现代化公司改革的第一步，也标志着陕西省三级网络合一。在 2003 年，国务院发文要求有线电视行业向数字化转型。在 2005 年 4 月，国务院下发了《国务院关于非公有资本进入文化产业的若干决定》（国发〔2005〕10 号文件），明确提到“非公有资本可以建设和经营有线电视接入网”“非公有资本可以控股从事有线电视接入网社区部分业务的企业”，允许民营资本进入。2010 年三网融合相关政策出台，督促有线电视业参与“广义上的网络”，与电信业展开跨界竞争。2014 年，国网公司挂牌成立。2015 年，《加快推进全国有线电视网络整合发展试点工作方案》的出台，标志着全国一网化进程逐渐加快。2016 年，随着广西广电上市，已经有 9 家广电公司上市，广电公司的现代公司制度转型已经迈出坚实的一步。

---

① 高巍：《有线网络行业的性质及发展路径探讨》，《中国有线电视》2008 年第 1 期。

参考文献

绪论

[1] 金碚，黄群慧. “新型国有企业”现象初步研究 [J]. 中国工业经济，2005（6）.

[2] 黄群慧，余菁. 新时期的新思路：国有企业分类改革与治理 [J]. 中国工业经济，2013（11）.

[3] 张卓元. 中国经济学 60 年 [M]. 北京：中国社会科学出版社，2009.

[4] 蒋一苇. 企业本位论 [J]. 中国社会科学，1980（1）.

[5] 周叔莲. 关于蒋一苇同志的企业理论和企业“四自”的提法 [J]. 经济体制改革，1996（3）.

[6] 陈佳贵. 从“企业本位论”到“经济民主论”：蒋一苇同志关于经济体制改革的主要学术观点介绍 [J]. 经济体制改革，1989（1）.

[7] 吕政，黄速建. 中国国有企业改革 30 年研究 [M]. 北京：经济管理出版社，2008.

[8] 汪海波. 中国国有企业改革的实践进程（1979—2003 年）[J]. 中国经济史研究，2005（3）.

[9] 中国社会科学院工业经济研究所. 中国工业发展报告（2013）：稳中求进的中国工业 [M]. 北京：经济管理出版社，2013.

[10] 余菁，黄群慧. 新时期全面深化国有企业改革的进展、问题与建议 [J]. 中共中央党校学报，2017（10）.

[11] 黄群慧. 破除混合所有制改革的八个误区 [N]. 经济日报，2017-08-04.

第一章

［1］笠原清志，王家珍．社会主义意识形态与劳动争议的“不存在性”：关于劳动关系与劳资关系的概念［J］．工会理论研究（上海工会管理职业学院学报），1999（1）．

［2］周扬波，马艳．构建私有制企业劳资利益均衡机制的思路与对策［J］．理论月刊，2009（6）．

［3］景朝阳．我国国家所有制之回溯：中央与地方关系以及国有资产管理体制的演进的视角［J］．兰州学刊，2008（5）．

［4］宋士云．新中国社会福利制度发展的历史考察［J］．中国经济史研究，2009（3）．

［5］张卓元，郑海航．中国国有企业改革30年回顾与展望［M］．北京：人民出版社，2008.

第二章

［1］黄群慧．“新国企”是怎样炼成的——中国国有企业改革40年回顾［J］．China Economist，2018（1）．

［2］杨春学，杨新铭．关于“国进民退”的思考［J］．经济纵横，2015（10）．

［3］李钢，何然．国有经济的行业分布与控制力提升：由工业数据测度［J］．改革，2014（1）．

［4］［英］休谟．人性论［M］．关文运，译．北京：商务印书馆，1980.

［5］戴锦．国有企业政策工具属性研究［J］．经济学家，2013（8）．

［6］肖旭，范合君．目标冲突、实际机理与国企高管多重角色演绎［J］．改革，2015（10）．

［7］詹新宇，方福前．国有经济改革与中国经济波动的平稳化［J］．管理世界，2012（3）．

［8］周耀东，余晖．国有垄断边界、控制力和绩效关系研究［J］．中国

工业经济，2012（6）.

第三章

[1] 陈清泰. 深化国有资产管理体制改革的几个问题［J］. 管理世界，2003（6）.

[2] 程俊杰，章敏，黄速建. 改革开放四十年国有企业产权改革的演进与创新［J］. 经济体制改革，2018（5）.

[3] 何小钢. 国有资本投资、运营公司改革试点成效与启示［J］. 经济纵横，2017（11）.

[4] 胡家勇. 改革开放40年中国所有制理论的创新和发展［J］. 中州学刊，2018（5）.

[5] 黄群慧. "新国企"是怎样炼成的——中国国有企业改革40年回顾［J］. China Economist，2018（1）.

[6] 黄速建. 国有企业改革的实践演进与经验分析［J］. 经济与管理研究，2008（10）.

[7] 剧锦文. 改革开放40年国有企业所有权改革探索及其成效［J］. 改革，2018（6）.

[8] 柳学信. 国有资本的公司化运营及其监管体系催生［J］. 改革，2015（2）.

[9] 闵乐. 中国国有资产管理体制改革研究［D］. 沈阳：辽宁大学，2016.

[10] 戚聿东，徐炜. 国有独资公司董事会与监事会制度研究［J］. 首都经济贸易大学学报，2008（1）.

[11] 徐丹丹，曾章备. 国企分类改革的实现路径研究现状与展望［J］. 财会月刊，2016（22）.

[12] 徐宏. 关于国有资产管理体制改革的思考［J］. 商业经济，2011（19）.

[13] 薛贵. 新时期完善国有资产管理体制的探析［J］. 财政科学，2018（4）.

［14］杨国亮，杨国寿．国有资产管理体制改革：回顾与展望［J］．经济与管理，2011，25（10）．

［15］张卓元．新时代经济改革若干新举措［J］．经济研究，2017，52（11）．

［16］张卓元．中国经济四十年市场化改革的回顾［J］．经济与管理研究，2018，39（3）．

［17］郑海航．内外主体平衡论：国有独资公司治理理论探讨［J］．中国工业经济，2008（7）．

［18］郑海航．中国国有资产管理体制改革三十年的理论与实践［J］．经济与管理研究，2008（11）．

［19］周放生．国有资产管理局设立的意义［J］．上海国资，2008（10）．

第四章

［1］吕政，黄速建．中国国有企业改革 30 年研究［M］．北京：经济管理出版社，2008．

［2］章迪诚．中国国有企业改革编年史（1978—2005）［M］．北京：中国工人出版社，2006．

［3］汪海波．中国国有企业改革的实践进程（1979—2003 年）［J］．中国经济史研究，2005（3）．

［4］张文魁．解放国企：民营化的逻辑与改革路径［M］．北京：中信出版社，2014．

［5］黄群慧．“新国企”是怎样炼成的——中国国有企业改革 40 年回顾［J］．China Economist，2018（1）．

［6］黄群慧．新时期如何积极发展混合所有制经济［J］．行政管理改革，2013（12）．

［7］戚聿东，张任之．国有企业与民营企业竞争状况比较及其改革建议［J］．中国价格监管与反垄断，2018（3）．

［8］黄群慧，余菁．新时期的新思路：国有企业分类改革与治理［J］．

中国工业经济，2013（11）.

［9］戚聿东. 从“去六化”入手深化国有企业改革［J］. 经济与管理研究，2015（6）.

［10］［美］德姆塞茨. 企业经济学［M］. 梁小民，译. 北京：中国社会科学出版社，1999.

［11］张卫东. 国企产权改革30年［J］. 湖北社会科学，2008（7）.

［12］［法］拉丰，梯若尔. 政府采购与规制中的激励理论［M］. 石磊，王永钦，译. 上海：上海三联书店，2004.

［13］［匈］科尔奈. 短缺经济学［M］. 北京：经济科学出版社，1986.

［14］DEWATRIPONT M E. Credit and efficiency in centralized and decentralized economies[J]. Review of economic studies, 1995, 62(10).

［15］［美］哈特. 企业、合同与财务结构［M］. 费方域，译. 上海：上海三联书店，1998.

［16］赵志峰. G－H－M理论扩展与国有企业产权改革［J］. 南开经济研究，2005（6）.

［17］COASE R H. The Federal Communications Commission［J］. Journal of Law and Economics，1959，2（10）.

［18］丁孝智，季六祥. 1978年以来国有企业产权改革进程及效率评析［J］. 中国经济史研究，2005（1）.

第五章

［1］毛泽东. 毛泽东选集：第5卷［M］. 北京：人民出版社，1977.

［2］中国共产党第十一届中央委员会第三次全体会议公报［N］. 人民日报，1978－12－24.

［3］蔡昉，等. 中国经济改革与发展（1978—2018）［M］. 北京：社会科学文献出版社，2018.

［4］章迪诚，张星伍. 中国国有企业改革的正式制度变迁［M］. 北京：经济管理出版社，2008.

［5］汪海波. 中国国有企业改革的实践进程（1979—2003）［J］. 中国

经济史研究，2005（3）.

［6］余菁，黄群慧．新时期全面深化国有企业改革的进展、问题与建议［J］．中共中央党校学报，2017（10）.

［7］陈清泰．立意就是政企不分［J］．中国经济论坛，2016.

［8］江苏省国资委课题组．国企改革十大难题［M］．南京：江苏人民出版社，2016.

第六章

［1］郭军．从政府和市场关系看中国劳动关系制度的演变［J］．毛泽东邓小平理论研究，2015（3）.

［2］蒋学模．社会主义经济中的资本范畴和剩余价值范畴［J］．经济研究，1994（10）.

［3］项光勤．改制企业劳动关系的新变化及其协调对策［J］．中州学刊，2005（2）.

［4］张军．国有企业劳动争议缘何增多［J］．中国劳动保障，2006（5）.

［5］王青．浅析国企劳动争议的形成原因及对策［J］．中国市场，2009（14）.

［6］陈微波．利益分析视角下我国国有企业劳动关系的定位思考［J］．当代经济研究，2011（10）.

［7］王兴华．国有企业：劳动关系与三方权力平衡机制设计［J］．会计与经济研究，2013（2）.

［8］王剑，李国正．经济新常态下劳动关系发展趋势研究：兼论中国工会职能改革的机遇与挑战［J］．贵州社会科学，2016（12）.

［9］刘凤义，李明．深化国有企业改革需做实四个方面［J］．中国特色社会主义研究，2017（3）.

［10］雷宇，郭剑花．规则公平与员工效率：基于高管和员工薪酬粘性差距的研究［J］．管理世界，2017（1）.

［11］刘张发，田存志，张潇．国有企业内部薪酬差距影响生产效率吗

[J]. 经济学动态，2017（11）.

第七章

[1] 张文魁，袁东明. 中国经济改革30年 [M]. 重庆：重庆大学出版社，2008.

[2] 徐颂陶，孙建立. 中国人事制度改革三十年（1978—2008）[M]. 北京：中国人事出版社，2008.

[3] 黄群慧. 新时期全面深化国有经济改革研究 [M]. 北京：中国社会科学出版社，2015.

[4] 肖旭，范合君. 目标冲突、实际机理与国企高管多重角色演绎 [J]. 改革，2015（10）.

[5] 李骐. 平安业绩缩水近九成　高管天价薪酬将不再 [N]. 华夏时报，2008-12-27.

[6] 崔丽，宋首君.《中央管理企业负责人薪酬制度改革方案》正式实施 [N]. 中国青年报，2015-01-4.

[7] 朱开云. 2015年央企高管薪酬排行：最高637.3万元 最低6万元 [N]. 北京青年报，2016-04-06.

第八章

[1] 戴锦. 国有企业政策工具属性研究 [J]. 经济学家，2013（8）.

[2] 潘慧峰，杨立岩. 制度变迁与内生经济增长 [J]. 南开经济研究，2006（2）.

[3] CHEUNG S. Roofs or stars：the stated intents and actual effects of a rents ordinance [J]. Economic inquiry，1975，13（3）：1-21.

[4] SMALLBONE D，WELTER F. Entrepreneurship and institutional change in transition economies：the commonwealth of independent states，central and eastern europe and china compared [J]. Entrepreneurship & rigional development，2012，24（3/4）：215-233.

［5］沙南安，杨敏．国营企业实行企业基金利润留成制度的演变情况（下）［J］．财政研究，1981（5）．

［6］凌晨．国营企业必须积极地有步骤地试行利润留成制度［J］．经济管理，1979（12）．

［7］赭风．试论国营企业利改税：《财政部关于国营企业利改税试行办法》初探［J］．中国政法大学学报，1984（1）．

［8］栗改穗．认真总结利改税第一步的经验 积极准备第二步改革［J］．财政，1984（5）．

［9］徐增宏，刘镜涛，侯作相．关于“利改税”问题的探讨［J］．经济与管理研究，1981（4）．

［10］李建昌．利改税第二步的原则、措施及重大意义［J］．现代财经，1984（4）．

［11］邵宁．试论承包经营责任制在改革中的意义［J］．中国工业经济，1987（6）．

［12］田代贵．正确认识和评价承包经营责任制：兼议国有企业进一步改革的思路［J］．财贸经济，1988（4）．

［13］王富华．论国营企业的制度创新：进一步深化企业改革的理论思考［J］．财政研究，1992（9）．

［14］金碚．关于股份制改造和股市开放的几点分析［J］．金融研究，1992（8）．

［15］罗巧林，张燕．股份制改造为企业注入活力［J］．证券市场导报，1991（2）．

［16］周冰．过渡性制度安排的适应性效率［J］．经济学家，2014（12）．

［17］叶振鹏．适应社会主义市场经济的要求重构财政职能［J］．财政研究，1993（3）．

［18］“国家与国有企业利润分配”课题组．市场经济：国家与国有企业利润分配关系取向［J］．经济研究参考，1996（7）．

［19］陈金祥．加快建立国有资本经营预算制度：当前国有经济布局和结构战略性调整的根本保障［J］．经济管理，2007（13）．

[20] 周业安. 中国制度变迁的演进论解释 [J]. 经济研究，2000 (5).

[21] 麻彦春，巫威威. 对降低我国国企改制交易费用的探讨：以吉林省国企改制为例 [J]. 经济与管理研究，2006 (11).

[22] 盛洪. 寻求改革的稳定形式 [J]. 经济研究，1991 (1).

[23] 章迪诚，张星伍. 中国国有企业改革的正式制度变迁 [M]. 北京：经济管理出版社，2008.

[24] 盛洪. 关于中国市场化改革的过渡过程的研究 [J]. 经济研究，1996 (1).

[25] 王军，邹广平，石先进. 制度变迁对中国经济增长的影响：基于VAR模型的实证研究 [J]. 中国工业经济，2013 (6).

[26] 张馨. 再论第三财政："双元财政"视角的分析 [J]. 财政研究，2013 (7).

[27] 李丽琴. 国有企业分红比例的评估与再思考：基于资本成本的国企理财目标 [J]. 首都经济贸易大学学报，2015 (5).

[28] 汪毅霖，孙雅静，程振锋. 以稳定为前提的增长与软预算约束的转型 [J]. 首都经济贸易大学学报，2009 (4).

[29] 王哲琦，杨兰品. 国有垄断行业分配制度中存在的问题、改革障碍及调整对策 [J]. 经济与管理研究，2014 (1).

第九章

[1] 戚聿东. 中国垄断行业市场化改革的模式与路径 [M]. 北京：经济管理出版社，2013.

[2] 戚聿东. 垄断行业改革报告 [M]. 北京：经济管理出版社，2011.

[3] 谢鲁江，刘解龙，曹虹剑. 国企改革30年 [M]. 长沙：湖南人民出版社，2008.

附录 论新时期全面深化国有经济改革重大任务[①]

中共十八届三中全会通过了具有里程碑意义的《中共中央关于全面深化改革若干重大问题的决定》（以下简称《决定》），对国有经济进一步深化改革提出了新要求，中国国有经济改革在经历30多年的理论和实践探索后，进入了一个全面深化改革的新时期。

一、实现市场在资源配置中起决定性作用条件下的国有经济与成熟市场经济体制的融合

1．国有经济改革的根本问题

在中国确立社会主义市场经济体制改革的目标后，作为公有制代表的国有经济如何与市场经济体制融合，一直是国有经济改革需要破解的根本性问题。如何通过改革，解决国有经济与市场经济体制存在的管理体制、运行机制、定位布局、实现形式等方面矛盾，让国有经济能够适应市场机制，在市

---

① 本文刊发于《中国工业经济》2014年第9期，是国家社会科学基金重大项目“深入推进国有经济战略性调整研究”（批准号：12&ZD085）和中国社会科学院创新工程研究项目的研究成果。本文由黄群慧在9个分报告的基础上汇总执笔完成，这9个分报告分别为：《新时期国有企业与国有资产管理体制改革的形势与思路》（黄群慧执笔），《国有资产管理体制改革总体设计》（黄速建、余菁执笔），《积极发展混合所有制研究》（王钦、肖红军、贺俊、张航燕执笔），《国有企业功能定位与分类治理》（李钢执笔），《组建国有资本投资公司与国有资本经营公司研究》（余菁执笔），《深化垄断行业改革研究》（刘戒骄执笔），《国有资本经营预算体制改革研究》（杜莹芬执笔），《完善国有企业现代公司法人治理研究》（刘建丽执笔），《国有企业员工持股制度研究》（王欣执笔）。

场竞争中不断提高效率、发展壮大，从而在国民经济中发挥主导作用，是中国国有企业和国有资产管理体制改革的主线。

沿着这条改革主线，中国国有经济改革先后经历了三个阶段。第一个阶段是改革开放之初到中共十四届三中全会的放权让利阶段，该阶段大体上用了15年时间，贯穿20世纪80年代和90年代初。当时，改革的重心落在国有企业层面。在这一阶段，改革的主要任务是引导国营单位摆脱计划经济体制的旧观念与行为的束缚，使它们能够逐步适应商品化的经营环境，完成自身的企业化改造，解决了一个个国有企业进入市场的问题。第二个阶段是20世纪90年代初至21世纪初的制度创新阶段，大体上用了10年时间。当时，改革的重心落在建立现代企业制度和推动国有经济结构调整上。这一阶段，改革的主要任务是引导国有企业确立与市场经济要求相适应的资本和产权的观念，建立现代企业制度。通过国有经济布局与结构战略性调整，初步解决了整个国有经济部门如何适应市场竞争优胜劣汰的问题，改变了国有经济量大面广、经营质量良莠不齐和国家财政负担过重的局面。第三个阶段是党的十六大以后，以2003年国务院国资委成立为标志的国资发展阶段，国有企业改革进入以国有资产管理体制改革推动国有企业改革的时期。这一阶段，改革的主要任务是由国务院国资委负责监督管理国有企业实现国有资产保值增值目标，解决了以往国有经济管理部门林立、机构臃肿、监管效率低下的问题，使国有资产利用市场机制发展壮大成为可能。

30多年的国有经济改革进程表明，伴随着中国市场经济体制的逐步建立，实现国有经济与市场经济体制的融合，在市场竞争中发挥国有经济主导作用，不断增强国有经济活力、控制力和影响力，一直是中国国有经济改革的根本目标。

2. 新时期国有经济改革的基本目标

经过上述三个阶段的改革，国有经济改革与发展取得了巨大成就。一是经济布局优化。国有资本逐步从一般生产加工行业退出，更多地集中于关系国民经济命脉的重要行业和关键领域，在国民经济中发挥着主导作用。二是政企关系优化。初步建立起相对有效的国有资产管理体制，改变了过去“五龙治水”“内部人控制”的现象，企业经营性国有资产得到了相对规范的管理。财政预算不再安排用于补充国有且有资本金性质的支出和经营性亏损，政府的公共管理职能和出资人职能初步分离。三是经营机制优化，从数量上看大部分国有企业已经进行了公司制和股份制改革，初步建立起现代企业制度，公司治理结构逐步规范。四是经营绩效优化，国有企业发展质量和运行效率得到了提升，竞争力大大增强，国有经济已经摆脱困境，对经济社会发展的贡献进一步显现。

应该说，国有经济从总体上已经与市场经济体制逐步相适应和融合。但是，中国国内外环境正在发生巨大变化，从国际环境看，在经济全球化的大趋势下，中国开放水平进一步提高，国有经济面临国家使命升级与国际环境严峻的双重压力；从国内经济环境看，进入“十二五”以后，中国已经步入工业化后期，中国经济发展方式亟待转变，国有经济所熟悉的要素驱动型的发展环境正在改变。这些新形势对中国经济发展提出了新要求。尤其是中共十八届三中全会以后，中国要建立市场在资源配置中起决定性作用和更好发挥政府作用的市场经济体制，这是一种更加成熟的社会主义市场经济体制，现有国有经济与这种成熟社会主义市场经济体制的要求相比还有很大差距，这主要表现在由于国有经济改革不到位而产生的不适应。一是国有经济战略性调整不到位，使得国有经济功能定位和布局不适应。国有经济的公共政策性功能和市场营利性功能还没有区分，许多国有企业在经营中还面临着公益性使命和营利性使命的冲突，处于赚钱和不赚钱两难的尴尬境界——不赚钱无法完成国有资产保值增值、壮大国有经济的目标，赚了钱又被指责损害了市场公平和降低了效率。垄断行业的国有企业改革还不到位，缺乏一条明确、可信又可行的改革路径。垄断行业的国有企业追求行政垄断地位的行为，影响到构建公平有效的市场经济格局。二是国有企业的公司制和股份制改革不到位，使得国有经济的产权实现形式还存在不适应的情况。为数众多的国有大企业，其母公司及二级以上公司层面的股权多元化改革大多停滞不前。三是国有资产管理体制改革不到位，无法适应新形势的要求。一方面国有资本流动性仍然较差，还满足不了有进有退、合理流动和实现国有资本动态优化配置的要求；另一方面国有企业常常面临相关政府部门不当干涉的困扰。四是现代企业制度建设还不到位，国有企业的微观治理机制还不适应成熟市场经济的要求。国有企业的治理结构还不完善，企业具有行政级别，国有企业经理人的市场选聘、监督约束机制改革还有待形成和完善，存在国有企业经营管理者“党政干部”和“企业家”双重角色的冲突，这既使得企业市场化经营权利无法得到充分保障，又影响到市场公平性。

之所以会产生这些改革不到位问题，从本质上说还是因为国有经济没有与成熟市场经济体制有机融合，在管理体制、运行机制、定位布局、实现形式等方面还存在矛盾。党的十八届三中全会决定要建立市场在资源配置中起决定性作用的健全的社会主义市场经济体制，这就对国有经济与市场经济体制融合提出了更高的要求，国有经济一方面要提高国有企业的活力和适应市场公平竞争的能力，另一方面要提高服务国家战略目标、提供公共服务的能力。新时期全面深化国有经济改革，就是要解决国有经济与成熟市场经济体制的这些矛盾，基本目标是实现于市场在资源配置中起决定性作用的条件下国有经济与成熟市场经济体制的全面融合。

3. 新时期国有经济改革的重大任务

基于中国国有经济改革理论和实践探索，参考成熟市场经济国家的经验，中国国有经济与成熟市场经济体制的融合，需要回答以下四方面重大问题：一是在社会主义市场经济体制中，国有经济应该有怎样的功能定位和布局？是否需要动态调整？二是与计划经济体制下的单一国有制相比，市场经济体制下的国有经济的主要实现形式是什么？尤其是国有企业主要是以怎样的所有权结构形式存在？三是中国拥有庞大的国有经济，在市场经济体制下应该建立怎样的国有经济管理体制？四是作为国有经济的主要微观主体的企业，在市场经济体制下为了保证自己的竞争力，应该具有怎样的治理结构和运营机制？

中共十八届三中全会通过的《决定》，在总结中国国有经济改革的历史经验，分析中国面临的新形势、新任务的基础上，回答了上述四方面问题。关于国有经济的功能定位和布局，其在明确坚持公有制主体地位、发挥国有经济主导作用的前提下，提出应准确界定不同国有企业的功能，国有资本运营要服务于国家战略目标，重点提供公共服务，发展重要前瞻性、战略性产业，保护生态环境，支持科技进步，保障国家安全；关于国有经济的主要实现形式，其提出要积极发展混合所有制经济；关于国有经济管理体制，其提出要完善国有资本管理体制，以管资本为主加强国有资产监管；关于国有经济微观制度基础，其提出要推动国有企业完善现代企业制度，健全协调运作、有效制衡的公司法人治理结构。这实质上明确了新时期中国国有经济改革的重大任务。关于国有经济四项重大改革任务和具体措施的内容和关系如附图1所示。

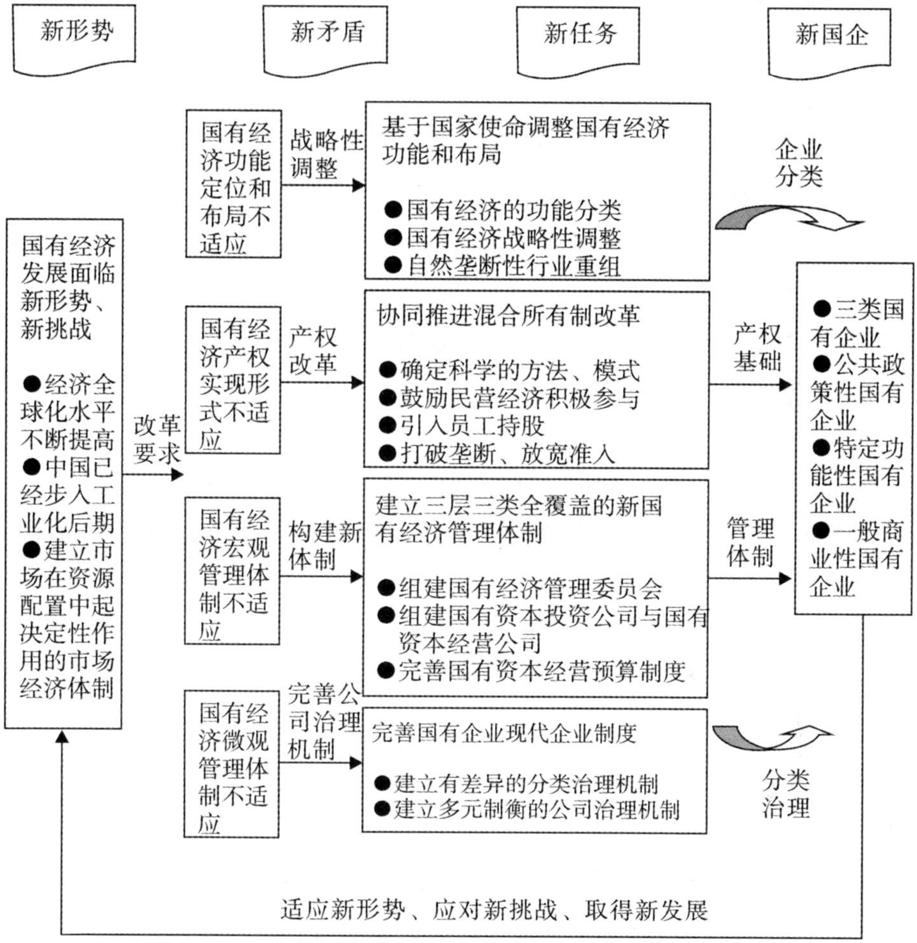

附图1　新时期国有经济的重大改革任务和具体措施

以中共十八届三中全会的精神为指导，我们认为，新时期国有经济面临着新形势和新挑战，要实现国有经济与成熟市场经济体制全面融合面临着一些矛盾，这要求我国完成与时俱进地根据国家使命调整国有经济功能和布局、推进混合所有制改革确立国有经济的主要实现形式、建立分类分层的新国有经济管理体制、推动国有企业完善现代企业制度以奠定国有经济高效运行的微观基础这四项重大改革任务，通过这四项重大改革任务和具体的改革措施的推进，最终形成以新型国有企业[①]为主的国有经济，这些新型国有企业将适应新形势的发展要求，逐渐与市场在资源配置中发挥决定性作用的条件下的成熟社会主义市场经济体制相融合。

二、与时俱进地根据国家使命调整国有经济功能定位和布局

1. 基于使命的国有经济功能分类

使命就是企业存在的理由，是企业的价值取向和事业定位，使命不明确或者使命冲突会导致企业行为逻辑混乱。对于国有企业而言，实现国家赋予的使命——国家使命是国有企业生存发展的理由。在社会主义市场经济体制下，国有经济的国家使命，不应仅仅着眼于如何运营和管理好现有的存量国有资产的问题，而应放眼社会、放眼世界、放眼未来，从社会性、国际化和可持续性的视角入手，更好地配置国有资本，更好地发挥出国有经济部门与非国有经济部门的互补功能，为整个国民经济向更健康、更有竞争力、更具可持续性的方向发展，为实现中华民族伟大复兴的中国梦而积极贡献力量。

具体而言，中国是一个发展中的渐进式的经济转轨国家，这就决定了中国的国有经济在相当长的历史时期既要有一般的市场体制国家在市场经济运行中国有经济应承担的使命，又要有发展中国家在经济赶超中国有经济应承担的使命，还要有转轨经济国家在渐进式转轨过程中国有经济应承担的使命，我们将其划分为国有经济的市场经济国家使命、发展中国家使命和转轨经济国家使命，针对这三类国家使命，国有经济相应的功能分别是弥补市场失灵功能、实现经济赶超功能、培育市场主体功能。

市场经济国家普遍面临着市场失灵问题，所谓市场失灵是指市场机制在某些领域不能使社会资源的配置达到帕累托最优状态的表现，这些领域包括自然垄断、公共产品、存在外部性和信息不完全等。由于市场经济无法达到最优的资源配置，因此需要国家对市场经济进行干预，以达到优化资源配置

① 有关新型国有企业更为全面的研究可参阅金碚和黄群慧所写的《“新型国有企业”现象初步研究》。

的目的。也就是说，相对于市场而言，政府在纠正自然垄断、矫正外部效应、提供公共物品、实现区域协调发展、保证收入公平分配等方面具有更大的优势和作用，而国有经济则是政府承担这一职能的重要载体，政府通过创办国有企业、发展国有经济的手段实现政府干预市场、弥补市场失灵的目的。这就是市场经济国家赋予国有经济的使命，也就是国有经济的弥补市场失灵功能。

实现经济赶超是发展中国家特有的目标，发展经济学表明，发展中国家处于经济赶超阶段，在国际市场上往往具备静态比较优势，发展中国家可以从国际贸易或国际分工中获益，但却不能从根本上解决核心技术的研发、产业结构提升、经济发展方式转变等重大问题，其后果就是陷入“比较优势陷阱”或“低端锁定陷阱”。因此，在成为世界一流强国之前，发展中国家都必须保持相当数量的国有企业，去承担建立现代化经济强国、实现经济赶超的功能。在国家的支持下，国有企业在充分理解国际竞争秩序的条件下，在立足于自身现有的条件和资源状况的基础上，通过专业化学习、投资创新及经验积累等后天因素着力培育和强化其动态比较优势，从而在事关国计民生的基础产业、支柱产业、战略产业中与国外企业抗衡，承担支持科技进步、保障国家经济安全等功能，这就是国有经济的实现经济赶超功能。

转轨经济国家尤其是推行渐进式改革的转轨经济国家，其转轨过程是由大一统的国有经济结构向混合所有经济结构的演进。在传统的计划经济体制下，这类国家是没有真正的市场经济主体——企业的，改革的过程是将国有企业转化为自主经营、自负盈利、自我约束、自我发展的真正的市场主体，也就是培育市场主体的过程。同时，随着民营经济的兴起和外资企业的进入，市场经济主体逐步丰富，混合所有制的经济结构逐步形成。转轨经济国家需要国有经济承担逐步发展独立的市场经济主体的功能，作为独立的市场经济主体的国有企业，要积极应对市场的激烈竞争，在竞争中通过追求营利来实现国有资产保值增值，回报国家这个所有者代表，这就是国有经济的培育市场主体功能。

多年改革发展留下的巨大的国有经济总体上承担着上述三大国家使命，但这三大使命在具体的国有企业中没有进行区分。由于弥补市场失灵功能强调国有企业作为政府实现公共目标的工具或者资源，具有公共政策性，而培育市场主体功能则要求国有企业追求市场盈利，保证国有资产的保值增值，这造成国有企业面临着使命冲突，从而使得国有企业无法与市场经济体制彻底融合。新时期要深化国有经济改革，需要准确界定不同国有企业的功能，国有企业已经步入了一个分类改革与分类监管的新时期。我们认为，基于上述三类国家使命和国有经济功能性质，考虑历史沿革和可行性，可将国有企业分成公共政策性、一般商业性和特定功能性三种类型。

公共政策性国有企业，是带有公共性或公益性的、具有特殊目的的国有企业。它们仅承担国家公益性或公共性政策目标而不承担商业功能。公共政策性国有企业应该是国有独资企业。具体监管方法是“一企一制”“一企一法”，确保企业活动始终以社会公共利益为目标。这类国有企业数量非常少。目前，有的公共政策性国有企业也在开展商业性业务活动，一旦明确企业功能定位，其商业性活动就应该逐步分离出来。从长远看，公共政策性国有企业将是国有资本加强投资和监管的重点。

一般商业性国有企业，也就是人们常说的竞争性国有企业，它们属于高度市场化的国有企业，只承担商业功能并追求营利性经营目标。一般商业性国有企业采用公司制或股份制，其股权结构应该由市场竞争规律决定，遵循优胜劣汰原则。在规范运作的前提下，这类企业的股权多元化程度和股东的异质性程度不应该受到非市场性因素的困扰和扭曲。为数众多的中小型国有企业都属于这一类型。

特定功能性国有企业具有混合特征。它们有一部分商业功能，也有一部分非商业性或政策性功能，其非商业性功能的实现又要求以企业自身发展和经营活动营利为基础和前提。特定功能性国有企业的股权结构是国有绝对控股或相对控股的多元化结构。有特殊的政策性功能要求的，可以制定具体政策来规范企业的股权结构；没有特殊的政策性功能要求的，应该由市场来发挥资源配置的决定性作用。从长远看，特定功能性国有企业将进一步分化，这类企业中的大多数将转变为一般商业性国有企业。

基于国家使命对国有经济的功能定位和国有企业的分类之间的对应关系可参见附表1。

附表 1　基于国家使命对国有经济的功能定位和国有企业的分类之间的对应关系

国家使命	市场经济国家使命	发展中国家使命	转轨经济国家使命
功能定位	弥补市场失灵功能	实现经济赶超功能	培育市场主体功能
功能说明	作为国家政策的一种工具，弥补市场经济的不足，发挥纠正自然垄断、矫正外部效应、提供公共物品、实现区域协调发展、保证收入公平分配等方面作用，是建立市场经济条件下现代的国家治理机制的一部分	在事关国计民生的基础产业、支柱产业、战略产业中与国外企业抗衡，承担支持科技进步、保障国家经济安全等功能，最终实现经济赶超。在成为世界一流经济强国之前，需要保持相当数量的此类国有企业	国有经济承担在经济体制改革中逐步发展独立的市场经济主体的功能，作为独立的市场经济主体的国有企业，要自主经营、自负盈亏、自我约束、自我发展，要积极应对激烈的市场竞争，在竞争中通过追求营利来实现国有资产保值增值
企业分类	公共政策性国有企业	特定功能性国有企业	一般商业性国有企业
价值导向	公共功能	功能 + 利润	市场利润

基于分类思路，本文认为，113 家中央企业中公共政策性国有企业有中储粮总公司、中储棉总公司、华孚集团、国家电网和南方电网 5 家；特定功能性国有企业有 32 家，包括国防军工板块的十大军工企业和中国商飞公司，能源板块的三大石油公司、国家核电、中广核集团和六大电力公司，其他功能板块的中盐公司、中国国新、三大电信公司、三大航空公司以及中远集团、中国海运；一般商业性国有企业有 76 家，包括一般工业制造企业、综合贸易服务企业、建筑工程企业、科研企业和资产规模在 500 亿元以下的其他中小企业。由于国有企业构成的复杂性，具体的分类方法可以是动态的，会随着环境和情况变化而调整。

2. 功能转换与国有经济战略性调整

国有经济的功能定位并不是一成不变的，如果说，以前国有资产保值增值被放到更加重要的位置，那么在新时期，国有资本将加大对公益性的投入，在提供公共服务方面作出更大贡献。这种功能转换意味着新时期中国需要进行国有经济战略性调整。基于上述三类国有企业的功能定位，各类国有企业战略性调整的方向和重点都不同。

一般商业性国有企业的战略性调整目标是完全剥离行政垄断业务，通过市场化手段增强企业活力和提高企业效率，同时建立国有资本灵活退出机制，逐步退出部分国有资本，投向更符合公共服务和国家战略目标的企业。为实现上述改革目标，一方面，要推进公共资源配置市场化，加快推进政府管制改革，破除各种形式的行政垄断；另一方面，这类国有企业应勇于突破所有制观念的束缚，大力引入其他所有制经济成分，充分发挥其企业制度中内生的国有资本放大功能。在改革实践中，应该按照市场公平竞争要求，鼓励非公有制企业参与一般商业性国有企业的改革，鼓励发展形成非公有资本控股的混合所有制企业；鼓励一般商业性国有企业在改革成为混合所有制企业的同时，实行员工持股，形成资本所有者和劳动者利益共同体。在改革过程中，从这类企业中陆续退出的部分国有资本，将通过国有资本运营公司这一运作平台，投向那些更加符合国家战略目标的重要行业和关键领域。

公共政策性国有企业的战略性调整目标是退出营利性市场业务领域，专注于公共政策目标的实现，在此前提下，国有资本要加大对这类企业的投入。首先，已从事的营利性市场业务要逐步剥离；其次，要继续加大国有资本的投入力度，提高这类企业的公共服务能力和承担社会责任的能力；最后，要不断提高公司管理科学化水平，改善国有资本的使用效率。虽然公共政策性国有企业不以盈利为目标，但为了提高管理效率，在具体项目和环节上可探索引入竞争机制，允许非国有资本参股公共政策性国有企业负责的一些公共服务项目。公共政策性国有企业自身既不适合改组为国有资本投资公司或运营公司，也不适合推行员工持股制度来发展混合所有制经济。

特定功能性国有企业的战略性调整的总体方向是，主要依托国有资本投资运营公司这一运作平台，不断地主动退出那些竞争格局趋于成熟、战略重要性趋于下降的产业领域和环节，不断努力在提供公共服务、保障国家安全和符合国家战略要求的各种新兴产业领域发挥更大的功能作用。其中，那些功能定位与提供公共服务、保障国家安全紧密相关的国有企业，在发展混合所有制经济、实行企业员工持股方面，要慎之又慎；那些与保护生态环境、支持科技进步、开展国际化经营、战略性新兴产业领域相关的国有企业，可鼓励其探索和发展混合所有制经济和推行员工持股制度。如果某些特定功能性国有企业的功能特征有日渐弱化的趋势，它们就应该及时转变为一般商业性国有企业，再遵照一般商业性国有企业的规律来进行战略性调整和深化改革。

需要说明的是，随着国有经济管理体制改革的深入，现有的 113 家中央企业数量会进一步减少，尤其是按照中共十八届三中全会精神组建国有资本投资公司和运营公司，这些平台公司的组建过程本身就是国有经济战略性调整的过程，甚至是未来几年内国有经济战略性调整的主要任务。

3. 垄断性行业国有经济的战略性调整

电力、电信、民航、石油、天然气、邮政、铁路、市政公共事业等垄断性行业国有企业是国有经济中非常特殊且问题突出的部分，大部分属于特定功能性国有企业。垄断性行业国有经济的战略性调整，应该通过产权重构带动业务重组和企业组织结构调整，实现产业组织效率和企业绩效的同步提升。产权重构旨在形成符合行业技术经济特征和经济发展阶段要求的产权结构及治理架构。业务重组旨在优化相关业务配置和遏制垄断，形成主业突出、网络开放、竞争有效的经营格局。企业组织结构调整旨在形成兼有规模经济和竞争效率的市场结构，使企业成为社会主义市场经济体制更具活力的市场主体，成为中国国民经济和国有经济中更具战略性的组成部分。

产权重构是国有企业实现产权多元化的重要途径，也是垄断性行业国有企业建立现代治理制度的基础。垄断性行业国有企业产权重构主要有三种目标模式，即国有独资模式、国有绝对控股模式和国有相对控股模式，重点推动垄断性行业中央企业从国有独资公司向国有绝对控股公司及国有相对控股公司转变，发展混合所有制经济，实现产权多元化。随着社会主义市场经济体制的成熟定型和民营经济的成长，应降低对国有经济的依赖，逐步从国有绝对控股公司转向国有相对控股公司。

业务重组要区分自然垄断的网络环节和可竞争的非网络环节性质，根据行业特点整体规划、分步实施。一般认为，电力行业的输配电网，铁路行业的路轨网络，石油行业的输油管线，天然气行业的输气管线，电信行业的电信、电话和宽带网络属于自然垄断的网络环节，而电力行业的发电、售电业务，铁路行业的运输业务，石油行业和天然气行业的勘探、销售业务，电信行业的移动电话、互联网、电视网络和增值业务等属于可竞争的非网络环节。应积极研究将电信基础设施和长距离输油、输气管网从原有企业中剥离出来，组建独立网络运营企业的方式。要着眼于整个国民经济而不仅仅是某个行业或经济主体自身的视角，谋划和评估网络设施开放使用，通过网络设施平等开放推动可竞争性市场结构构建和公平竞争制度建设，使垄断性行业国有经济成为社会主义市场经济体制更具活力的组成部分，改革和发展成果更好地惠及国民经济其他产业和广大人民群众。具体而言，石油行业主要是深化中石油和中石化内部重组，通过兼并重组、注入资本金等政策将中海油、中化集团整合成一家新的国家石油公司。电力行业主要是实现国家电网公司和南方电网公司的合并，在国家电网公司、区域电网公司与省电网公司之间建立规范的母子公司关系。输配分离后，国家电网公司和区域电网公司经营输电网，配电网划归省电网公司。民航行业主要是重点培育几家区域性航空运输企业，解决航空支线垄断程度过高的问题，把航油、航材、航信三家企业改造成由各航空运输企业参股的股权多元化的股份有限公司。

企业组织结构调整的重点是在产权结构和业务结构重组的基础上，对一些行业内国有企业的数量及其关系进行选择和优化。由于垄断性行业国有企业均为大型企业或特大型企业，国有企业数量对行业垄断竞争状况和产业绩效具有重要影响。从有效竞争和便于管理的角度看，国有企业在特定行业内的企业数量既不是越少越好也不是越多越好，否则不是造成垄断就是造成国有企业过度竞争。企业组织结构调整应解决经营者数量少导致的竞争不足问题，适当增加经营者数量，形成兼有规模经济和竞争效率的市场结构。

三、协同推进混合所有制改革，确立国有经济的主要实现形式

1. 推进混合所有制改革的方法论原则

为了既避免改革过程中的国有资产流失等问题，又能够达到混合所有制改革的目标，推进混合所有制改革必须坚持上下结合、试点先行、协同推进的改革路径和方法论原则，混合所有制改革一定要在上下结合、试点先行的基础上制定改革细则，然后才能全面协同推进，做到“蹄疾而步稳”。

中国改革经验表明，成功的改革推进路径是先自下而上——允许基层积极探索，具体包括基层创新、发现问题、积累经验、总结分析等操作步骤，得到基层探索的整体改革意义，进而自上而下——进行顶层指导下的推进，具体包括明确方向、选择试点、制定规则、全面推进等程序，从而实现积极稳妥地全面改革。而且这个自下而上和自上而下的过程往往需要多次反复。这种上下结合的改革推进路径，既激发了基层改革创新的积极性、保护了经济的活力，又实现了改革的有序性、避免了改革一哄而上的混乱，是我们改革取得巨大成就的方法论保证。今天我们推进混合所有制改革，也应该坚持这样的改革路径，或者说方法论原则。中共十八届三中全会明确了大力发展混合所有制经济的方向，这意味着经过多年自下而上的探索，我们已经明确了混合所有制改革的方向，全国正处于自上而下地推进混合所有制改革阶段。

当前混合所有制改革工作的重点应该是积极推进试点，在试点的基础上分析问题、总结经验，进而制定具体规则和程序、探索混合所有制改革实施细则，以保证进一步全面推进混合所有制改革在制度和法律的框架下规范运作。根据实际情况，积极开展分类试点，寻找突破口，总结经验，形成操作规范。在试点中前行，在具体实践操作中不断发现新问题，寻找解决问题的办法，并进行知识的积累，最终形成操作的规范。在开展试点的基础上，加强经验交流，全国各地相互促进，探索发展混合所有制经济的新规范。国务院国资委选择国家开发投资公司、中粮集团有限公司开展改组国有资本投资公司试点，中国医药集团总公司、中国建筑材料集团公司开展发展混合所有制经济试点，新兴际华集团有限公司、中国节能环保公司、中国医药集团总公司、中国建筑材料集团公司开展董事会行使高级管理人员选聘、业绩考核和薪酬管理职权试点等。这种试点的方法是具有重要意义的，但应注意很多改革在企业层面是有机联系的，注意改革制度的协同性，不要人为割裂。相对于国务院国资委试点先行的做法，一些地方政府将混合所有制企业比例、混合所有制企业中民营企业参股比例、国有资本证券化比例等作为混合所有制改革的量化考核指标，放在国有企业改革指导意见中，这是不妥的。在改革试点没有开展之前，制订这种改革方案，使改革方案成为彰显政绩目标和决心的“改革大跃进规划”，这种政府主导的急于求成的心态会加大国有资产流失的风险。

推进混合所有制改革试点，要探索和制定三方面细则。一是界定不同国有企业功能，将国有企业分为公共政策性国有企业、特定功能性国有企业和一般商业性国有企业，为不同类型的国有企业建立不同法律法规，进而设计不同的混合所有制改革实施细则；二是完善公司治理结构，总结国有董事会试点经验，明确混合所有制下国有企业董事会的运行规则，建立有效的高层管理人员选拔和激励约束机制，从机制上保证国有董事和非国有董事的行为规范化，保证国有和非国有资产共同保值增值；三是着力营造公平竞争市场环境，努力完善产权流动的市场机制和产权保护的法律体系，完善和修订不适应混合所有制改革要求的法律法规、规范性文件。

发展混合所有制是一项系统性、整体性和协同性的改革，需要统筹好中央和地方的关系，试点和规范的关系，渐进和突破的关系。从中央和地方的关系看，在中央层面，主要应解决垄断行业的国企混合所有制改革问题，地方层面则应着重解决地方融投资平台、城市公共服务业等改革问题，一些影响大的问题也可由地方先行试验；从试点和规范的关系看，一方面要建立容错机制、允许试点创新，并在此基础上不断形成规范性的政策指导，另一方面也要通过规范，设定基本的试点创新底线；从渐进和突破的关系看，既要通过渐进开展积累相关经验，激发发展混合所有制经济的积极性和主动性，又要敢于面对难点攻坚突破，突破改制重组的瓶颈。在协同推进上，要处理好三个协同。一是行业协同，就是要把握发展混合所有制经济的节奏，既要加快竞争性领域的改革步伐，又要攻坚克难，突破垄断行业的改革瓶颈，相互借鉴经验；二是制度协同，要协同推进公司治理、产权和资产交易、资本管理、人事和分配制度等各方面的制度建设；三是进度协同，要把握好试点先行、细则制定和全面推进的时间协调。

2. 发展混合所有制经济的模式选择

依据不同的标准，发展混合所有制经济的模式划分存在显著差异。从宏观推进层面来看，按照主导力量的不同，发展混合所有制经济可以分为政府主导型模式和市场主导型模式；按照推进路径的不同，发展混合所有制经济可以分为自上而下型模式、自下而上型模式和上下结合型模式；按照改革对象的不同，发展混合所有制经济可以分为存量改造型模式和增量发展型模式。从微观操作层面来看，按照混合途径的不同，发展混合所有制经济可以分为合资混合模式、合作混合模式和配股混合模式；按照资本属性的不同，发展混合所有制经济可以分为公有资本与私有资本混合模式、公有资本与外资混合模式、公私资本与外资共同混合模式；按照控股主体的不同，发展混合所有制经济可以分为公有资本控股型混合模式、私有资本控股型混合模式和外资控股型混合模式，或者分为公有资本控股型混合模式和公有资本参股型混合模式；按照混合程度的不同，发展混合所有制经济可以分为整体混合模式和部分混合模式。

由于发展混合所有制经济既要有宏观层面的顶层设计，又要有微观层面的操作方案，因此模式的划分应实现宏观与微观的结合。基于改革顶层设计的清晰性需要，在宏观推进层面可以以改革对象为划分依据，将发展混合所有制经济区分为存量改造型模式和增量发展型模式。存量改造型模式主要是鼓励非公有制经济参与国有企业和集体企业改革，实现国有企业和集体企业存量产权的多元化。存量改造型模式是当前发展混合所有制经济的重点，其微观实现方式主要包括公司制股份改革、开放性市场化双向联合重组、股权激励和员工持股。增量发展型模式主要是在新的投资中推动公有资本与非公有资本的共同参与，实现国有企业和集体企业增量产权的多元化。增量发展型模式也是发展混合所有制经济的重要形式，其微观实现方式主要包括在新设混合所有制企业或新投资项目中推动公有资本与非公有资本的共同参与。进一步讲，无论是存量改造型模式还是增量发展型模式，均可采取公有资本绝对控股、公有资本相对控股和公有资本参股三种形式。

发展混合所有制经济的不同模式各有优劣，并没有普适性的模式，在实践中需要综合考虑产业性质、市场发育程度、企业组织特征、企业发展基础等多个方面的内外部因素。从产业性质来看，相对成熟的产业中因公有资本的布局已经相对明确，因此发展混合所有制经济可以更多地选择存量改造型模式；而新兴产业中所有属性的资本布局都仍然是不确定的，因此发展混合所有制经济可以更多地选择增量发展型模式。但无论是存量改造型模式还是增量发展型模式，对于涉及国民经济命脉的重要行业和关键领域，可以采取国有绝对控股的混合所有制形式；涉及支柱产业、高新技术产业等行业，可以采取国有相对控股的混合所有制形式；对于国有资本不需要控制，可以由社会资本控股的领域，可以采取国有参股的混合所有制形式。从市场发育程度来看，当产权交易市场、资本市场较为发达时，发展混合所有制经济可以更多地采取存量改造型模式，反之则可以更多地采取增量发展型模式。从企业组织特征来看，当公有制企业规模较大时，发展混合所有制经济可以同时采用存量改造型模式和增量发展型模式，反之则可以更多地采取存量改造型模式。从企业发展基础来看，如果公有制企业盈利能力较强，可以同时采用存量改造型模式和增量发展型模式，而且，当公有制企业具有决定性的要素优势时，可以选择国有绝对或国有相对控股的混合所有制形式，否则，应采取国有参股的混合所有制形式；如果公有制企业盈利能力较弱，可以更多地采用存量改造型模式，并主要采取国有参股的混合所有制形式。

3. 推进国有企业混合所有制改革的具体要求

由于每家国有企业的功能定位、历史沿革、行业特性、规模大小、生存状态都千差万别，在具体推进混合所有制改革过程中，“一企一策”是一个必然的选择。但这并不意味着国家没有统一的约束。国家统一的约束应该至少体现在改革程序公正规范、改革方案依法依规、股权转让公开公允、内部分配公正透明四个方面。一是改革程序公正规范。整个改革先后程序必须有严格的规定，不要担心繁文缛节，公正规范是企业改革的第一要义，在规范和效率的选择上，规范始终应该摆在首位。二是改革方案依法依规。企业改革方案要严格遵照各项法律、规范和流程制订，最终必须经过相应政府主管部门的批准，一些重大的企业改革方案建议由同级人大讨论批准。三是股权转让公开公允。在混合所有制改革过程中，涉及国有股权转让，信息必须公开透明，转让价格要保证公允。信息公开透明，发挥社会的监督作用，往往是避免国有资产流失的最好办法。四是内部分配公正透明。混合所有制改革会涉及员工持股和管理者持股。在这个过程中，要保证分配公正透明，这不仅是为了避免国有资产流失、利益输送等问题出现，还是为了更好地发挥员工持股的激励作用。为了保证公正透明，一定要做到充分的民主，要注意充分发挥职代会的作用。应通过多轮投票选举产生职工代表，让职工代表充分发挥沟通桥梁的作用，在改革总体方案的形成、职工持股认购额度分配等关键环节，每一项改革决策的酝酿与形成都要经职代会表决通过。

发展混合所有制经济之所以存在很大的争议和阻力，很大程度上是由于发展混合所有制经济过程中可能出现国有资产流失等“混合失当”问题，这使得防止国有资产流失成为发展混合所有制经济的关键问题。发展混合所有制经济过程中的国有资产流失最可能发生的地方是优良企业、优良资产、优良业务线，并可能通过潜在利益、资产评估、同业竞争和关联交易等渠道发生。基于此，要在发展混合所有制经济过程中防止国有资产流失应重点采取两个方面的关键举措：一是统一政策标准，分企审批，即制定统一的政策标准，使国有企业混合所有制改革的一些重要事项有政策标准作为依据，同时每个国有企业混合所有制改革的具体方案，必须上报国资监管部门审批。二是统一产权管理，建立统一、开放、规范、高效的产权交易市场，严格执行产权交易进入市场制度，加强产权交易的监管以及混合所有制企业的国有资产监管，确保做到混合前公平评估、混合中阳光操作、混合后规范运营。

4. 鼓励非公有制企业参与国有企业改革

鼓励非公有制企业参与国有企业改革，就是要从有利于企业竞争力和总体经济效率的基本要求出发，清除当前制约非公有制企业参与国企改革的障碍，创造继续深化改革的条件，形成继续深化改革的强大动力。

经过过去30多年的国有企业改革探索，中国的国有全资企业相当一部分已经演变为同时含有国有股和非国有股的混合所有制企业，并且已经涌现出一批以联想、TCL、万科等为代表的优秀混合所有制企业，形成了进一步推进混合所有制改革的示范效应。但是总体来看，目前进一步推进非公有制企业参与国有企业改革还存在许多障碍，既有政策性障碍，也有市场性障碍，具体表现为：一是对于民营资本进入意愿比较高的领域，包括能源、交通、医疗、教育、通信等，政府尚未给出放松进入的时间表，更未给出非禁即入的负面清单，民营资本通过参与混合所有制企业改革进入这些领域的难度大、成本高。二是民营企业面临“玻璃门”“弹簧门”“旋转门”等各种隐性壁垒，国有企业在项目审批、土地、税收和户口指标等方面具有政策红利。三是具有垄断势力、财务绩效良好的国有企业缺乏引入民营资本的内在动力，政府和企业内部管理层缺乏推进混合所有制改革的积极性。四是一些地方政府出于发展地方经济的考虑，在引入非公有制企业资本时，常常对混合所有制企业的经营范围和区位布局制订“特别条款”，影响了混合所有制企业的商业化程度和独立性，造成实际上的非公有制企业资本的股权与控制权的不对称，也造成事后股东间公司权力斗争的隐患。五是人员身份转换和安置障碍是非公有制企业参与国有企业改革的后顾之忧。

针对以上发展混合所有制经济的现实障碍，鼓励非公有制企业参与国有企业改革、发展非公有制控股的混合所有制企业来进一步深化国有企业改革需要满足多方面的条件，从而形成既满足现实需求又符合理论规律的改革思路：一是产权改革与治理改革的协同推进。产权改革是前提，但在产权多元化的基础上优化公司治理结构才是发挥混合所有制企业制度优势的关键。在坚持在统一的《公司法》和国有企业改革总体安排的制度框架下，促进各利益相关方根据各自的利益诉求进行平等对话和谈判、形成公司治理差别化和动态化的前提下，当前中国的混合所有制企业的公司治理安排中尤其重视积极引入战略性投资者。研究和经验表明，当改制形成的混合所有制企业引入的非公有制企业投资者不属于具有长期性投资愿景和具备相关行业技术管理经验的战略性投资者时，股东之间的冲突和摩擦会演变成公司权力斗争进而导致高额的治理成本。因此，混合所有制改革不能流于形式，必须着眼于提升企业效率、降低治理成本，把引入真正能够提升公司长期价值和竞争力的战略性投资者作为推进混合所有制改革的要点。二是产权改革与市场结构调整的协同推进，弱化垄断性租金驱动的混合所有制企业改革。市场化的企业主体和有效竞争的市场结构是提升产业效率的两个重要条件，缺一不可。无论是由行政性管制导致的自然垄断还是市场竞争过程中国有企业形成的经济性垄断，在垄断企业自身投资主体和股权多元化的同时，要配合放松行业进入管制，通过鼓励形成新的市场竞争主体、形成有效竞争来全面促进经济效率的提升，避免在混合所有制改革后形成新的民营资本垄断或合伙垄断；与此同时，通过形成竞争预期，避免非公有制企业参与国有企业改革的激励扭曲，有利于真正的战略性投资者进入。三是混合所有制和政府功能完善的协同推进，弱化行政性租金驱动的混合所有制企业改革。消除政府在资金、税收、融资、土地、项目审批等方面对国有企业和混合所有制企业（特别是国有资本控股的混合所有制企业）的各类显性和隐性补贴和优惠，避免行政权力对股权结构、董事会结构和高层管理人员选聘的干预。四是保证非公有制企业参与国有企业改革过程的透明性和竞争性，通过社会性治理保证交易的公正公平，避免国有资产流失。由国务院国资委牵头制定非公有制企业参与国有企业改革的信息披露制度，对于资产评估、股权定价、股权结构、管理层持股等重要交易信息按照标准化的文本格式及时对外公布，形成媒体、学术界和社会各界对非公有制企业参与国有企业改革的监督、约束机制。

5. 在推进混合所有制改革的过程中引入员工持股制度

国有企业在推进混合所有制改革的过程中引入员工持股制度，一方面有利于国有企业推进混合所有制改革，完善公司治理，另一方面有利于建立员工长期激励机制，使员工与企业形成利益共同体。但是，员工持股制度能否有效发挥增加经济激励与改善社会治理的双重效应，关键取决于员工持股的具体方案设计。方案设计不当，不仅无法发挥激励作用，还有可能造成国有资产流失、寻租和利益输送等问题。国有企业在推进混合所有制改革的过程中引入员工持股制度，应该坚持激励相容、增量分享和长期导向三个原则。

（1）激励相容原则。这要求员工持股方案应在保证员工追求自身利益的过程中，实现公司整体价值的最大化。只有在股票价格、持有比例、持有期限、退出机制等方面设计得当，才有可能产生这种激励相容的效果，使员工的个人利益与企业长远发展的利益捆绑在一起。否则，会造成激励过度或激励扭曲的问题，从长远看会造成国有资产流失。例如，在持股比例上，管理层持股过多，普通员工持股过少，造成了收入差距过分拉大，企业内部产生矛盾，影响企业的长期发展；再如，持股期限和退出机制设计不当，员工在公司上市前持有大量股份，待公司上市后立刻大量抛售股票以获取股票溢价收入，从而无法激励长期化行为；又如，“人人都持股”的平均主义，或普通员工持股比例过低，会造成新“大锅饭”和“搭便车”的激励不足现象。

（2）增量分享原则。实行员工持股制度，不能够将现有的国有资产存量作为员工持股的来源，要着眼于分享增量利益。也就是说，设计员工持股制度，不允许将原有的国有资产存量拿去和员工分享，而允许将企业增量效益，尤其是那些明确是由于员工努力而新创造出来的企业超额收益用于和员工分享。这样可以有效避免国有资产流失，而且更加有利于激励员工努力工作，提升企业的未来发展空间，进一步做大做强国有资产总量，实现国有资产和员工利益的双赢。

（3）长期导向原则。在大力发展混合所有制经济的背景下实行员工持股制度，应该仔细考虑如何将长期导向原则植入员工持股制度之中。在制度设计中，不仅要对持股员工的工作年限提出要求，还要规定员工持股时间，尽可能延长员工持股时间。证监会最新颁布的《关于上市公司实施员工持股计划试点的指导意见》提出了“要使员工获得本公司股票并长期持有”，但是，该文件在持股期限上所作的具体规定“每期员工持股计划的持股期限不得低于12个月”，并没有贯彻落实长期持有的政策思想，未来政策应进一步朝着延长持股期限的方向变化。只有坚持长期导向原则，才有可能充分发挥这一制度的激励效用，实现国有资产的保值增值。

6. 打破垄断，推进混合所有制改革

垄断性行业国有企业改革应该立足于发展环境和功能定位，以放宽准入、多元投资、有效竞争、合理分配、独立监管为主攻方向，提高市场开放与竞争程度，推动垄断性行业向可竞争性市场结构转变，为国有企业推进混合所有制改革创造条件，实现竞争效率和规模经济的同步提升。

（1）解决垄断性行业国有企业经营活动和招投标系统封闭运行，向社会开放不够的问题。推动电信、电力、石油、天然气、公用事业等领域招投标向社会开放，鼓励民营企业申请勘察设计、施工、监理、咨询、信息网络系统集成、网络建设、项目招标代理机构等企业资质。凡具有相应资质的民营企业，均可平等参与建设项目招标，不得设立其他附加条件。鼓励民间资本参与上述行业基础设施的投资、建设和运营维护。引导大型国有企业积极顺应专业化分工经营的趋势，将基础设施的投资、建设和运营维护外包给第三方民营企业，加强基础设施的共建共享。

（2）加强和改善垄断业务监管，防止相关企业凭借网络设施排挤竞争者。根据行业特点，对于在技术经济上要求保持物理和经营管理上的整体性的垄断性业务，可以授权一家或少数几家国有企业垄断经营，非国有资本可以股权投资形式进入，但要防止相关企业凭借网络设施排挤竞争者，滥用市场优势地位。对于资源类产品和服务的进出口，应放宽市场准入，允许更多的经营者经营，以便对国内垄断企业形成一定的竞争压力。

（3）构建可竞争性市场结构，更好地发挥竞争机制的作用。石油产业、天然气行业上游领域应重点解决石油和天然气探矿权和采矿权过度集中和一家独大的问题，引进一批具有资质和能力的企业从事页岩气、页岩油、煤层气、致密气等非常规石油、天然气资源开发。下游领域应重点加强符合条件企业的炼油业务，改变原油和成品油进口管制，增加从事原油和成品油进口业务的主体，取消非国有贸易进口的原油必须交给两大石油公司加工的隐性政策，放宽进口原油在国内自由贸易，允许非国有企业根据市场需求组织进口。电信行业应完善关于码号资源、市场竞争行为管理的相关规定，维护好消费者权益，对企业退出机制、个人隐私保护、服务质量保证等方面作出更为细致的规定。解决中国移动一家独大掌握绝对市场控制力，中国电信和中国联通难以对中国移动构成实质性竞争的问题。电力行业应重点解决发电侧缺乏竞争和购电、售电过度垄断问题，赋予电厂售电、用户买电的选择权和议价权。放宽发电企业向用户直接售电的限制，允许全部分布式发电自用或直接向终端用户售电，允许全部规模以上工业企业和其他行业大中型电力用户直接、自主选择供电单位，大幅度增加直购电用户的数量，改变电网企业独家购买电力的格局。解决调度与交易、发电厂与用户接入电网审批等权力不透明、电费结算不公平和电网接入审批困难问题。

四、构建“三层三类全覆盖”的新国有经济管理体制

1. 构建“三层三类全覆盖”的新国有经济管理体制的意义

目前，关于如何改革国有资产管理体制有两种观点。一种观点强调要肯定和坚持2003年以来国有资产管理体制改革的成果，而中共十八届三中全会提出的以管资本为主的管理体制，应该是对现行管人、管事、管资产的管理体制的完善，以淡马锡模式和汇金模式为代表的金融资本管理模式存在政企不分、政资不分的弊端，不能够将金融资本管理模式照搬到实业资本管理模式上，尤其是面对中国庞大的国有实体经济，这种照搬更不可行。另一种观点认为，现行国有资产管理体制在过去10年的运行中，暴露出加剧政企不分、政资不分，过度干预以及国有资产规模扩张快但运行效益水平不高等这些新矛盾和新问题，深化改革需要转换国务院国资委的角色，以管资本为主的管理形式来替代国务院国资委现行的管人、管事、管资产的管理形式，推动国有资产的资本化和证券化，学习汇金模式和淡马锡模式，建立以财务约束为主线的国有产权委托代理关系。

本文认为，中国应该构建一种分层分类的国有经济管理体制。从分层看：① 在第一层次上，是政府的国有经济管理部门（这里没有将最高层次的人民

代表大会考虑进去，而未来国有资本经营预算是应该向人民代表大会定期汇报的），可以命名为“国有经济管理委员会”（简称“国经委”），区别于现有的“国务院国有资产监督管理委员会”，国经委负责整体国有经济（包括隶属不同部门的国有企业、国有资产和国有资本）监管政策的制定和执行，解决整个国有经济部门和不同类型的国有企业的功能定位问题，建立国有资产负债总表、编制和执行国有资本经营预算，负责中间层次的国有资本运营公司、国有资本投资公司的组建，对其章程、使命和预算进行管理，负责国有经济的统计、稽核、监控等。这意味着与现有的国务院国资委相比，国经委的管理职能要减少和虚化很多。② 在第二层次上，组建和发展若干数量的国有资本投资公司和国有资本运营公司。作为世界最大规模的经济体之一，在中央政府层面，需要至少十数家，或者是数十家中间层次的这类平台公司。从现实出发，这类平台公司有三类：一是类似于汇金模式的国有资本运营公司；二是投资实业方向相对单一、主业突出的国有资本投资公司，如中石油；三是投资实业方向多元、主业不突出的国有资本投资公司，如中粮、国投等。这三类平台公司共同存在，实际上就折中了上述国有资产管理体制改革的两派观点。作为政府与市场之间的连通器，这些平台公司将在确保国家政策方针贯彻落实的前提下，尽最大可能地运用和调动各种市场手段，为下辖的国有企业构建与其企业使命、功能定位相称的和相适宜的运营体制机制。③ 在第三层级上，是一般经营性企业。本文设想的国有经济管理体制是由国有经济管理委员会——国有资本运营公司或者国有资本投资公司—— 一般经营性企业三个层次构成的，管理公共政策性、特定功能性和一般商业性三个类型国有企业的“三层三类”体制。[①]

需要进一步说明的是，这种“三层三类”的国有经济管理体制，也使得“全覆盖”的国有资产和国有企业的统一监管成为可能。因为国经委管理职能的虚化，所以能够将工业、金融、文化、铁路等各个领域的国有经济全部纳入国务院国资委的管理范围中，只是要根据行业特征在其下组建不同的国有

① 早在1991年，蒋一苇先生就提出要建立国有资产管理部门、投资公司、被投资企业的三层国有资产管理体制，并深入论述国有资产的价值化管理问题，也就是当前提出的从管资产向管资本转变问题，具体可参阅蒋一苇先生和唐丰义先生所写的《论国有资产的价值化管理》。

资本运营公司和国有资本投资公司而已。建立“全覆盖”的统一监管体制，确立国经委的政策权威地位，由国经委出台统一的国有经济监管政策，有助于消除现行监管体制中的盲区，有利于打破条块分割的局面，促进全国国有资本的统一优化配置。现有的条块分割国有资产管理体制，容易导致部门利益和行业壁垒，导致国有资产政策缺乏整体性和系统性，不利于国有资产保值增值。国经委要着重通过对不同国有部门的准确功能定位，对国有资本投资公司或者国有资本运营公司进行充分授权，避免随意参与和干预相对低层次的国有资本投资公司、国有资本运营公司及其下辖国有企业和国有资产的日常运营活动。当然，由于“全覆盖”改革力度很大，建议现在在厦门、大连等地方国资委试点的基础上，进一步扩大地方国资委层面试点，然后逐步提高到中央层面。也就是说，未来构建的是“三层三类全覆盖”的国有经济管理体制。

在上述“三层三类全覆盖”的国有经济管理体制下，如何实现以管资本为主加强国有资产监管呢？这要求具体明确管资本的核心职责是什么。我们认为，管资本的核心职责包括：① 公司章程审批；② 国有股东代表管理；③ 国有资本经营预决算；④ 经营业绩与绩效考核评价；⑤ 国有资本经营收益上交；⑥ 审计；⑦ 信息披露管理。一般商业性国有企业通常只需管理这七项核心职责即可，而特定功能性国有企业可以在这七项核心职责的基础上，结合具体企业所承担的特定功能，进一步添加或减少适用于该企业的特定功能的基础管理职责。例如，有的企业在投资方向上承担了国有经济布局与结构调整的特殊使命，此时，就需要添加针对其投资方向或投资力度的相关监管职能；而有的企业在应急管理、维护稳定和技术创新等方面承担了特殊任务，此时也需要针对这些不经营活动增加相应的监管职能。公共政策性国有企业应该按照“一企一法”“一事一议”的管理方针来不断调整和优化相应的管理职能。从分层的角度看，要保证第二层次的平台公司起到第一层次的行政性政策要求的过滤器的作用，从而为第三层次的经营性国有企业营造一个真正贴近市场运作规则的公平竞争的制度环境。

过去 10 余年的改革实践表明，国有经济管理体制改革是一项综合性的体制机制改革，不仅涉及国有经济、国有资产和国有企业的功能定位问题，还涉及干部管理体制和劳动人事制度以及调整政府与企业之间、中央政府与地方政府之间的关系等更为深层次的社会经济运行的体制机制问题。要使得上述“三层三类全覆盖”的国有经济管理体制真正建立并发挥理想作用，还要注意以下几点。一是政府及国资监管机构要按照国家治理体系和治理能力现代化的要求，转变治理理念和转换职能，对国有企业进行简政放权。新时期的改革需要借鉴负面清单的思想，确保权力和责任相统一，管理关键事项，落实问责机制。二是需要解决国有企业领导人的行政级别问题，推行国有企业高管人员的市场化选聘、考核与薪酬制度以及彻底实施企业的三项劳动人事制度改革。三是中央政府与地方政府需要更为清晰地界定各自的国资管理权限。在实践中，地方政府层面的国有资产管理体制和中央政府层面的国有资产管理体制有很大的不同。中央政府与国有资产运营主体的关系相对超脱，而地方政府与国有资产运营主体的关系更加紧密。这意味着，越在地方层面改革国有资产管理体制，实现政企分开、政资分开和对国有企业进行充分授权的难度越大①。四是研究破解长期经营不善和严重亏损企业的改革难题。目前，国有企业和国有资产可持续增长与发展的基础尚不稳固，有一些长期经营不善和严重亏损的困难国有企业的改革任务仍然非常艰巨。应研究如何推动国有资本低效企业、困难企业的退出和盘活。要切实解决好这些低效企业、困难企业的改革难题，需要国家在员工安置、企业依法破产等方面给予配套政策支持。

2. 组建国有资本投资公司与国有资本运营公司

建立“三层三类全覆盖”的国有经济新管理体制，当前的关键任务是要逐步试点组建国有资本投资公司和国有资本运营公司。国有资本投资公司和国有资本运营公司居于中间层次，承担了特定的功能。它们是新时期完善国有资产管理体制、构建以管资本为主的新国资监管体制的主要抓手，是真正

① 关于国有经济管理的中央和地方的关系，在理论界早就有大量的讨论，有的学者提出中央和地方“分级所有”的建议，认为这样有利于推进股份制改革，形成多元股东相互制衡的规范公司治理机制。现在并没有实施“分级所有”体制，实际管理上是中央和地方分级代表行使所有权。本书提出的“三层三类全覆盖”的国有经济管理体制更多是集中讨论中央层面，如果考虑地方分级代表行使国有经济所有权，那么更为全面、准确的表述应该是“分级分层分类全覆盖”的国有经济管理体制。

实现政企分开、政资分开和分类监管的枢纽、界面和平台，是落实国有资本投资运营服务于国家战略目标这一责任的市场主体。虽然中共十八届三中全会提出组建国有资本运营公司和国有资本投资公司，并对两者投资实业和不投资实业做了区分，但在现实经济中，资本流动性很大，金融资本和实业资本是可以循环的，可能并没有非常明确的界限，与人们通常所说的国有控股公司的含义相接近。这实际上也就是说，在组建国有资本投资公司和国有资本运营公司的过程中，要有更为包容、更为务实的态度，不要主观规划组建国有资本投资公司和国有资本运营公司的数量比例，要根据现有的集团公司的具体业务、资金状况、功能定位等情况，“一企一策”地推进国有资本投资公司或者国有资本运营公司的组建，实际上这是一个复杂的国有经济战略性调整过程，需要耐心地、有序地推进。

组建国有资本投资公司或者国有资本运营公司，原则上应在现有的大型或特大型国有企业集团的基础上改组，尽可能不新设国有资本投资公司或者国有资本运营公司。这个组建过程，正是集团公司股权多元化的过程。长期以来，中国集团公司层面的股权多元化进程停滞不前，而组建国有资本投资公司或者国有资本运营公司，会极大地加快中国集团公司层面的股权改革进程。我国预计将用 3 年左右时间，在中央政府层面和地方政府层面，分别组建一定数量的国有资本投资公司和国有资本运营公司。国有资本投资公司和国有资本运营公司应有一定的资产规模优势。资产规模优势不突出的企业，可以联合其他国有企业改组设立国有资本投资公司或国有资本运营公司。在中央政府层面，国有资本投资公司和国有资本运营公司的数量可以为几十家，平均资产规模应在千亿元级以上的水平。

推进集团公司改制为国有资本投资公司或国有资本运营公司，需要选择试点稳步推进。要成为国有资本投资公司或国有资本运营公司的试点企业，应该具备一定的前提条件。首先，试点企业应该具备一定的资产规模优势。规模太小的企业，其试点意义不突出，很难对其他企业产生示范和带动效应。其次，试点企业应该有相对较强的国有资产的资本化能力和保障国有资本投资公司或国有资本营利水平的能力。最后，试点企业需要有配套的体制机制来确立自身相对规范的市场主体地位。只有这样的企业，才能运用企业化和市场化的手段，通过有效开展国有资本的投资或运营活动，在实现企业自身发展的同时，实现国家与区域社会经济发展的战略性目标。在实践中，实行试点的企业，可以各具业务特点。首先，业务领域专业化特征突出的企业，可以选择成为国有资本投资公司的试点企业。例如，国务院国资委选择了国家开发投资公司和中粮集团有限公司开展改组国有资本投资公司试点。这两家公司既有一定的资产规模优势，又有相对较强的资本投资运营能力，还有相对突出的专业化的业务领域，因而是较理想的试点对象。其次，业务领域多元化特征突出的企业和一些已经形成较为显著的产融结合的业务结构的企业，可以选择成为国有资本运营公司的试点企业。在实践中，有的企业将发展金融控股公司作为自身的发展定位，这类公司相对适宜开展国有资本运营公司试点。最后，既有专业化的业务领域，又有多元化的业务结构的企业，可以选择成为国有资本运营公司的试点企业。成为国有资本投资公司或国有资本运营公司的试点企业，要将国有资本更多地在实现国家战略目标所需要的提供公共服务、发展重要前瞻性战略性产业、保护生态环境、支持科技进步、保障国家安全和国际化经营这六个方面开展投资或运营活动。

组建国有资本投资公司或国有资本运营公司，需要做好体制机制上的制度保障工作。具体而言：一方面，需要改革国有资本授权经营体制，理顺国资监管机构与国有资本投资公司或国有资本运营公司之间的关系；另一方面，需要改革国有资本投资公司或国有资本运营公司内部的集团化管控体制，理顺国有资本投资公司或国有资本运营公司与出资企业之间的关系。同时，国资监管机构还应该为国有资本投资公司或国有资本运营公司提供健康高效运作的政策环境。例如，国有资本投资公司或国有资本运营公司在开展国有资本投资或运营活动、促进存量资产的资本化和有序流动时，会需要有关部门提供各种政策手段的配合与支持。再如，困难企业的历史遗留问题以及企业资产处置和人员安置、医疗和养老保险接续、依法破产等问题，都是政策性非常强的改革难题，单纯靠国有资本投资公司或者国有资本运营公司的主观努力是不够的，国资监管机构应该努力为这些改革难题的解决创造规范且有利的政策环境。

3. 完善国有资本经营预算制度

国有资本经营预算从2007年开始试点，经过3年试运行，基本建立了国有资本经营预算政策法规、组织保障和预算指标、报表体系，制定了基本的业务流程，实现了国有资本经营预算编制和收益上缴两方面的突破，结束了国有企业连续 13 年“不向政府分红”的历史。但是在一些重大问题上，如国有资本经营预算目标、编制主体、利润收缴（范围、比例）、分配、使用和监督、国有资本经营预算与其他预算的关系等方面仍然存在较多分歧。按照《中共中央关于全面深化改革若干重大问题的决定》精神，未来完善国有资本经营预算制度应做到以下几个方面：一是构建完整的国有资本经营预算体系，建立覆盖全部国有企业、分级分类管理的国有资本经营预算和收益分享制度。逐步扩大试点，将金融、铁路、交通、教育、文化、科技、农业等部门所属中央企业纳入中央国有资本经营预算试行范围。推动地方国有资本经营预算试点工作，做好汇总编制全国国有资本经营预算准备工作。二是合理确定国有资本收益上缴的对象，同时要根据中国国情和国有企业的类型分别确定国有资本收益上缴的比例。三是合理界定国有资本经营预算的支出功能与方向，要向社会保障、医疗卫生、教育就业等民生领域倾斜。四是逐步加大中央国有资本经营预算调入公共财政预算的规模，逐步提高国有资本收益上缴公共财政比例，至 2020 年提高到 30%，使国有资本收益更多地用于保障和改善民生。同时，提高中央国有资本经营预算资金调入公共财政预算的比例，至 2020 年提高到 50%。五是加强对国有产权转让的监管，加快推进国有资本变现收益预算管理。强化国有产权交易的全过程控制和监督，增强产权交易的公开性和透明度，加强受让企业资信调查，维护国有资产的安全。尽快将国有资本变现收益预算纳入国有资本经营预算中。

要完善国有资本经营预算制度，需要加快国有资本经营预算制度化和法制化建设，保证国有资本经营预算支出具有约束力，保证国有资本经营预算编制和执行的顺利进行。一是强调全国人大作为国家权力机关在国有资本经营预算编制和执行中的地位和作用。建议全国人大适时启动对现行《中华人民共和国企业国有资产法》的修订，在法理上明确全国人大和国务院在国有资产所有权上的委托代理关系，保障全国人大依法对国资治理履行监督职能。建议各级人大常委会下设国有资本经营专门委员会，作为国有资本经营预算的审议与监督机构。二是明确国有资本收益支出范围，提高中央企业国有资本收益上缴公共财政比例，提高中央国有资本经营预算资金调入公共财政预算的比例，建议在《国有资本经营预算条例》中对利润上缴和留存比例作出规定。对国有企业的资本经营预算支出，应按照“统筹兼顾，留有余地”的原则，重点推动国有经济布局的战略性调整和国有经济产业结构的进一步优化，促进国有资本向关系国家安全和国民经济命脉的重要行业和关键领域集中，促进国有企业提高自主创新能力和开展节能减排工作。建议安排专门预算资金解决长期经营不善和亏损国有企业的退出和破产问题。三是根据国有资本分类监管的总体设计，逐步探索科学合理的国有企业资本收益分配制度。四是由于各类国有企业存在较大差异，应当在大原则一致的前提下，制定适合各类国有企业、各地区实际的国有资本收益上缴制度。本着既要确保国有资本收益的足额及时上缴，又要考虑国有企业的实际运营情况和承受能力的原则，国有资本收益的上缴标准既可以是净利润，又可以是可供投资者分配的利润。同时，要充分重视国有企业未来发展战略的实际需要，对利润上缴和留存比例作出弹性规划，以保障国有企业持续健康的发展。五是采用跨年期调整预算年度。建议采用从每年的8月1日起至次年的7月31日止的跨年期编制预算。按照《公司法》的规定，企业在年中结束后的2个月内报出年中报表，可以为预算编制提供更多的参考数据，是国有资本经营预算得以高质高效编制的有力保障，同时还可以解决年度中间预算执行空档的问题。此外，在年度预算的基础上，还应当编制3年期的多年预算，以全面反映国有资本经营的发展趋势。六是建立与国有资本经营预算目标相一致的国有资本经营预算编制的确认计量基础：建立以修正的收付实现制为基础的国有资本经营预算编制指标体系；使用增量预算的编制方法反映国有资本在经营过程中的保值增值状况。七是加快建设配套的制度，加快修订《公司法》《中华人民共和国预算法》，出台《国有资本经营预算条例》，改革和完善《政府预算收支科目》。

五、推动国有企业完善现代企业制度以建立国有经济高效运行的微观治理机制

1. 建立差异化的分类治理机制

在“三层三类全覆盖”的国有经济管理体制下，国有企业的治理也必须采用差异化的分类治理体制。所谓差异化的分类治理体制，指的是不同功能定位的国有企业，分别适用于不同的企业治理体制。具体表现为六个方面的

差异化制度安排：一是法律适用；二是考核办法；三是企业领导人员管理选任制度；四是高管薪酬制度；五是国有资本收益上缴制度；六是监督与信息公开制度。

（1）关于法律适用。这需要完善现有的法律体系，一是将现有的《公司法》中国有独资公司特别规定部分独立出来，形成专门的“中华人民共和国国有独资公司法”，这个法律主要适用于一般公共政策性国有企业和一些特定功能性国有企业。如果必要，还可以针对每家公共政策性国有企业进行单独立法。二是针对现有的处于自然垄断性行业的国有企业，可以单独制定专门的行业法规，这些法规能对相应行业的特定功能性国有企业进行保护和约束。三是对于一般商业性国有企业，不需要有任何特殊的法律，与非国有企业完全一样，完全适用修改后的《公司法》。

（2）关于考核办法。一般商业性国有企业的考核应趋同于一般企业的考核，重在考核国有资本的投资收益水平；公共政策性国有企业的考核应显著区别于一般企业的考核，主要考核政策性目标的履行情况；特定功能性国有企业的考核应区分商业性业务活动和政策性业务活动，再分别从营利性和政策使命的角度予以考核。

（3）关于企业领导人员管理选任制度。根据现行的国有企业领导人员管理制度，所有国有企业领导人员同时扮演企业家角色和党政干部角色。这种既“当官”又“挣钱”，或者可以“当官”也可以“挣钱”的双重角色，不仅在社会上造成极大不公平，而且也不利于规范的现代企业制度和公司治理结构的建立，进而影响国有企业向混合所有制方向改革。在分类监管的框架下，国有企业领导人员的管理体制也需要从集中统一管理转为分类分层管理。一般商业性国有企业领导人员的角色应是职业经理人，除董事长、党委书记等个别主要领导人员外，其他应该全部实行市场化选聘，由董事会任命；公共政策性国有企业领导人员的角色应是党政干部，在选用方面应采用上级组织部门选拔任命的方式，他们有相应的行政级别，选用、晋升和交流都可按照行政方法和渠道进行；特定功能性国有企业领导人员中，集团公司的少数领导人员和子公司的个别主要领导人员可以是党政干部角色，采用组织部门选拔任命方式，其他大部分企业领导人员要实施市场化选聘制度，由董事会选拔任命。在实践中，应尽可能明确企业领导人员的具体角色，再执行相应的选任制度。推进国有企业领导人员管理体制从集中统一向分层分类转变，一方面，坚持了党管干部原则，缩小了党组织部门直接管理国有企业领导人员的幅度，提高了党管干部的科学化水平；另一方面，有利于推进大型国有企业治理结构的完善、促进董事会作用的有效发挥，有利于国有企业职业经理市场培育，进而有利于国有企业实现向混合所有制方向的改革。

（4）关于高管薪酬制度。一般商业性国有企业，可参照市场标准制订高管的薪酬待遇标准，而且可以实施股权激励制度。公共政策性国有企业的高管薪酬应大体上向同级别的党政干部看齐，可以稍高于同级别干部，但不能采用市场化的激励机制，不能享受过高的年薪和股权激励，这类企业的激励主要以行政级别晋升为主。特定功能性国有企业的高管薪酬的制定依据应该与该企业高管角色性质保持一致——该企业高管的市场化选聘比例越高，高管薪酬与企业业绩的相关度越高；反之，高管薪酬中的市场化激励色彩越弱。

（5）关于国有资本收益上缴制度。一般商业性国有企业应该按照市场规范运作的方式、参照市场标准来确定国有资本收益上缴标准。公共政策性国有企业可不要求有资本收益，例如中国储备粮总公司、中国储备棉总公司，这类公司是可以免缴国有资本收益的。特定功能性国有企业可以基于其专营和垄断程度来确定其国有资本金收益上缴比例，垄断程度越高，国有资本收益上缴比例越高；反之，则国有资本收益上缴比例越低。

（6）关于监督与信息公开制度。一般商业性国有企业应以市场竞争的硬约束为最重要的监督制度，在市场约束机制真正生效后，其他各种行政化的监督制度可以逐步从量大面广的一般商业性国有企业中退出，这将大幅度减少政府对国有企业的不当干预，同时也大大降低国有企业的高昂监督成本。特定功能性国有企业宜采用市场化监督和行政化监督相结合、自愿性信息公开与强制性信息公开相结合的制度，同时，应按照市场起资源配置决定性作用的要求，加快向以市场化监督为主的方向改革。

2. 建立多元制衡的公司治理机制

无论是处于第二层次的国有资本投资公司或者国有资本经营公司，还是处于第三层次的一般经营性企业，建立多元制衡的公司治理机制都是建立现代企业制度的关键。

在积极推进国有企业混合所有制改革的背景下，国有企业已经具备了建立多元制衡的公司治理机制的产权基础。混合所有制是当前国有企业存在的主要形态。在混合所有制企业中，不同性质的资本发挥了不同的作用。外资和社会资本具有灵活且独立的特点，是混合所有制中最具活力的因素；国有资本以其稳健和负有国家使命为特征，在企业运营中扮演了“定海神针”的角色；管理层和员工的股权激励，将企业管理者的个人价值放到市场中进行评判和裁定，具有激发经营管理团队和员工的经营活力和积极性的功能。

在董事会制度构建上，要让董事会真正成为资本意志表达和决策的平台，保障同股同权。以董事会为平台，严格遵行法律法规，按股权比例表决。要完善独立董事和外部董事制度，增加独立董事和外部董事数量，让独立董事和外部董事得到真正的独立和尊重。切实加强董事会薪酬委员会、审计委员会与提名委员会等专业委员会的作用，建立市场化的选人、用人机制和薪酬制度，强化全面风险管理，建立风险预警体系，加强对经理层的监督和指导。

对于国有企业公司治理而言，信息公开制度发挥着关键的制衡作用。无论是否是上市公司，国有企业都应该建立事前报告制度、事后报告制度和总体报告制度。依据国有企业是否涉及敏感行业，修订不同类型企业的信息披露内容、方式、对象和频次。对于多数涉及市场竞争的国有企业，尤其是非上市公司，要改善信息披露的质量和及时性。事前报告的内容应主要集中于经营目标和战略规划；事后报告的主要内容应包括财务报告、公司治理的报告以及社会责任报告等；总体报告主要由企业、审计或监管部门向人代会、社会公众通报。

未上市的混合所有制企业要参照上市公司，建立与完善能够保障中小股东合法权益、话语权的公司治理制度。比如，关联交易中关联股东的决策回避，控股股东与上市公司实行“五独立”（人员、资产、财务、机构、业务），控股股东不得占用和支配上市公司资产或干预上市公司对该资产的经营管理以及不得干预公司的财务与会计活动，控股股东及其职能部门与上市公司及其职能部门之间没有上下级关系，控股股东要避免同业竞争，建立独立董事制度、专门委员会制度、绩效评价与激励约束制度、信息披露制度等，还有《国务院办公厅关于进一步加强资本市场中小投资者合法权益保护工作的意见》，在非上市的混合所有制企业中都可根据实际情况参照运用。这种治理制度要保障的不仅是在国有资本控股的混合所有制企业中的非国有中小股东的合法权益与话语权，还有在非国有资本控股的混合所有制企业中的国有小股东的合法权益与话语权。

附录参考文献

［1］黄群慧，余菁．新时期的新思路：国有企业分类改革与治理［J］．中国工业经济，2013（11）．

［2］陈佳贵，黄群慧，吕铁，等．中国工业化进程报告（1995—2010）［M］．北京：社会科学文献出版社，2012．

［3］金碚，黄群慧．“新型国有企业”现象初步研究［J］．中国工业经济，2005（5）．

［4］韩丽华，潘明星．政府经济学［M］．北京：中国人民大学出版社，2003．

［5］朱春红．发挥我国产业静态比较优势与培育动态比较优势构想［J］．现代财经，2005（11）．

［6］冯飞，等．深化垄断行业改革研究［M］//“改革的重点领域与推进机制研究”课题组．改革攻坚（上）：改革的重点领域与推进机制研究．北京：中国发展出版社，2013．

［7］黄群慧．混合所有制改革要“上下结合”［N］．人民日报，2014-04-08．

［8］高江虹．国资委密集会商改革整体方案：“四项改革”试点启动［N］．21 世纪经济报道，2014-07-09．

［9］张文魁．解放国企：民营化的逻辑与改革路径［M］．北京：中信出版社，2014．

［10］谢贞发，陈玲．所有权、竞争、公司治理与国有企业改制绩效——一个荟萃回归分析［J］．珞珈管理评论，2012（2）．

［11］DONALD H，et al. The efficiency of firms：what difference does competition make［J］. The economic journal，1997（5）：597-617．

［12］黄群慧，余菁，王欣，等．新时期中国企业员工持股制度研究［J］．

中国工业经济，2014（7）.

［13］蒋一苇，唐丰义．论国有资产的价值化管理［J］．经济研究，1991（2）.

［14］赵昌文，等．国有资本管理制度改革研究［M］//“推进经济体制重点领域改革研究”课题组．改革攻坚（下）：推进经济体制重点领域改革研究．北京：中国发展出版社，2013.

［15］陈佳贵．产权明晰与建立现代企业制度［J］．中共中央党校学报，2000（12）.

［16］周绍朋，郭凯．论国有资本经营预算制度的建立与完善［N］．光明日报，2010-05-18.

［17］陈林．什么是国有资本经营预算制度［J］．求是，2014（7）.

［18］陈艳利．进一步深化国有资本经营预算制度的思考［J］．国有资产管理，2012（6）.

［19］黄群慧，余菁．界定不同国企的功能推进分类治理与改革［N］．经济参考报，2014-07-15.

［20］黄速建．中国国有企业混合所有制改革研究［J］．经济管理，2014（7）.

后　记

值此庆祝改革开放40周年之际，我们撰写了《中国国有企业改革40年研究》，作为对伟大的改革开放事业的一个纪念和献礼。本书得到中国社会科学院学科登峰计划企业管理优势学科的资助，由黄群慧和戚聿东等著，具体执笔分工为：绪论，黄群慧；第一章，肖旭；第二章，肖旭、戚聿东；第三章，孔晓旭；第四章，程俊杰、章敏、黄速建、张任之；第五章，高菲；第六章，肖旭；第七章，肖旭；第八章，戚聿东、肖旭；第九章，蔡呈伟、戚聿东。由于国有企业改革是个系统性问题，涉及的因素比较多，时间跨度比较大，具体观点在理论界和政策界仍存在着诸多分歧，因此书中难免存在诸多不足和缺憾，对此还请读者批评、指正。